尺寸

千里远景，如在尺寸之间。

LOST EXPLORERS

消失的探险家

Adventurers
Who Disappeared off
The Face of
The Earth

改变世界的八十桩传奇旅行事件

[澳] 埃德·赖特 著
杨筱艳 译

ED WRIGHT

中国工人出版社

世界各地的八十个坟墓

是什么使人抛却已知，走向未知？是对物质财富的欲望；是追寻内心梦想的冲动；是渴望让已知世界变得更大，去往从未有人去过的地方；是想要挑战自己的极限；是逃离社会的束缚以及找到更自由的生活的机会；是对遥远国度的美好幻想；是纯粹而简单的好奇心；或者，是执着的痴迷。所有这些元素都表明，探险家是天生的。

本书中，我们将要讲述八十个探险家的故事，虽然他们的结局大多是悲剧性的，但过程却精彩而炫目，所造成的影响也绵延深远。

在最初踏上探险之路时，探险家们有着各式各样的动机，而导致他们死亡的原因也千奇百怪，其中大多数可以归结为：计划不周、技术不足、未知土地上的敌意，以及纯粹的坏运气。然而，在许多情况下，他们的不幸遭遇乃是源自于他们的天性，对他们来说，探险是让人上瘾的，他们不得不一直进行下去，直到走到生命的尽头。例如，大卫·利文斯通曾经为获得自身灵魂的救赎而前往非洲，之后又将扩展英国的商贸纳入到了自身理念中。但几年后，他陷入了困境。在英国，利文斯通只是一个有名的不合时宜的人，而在非洲，他却成了一个光荣的怪人，一个身心隐忍至极的独行者。到了后来，他的健康状况逐渐变糟，他所拥有的供给物资也遭到了掠夺，此时，如果他足够理智的话，就会接受亨利·莫顿·斯坦利提出的重返文明世界的建议。可惜的是，他投身探险的冲动太过旺盛，最终还是走进了丛林。

成为探险家的一种常见动机，是对自己命运的不满，也正是这一点，让许多探险家落入永无止境的探险命运之中。譬如许多来自西班牙和葡萄牙的探险家，他们的发现很大一部分源于他们对黄金、奴隶和香料的渴望——他们中的大多数是贫穷的贵族，无时无刻不在寻找机会，以期在当时他们所身处的严格的社会结构之外改善他们的命运。再譬如那些曾到过北美腹地的探险家——乔治·德鲁亚尔、艾蒂安·布吕勒和杰德迪亚·史密斯等，当他们从探险中归来，往往发现他们已不再适应狭小范围的社会生活了，其中，史密斯就买了一个农场，打算过上退休的生活，但最后还是忍不住开启了另一次致命的旅行。

本书中还讲述了一些先锋飞行员的事迹，他们醉心于天空，不惜牺牲自己的生命去做自己喜欢的事情，并以此来谋生。

当然，还有一些另类的探险者，他们的动机与存在主义哲学中概述的动机相似。比如，中世纪时曾率领一支庞大的舰队前往大西洋并消失于兹的极其富有的马里国王阿布巴卡里二世；继承了庞大财富最后却选择在北非当农民的传奇女性亚历山卓拉·廷恩；以及决心走得比任何人都更远的伟大探险家詹姆斯·库克。

所有这些探险者，无论动机如何，都有着相同的归宿——死亡。如果他们的灵魂能在坟墓之下开口说话，笔者很想问他们一个问题："这值得吗？"他们所留下的探索经验是否弥足珍贵到可以弥补其致命性？这个问题恐怕永远没有答案。

由于探险者们的死亡方式实在是多的出奇，很难面面俱到地讲述出来，只能做到尽量囊括。本书中涉及的，就有跌落瀑布而死、冻死，或是在沙漠中渴死，当然，还有因痢疾、热带性发烧和坏血病发作而死，种种死因，不一而足。

许多探险者在探险的过程中都会面临一个问题：他们探索的地域已经有人居住。作为入侵的赔偿，大多数探险者会对土著人施以小恩小惠，然而土著往往并不领情。某些情况下，在新大陆，死于土著人之手后会有一场盛宴。詹姆斯·库克、乔瓦尼·达·维拉扎诺、艾蒂安·布吕勒就是如此，他们人生的最后晚餐就是他们自己，被当作菜肴端上了桌。顺带一提，很多人以为，只有野蛮人才会吃人，但有充分的证据表明，当食物供给消耗完之后，有些探险者也会吃掉自己的队友，在约翰·富兰克林爵士的致命之旅中，就出现了这样的情况。

即使未曾遭遇被吃掉的命运，有些探险者也会死于自己人之手。亨利·哈德逊、赫尔南多·德·格里哈尔瓦和勒内·罗伯特·卡瓦勒尔、德·拉·萨勒，就是典型的例子，在他们的故事中，这些“自己人”一般都是因为他们的顽固而身处险境，最后不得不向他们出手。当然也有一些其他情况，比如，那位拥有不同凡响的能力的瓦斯科·恩尼兹·德·巴尔博亚就是死于其岳父之手，这位岳父将巴尔博亚视为对他在巴拿马的权威的威胁。

即使是最有能力的探险家也并不总是能抵御厄运，像乔治·马洛里、阿尔弗雷德·魏格纳和罗尔德·阿蒙森，他们的探索发现在为他们带来荣誉的同时，也为他们带来了危害。其他人，如理查德·哈利伯顿和乔治·华盛顿·德·朗，有证据显示，则完全是自食其果，同时，由于他们的错误判断，还导致了其他人的灭顶之灾。

有些探险者在功成名就后死去，有一些则出师未捷身先死，还有一些则单纯是失踪了，死因不明。虽然这里所叙述的许多死亡都可以归咎于人类的愚蠢行为，但也应该承认，探险途中的危险因素确实无所不在——海洋太过变幻无常，极地冰层太厚，沙漠太干燥，丛林里的疾病太过凶险，而这些对探险者来说都是致命的。

目录

第一部分　杳无影踪

第二部分　传奇诞生

第三部分　空留余恨

第一部分

杳无影踪

阿布巴卡里二世（1280—1311年）

1311年，非洲最繁荣的国度马里的统治者阿布巴卡里二世宣布退位，以探险大西洋为由，带着两千艘船出发了，之后再也没有返航。有关他探险的终点，留下的资料实在有限。有人说他到了北美，有人说他到了南美，也有人说他访遍了整个美洲。如果这些传说可靠的话，那他比哥伦布发现新大陆还要早大约200年。

死因：不明

有证据表明，早在葡萄牙人在西撒哈拉扫荡波加多角的100多年前，以及大约在哥伦布发现美洲200年前，马里的皇帝阿布巴卡里二世便横渡了大西洋，访问了美洲。这一观点甚至得到了哥伦布本人的支持，哥伦布在他的日志中提到过阿布巴卡里二世从几内亚海岸到美洲的非洲之旅，并且他认为这可能就是为什么南美人能够学会合金化技术。

当时，马里帝国可以说是地球上最富有的国家。马里帝国建于1235年，当阿布巴卡里二世于1310年登上皇位时，从内陆贸易城市廷巴克图到位于撒哈拉至几内亚海岸边缘的加奥，它已控制了大部分的西非。这个帝国统治着

▲ 1413 年的欧洲和北非地图，由麦西亚・德・维拉达茨绘制，中有曼萨穆萨，（左下，坐者）

价值数百万的产业，旧大陆的黄金有一半都是由它的三个金矿负责生产的，而且它还从利润极其丰厚的非洲盐贸易中获利。

马里曼萨[1]的显赫财富闻名于整个中东地区，甚至因此引发了欧洲对廷巴克图这座城市的兴趣，廷巴克图成为这一时期伊斯兰世界的一个重要的学习中心。比如，1324 年，阿布巴卡里二世的继任者曼萨穆萨一世去麦加朝圣，他的商队由成千上万的人和骆驼组成。

根据一些记载，整个旅途中，曼萨穆萨的奴隶都会在他的脚前撒上金粉。

[1] 曼萨即皇帝。

伊斯兰历史学家阿尔·乌马里曾参见过曼萨穆萨，在他的叙述中，正是曼萨穆萨在穿越埃及时奢侈的慷慨之举，导致了当地长达10年的通货膨胀率飙升的景况。

通过阿尔·乌马里与曼萨穆萨之间的谈话，我们对阿布巴卡里的使命有了最好的了解。显然，在1310年，当阿布巴卡里登上王位时，他命令200艘船出发去验证大西洋是否像尼日尔河一样，有一个遥远的海岸。为了最大限度地增加成功的机会，他建造了各种各样的船只。这些船只中，有些是皮洛格——与独木舟相似，而其他的船可能是基于阿拉伯船只，如单桅三角帆船的形式制成。这两百艘船的每一艘都相应地配有一艘补给驳船，有足够的干肉、谷物和保存在陶罐里的水果，可以维持两年，还有用于贸易的棉织品和黄金。

出发的两百艘船中，只有一艘得以返回。船长向曼萨报告说：

……我们航行了很长一段时间，直到我们在大洋中遭遇像河流一样的强劲逆流。我的船是最后一个到达的。其他的人继续向前航行，渐渐地，他们中的每艘船都进入了这个地区，他们消失了，再也没有回来。我们不知道他们发生了什么事。而我，回到了原来的地方，没有陷入洋流。

似乎大部分的船只在一个巨大的漩涡中被摧毁了。然而，这场天灾，并未减弱阿布巴卡里二世的好奇心。他决心亲自出航。1311年，他退位了，把国家政事交给了他的同父异母的弟弟穆萨，然后就率远征队出发了，这个远征队包括2000艘船和相应的补给驳船，其规模是前一次远航的十倍。他们从今天的冈比亚出发，驶进大西洋，从此杳无音讯。

有一些不确凿的证据表明，至少有一些船队曾在美洲登陆。常规的说法是，他们登陆的地点是巴西的累西腓，或者加勒比地区，在那里，加里富纳，一个被欧洲人称为黑色加勒比人的部落，声称自己是来自哥伦布发现美洲大陆之前的非洲的祖先。证明在美洲有前哥伦比亚马里人存在的理由包括：盛行于南美文化中的葫芦，是一种非洲的本土植物；矛头的组成，表明了马里黄金的使用；在船队可能登陆的地区有曼丁卡语的语言痕迹；以及哥伦布的断言，他说在他到达时，看到了在美洲工作的黑人商人。但他的说法并不一定可信。看上去，阿布巴卡里二世是否真的登陆过美洲短时间内很难得到确证。尽管如此，阿布巴卡里二世确实曾扬帆起航，凭借他的两千艘船只，造就了宏伟的规模和声势，最终却成了一个失踪的探险家。

杰米·费雷尔（？—1346年）

这位来自西班牙马略卡岛的早期探险家于1346年开始了一项任务：寻找一条据说位于非洲的黄金之河。面对缺乏航海图的困境以及幻想与现实之间的巨大差距，他乘坐一艘船出发，消失在了大西洋中。

死因：不明

1346年8月10日，当杰米·费雷尔扬帆起航去寻找传说中的黄金之河时，欧洲航海家对世界的样子的概念仍然非常粗略。他们刚刚从黑暗时代中崛起，尽管马可·波罗的惊人之旅已人尽皆知，但他们对航海知之甚少。又过了60年，托勒密写于一世纪的《地理学》才被重新发现。在费雷尔看来，美洲根本就是子虚乌有，从非洲西海岸到亚洲的旅行方式也是如此。一个地方离欧洲越远，关于它的传说就越离奇。事实上，对于像祭司王约翰的神秘基督教王国这样的地方是在非洲还是在亚洲，人们始终存在着一些困惑。[1]

关于异国他乡和巨大财富的谣言沿着东南方的陆路贸易路线传到了欧洲。

[1] 祭司王约翰的传说，于12—17世纪盛行于欧洲，内容是传闻于东方充斥穆斯林和异教徒的地域中，存在由一名基督教祭司兼皇帝所统治的神秘国度。——译注

有一种说法流传已久，通过沙漠商人的骆驼队从撒哈拉沙漠进入摩洛哥，传说称，在撒哈拉以南的非洲有一条黄金之河，它的财富都倾入了大西洋。和许多谣言一样，这更多的是一种夸张，而不是完全的幻想。当葡萄牙人沿着非洲海岸前进，最终到达后来被称为非洲黄金海岸的地方，也就是今天的加纳和塞内加尔时，他们在沃尔塔河发现了冲积金。事实上，加纳今天仍有金矿存在。

一个强大的国王的存在增强了这种幻想，这位国王就是马里的曼萨穆萨，穆斯林君主，当时他被描述为世界上最富有、最高贵的国王，他的王国包括加纳和著名的金矿地区城市廷巴克图和加奥，向北和向东延伸到撒哈拉和苏丹。当阿布巴卡里二世退位时，曼萨穆萨继承了马里的王位。到14世纪，传说中的祭司王约翰的基督王国所在地已经从亚洲搬到了非洲，费雷尔的探险目的可能也包括能拜访这个强大的基督教盟友。

与后来的征服者不同，费雷尔的航行，旨在与马里帝国做生意，而不是通过军事手段控制它。

他的航行可能是由马略卡岛的犹太商人资助的，他们想要淘汰撒哈拉以南非洲和欧洲之间的黄金、奴隶和盐贸易中的众多中间商。这时，欧洲从使用便携式火器中获得的军事优势还没有出现，而从15世纪后期开始，战争殖民化的模式也还不可能实现。费雷尔可以使用的船只种类也相对较原始，所以，他的探险方式很可能是：只要风力允许，就尽可能多地靠近海岸而行。

关于费雷尔的航行信息仍然很少，有证据表明他到达了西撒哈拉北部海岸的博加多角。这个海角的阿拉伯名为阿布·哈塔尔，翻译过来就是“危险之父”。海角因其珊瑚礁和盛行的东北风而臭名昭著。费雷尔很可能就是在那个地方不幸遇难的，因为，1434年在葡萄牙航海家吉尔·伊内斯的第二次航行之前，尚未有欧洲航海家成功地通过此海角。

费雷尔究竟是什么样的人，在他的航行中到底遭遇了什么，大概没有人能说得清了。关于他的历险，唯一持久的记录是由法国国王查尔斯五世委托费雷尔的同伴、制图师亚伯拉罕·克莱斯绘制的著名的《1375 年加泰罗尼亚地图》。这张地图上有一个位于撒哈拉沙漠中心的湖泊，它截断了非洲大陆，其南部就是费雷尔想象中的黄金之河所在地。

约翰·卡伯特（1455—1498 年）

与克里斯托弗·哥伦布一样，卡伯特也是来自威尼斯的航海家，以自己的航海才能赢得了欧洲宫廷的青睐。他试图引起葡萄牙和西班牙的国王对寻找通往亚洲的西北通道的兴趣，失败后，卡伯特最终说服了英国国王亨利七世。1497 年，他从英国西部的布里斯托尔港起航，与哥伦布一样，在美国登陆，并坚信那里是亚洲。1498 年，他开始了第二次航行，他和他的六艘船中的五艘在此次航行中未能返回。

死因：迷失在海上，或在登陆后饿死，或为野兽、印第安人所杀。

约翰·卡伯特（乔凡尼·卡伯特）出生在意大利港口城市加埃塔，其父是一名商人。他娶了一位威尼斯女人，成为威尼斯公民，并以贩卖亚洲奢侈品到塞浦路斯、埃及和地中海的港口为生。当时，阿拉伯商人垄断了印度群岛到地中海地区的带货线路，并肆意加价，像那个时代的许多人一样，卡伯特急于想办法回避这一点。成功不仅会为他带来巨大的财富，还能让他更好地为国王和基督教的上帝服务。

当时，威尼斯人控制着这类贸易的欧洲端。西班牙和葡萄牙的君主希望改变这种状态。1490 年，就在哥伦布航行去美洲之前，卡伯特搬到了西班牙的巴伦西亚[1]，毫无疑问，他去那里是为寻找成为航海家的机会。然而他流年不利，正当他一切准备妥当时，哥伦布刚刚从横渡大西洋的航行中返航，并坚信他已经找到了亚洲。葡萄牙人也对卡伯特的提议兴趣不大，因为迪亚斯在 1488 年绕过好望角时，已经找到了去印度群岛的路线。

卡伯特被迫另寻机会，这一次他的目标是英格兰国王亨利七世。卡伯特搬到了英格兰西部的布里斯托尔，那里的人已经驾驶船只与冰岛有过贸易往来，他提议从那里驾驶船只向西航行，寻找神秘的土地——巴西群岛和七城联邦，这些岛屿都应该位于爱尔兰西部。

1496 年，亨利授权卡伯特探索“任何在此之前所有基督徒尚不知道的岛屿、国家、地区，以及异教徒聚焦的地区和省份，不论世界任何之角落”。同年他起航了，但途中与他的船员产生了争执，加上恶劣的天气和糟糕的补给，迫使他不得不折回。第二年，他乘坐“马修号”从布里斯托尔起航，这是一艘三桅船，载货量达 50 吨。[2] 这一次他要成功得多了。他穿越了爱尔兰海，绕过爱尔兰的西南角，然后向西行驶，进入了浩瀚未知的大西洋。

卡伯特的旅行记录并没有保存下来，关于他最终在哪里结束了航程也存在着争议。当他在离开布里斯托尔的 35 天后发现陆地时，卡伯特相信他已经到达了亚洲的北岸。尽管有人认为他是在缅因州以南登陆的，但他最可能的登陆之处是拉布拉多或纽芬兰。在这历时一个月的探险中，他和他的手下发现了人类居住的迹象，但并没有遇到当地土著。尽管如此，卡伯特确信中国的香料和丝绸就在并不遥远的地方。他宣布该地区为国王所有，并在纽芬兰海岸巡航，多次登陆。在他们的供给不足之际，顺风帮助他们

[1] 西班牙港口城市。

[2] 英国的布里斯托尔自中世纪起就已经是一个重要的商业港口了。

在十五天内返回了家园。

卡伯特向亨利报告说，他已经到达了距离爱尔兰约 700 里（2100 海里）的大可汗王国。[1] 想一想，商队将货物从亚洲运至英国，由陆路到水路，需花费多么漫长的时间，相较之下，十五天内到达真是令人惊异。亨利奖励了卡伯特 10 英镑，后来又追加了每年 20 英镑的养老金。

事实上，亨利只支付出了一次卡伯特的养老金。1498 年初，卡伯特访问西班牙和葡萄牙，以确保有经验的大西洋航海家为他的下一次探险提供服务。这是一个更加野心勃勃的计划。

这一次，亨利给他提供了六艘船，而卡伯特的目标是探索"亚洲"的海岸，最远的地方南至"吉潘古"。[2] 1498 年 5 月，他从布里斯托尔出发，带领着三艘船，然后又找到另外三艘与冰岛有贸易往来的船只。在大西洋，船队被一场猛烈的风暴打散了，其中一条船最终艰难地返回了爱尔兰。其他船只境遇如何，就只能靠猜测了。有些人认为，他们行驶的路线和 1497 年的那次航行相同，卡伯特和他的手下被印第安人杀死了，而其他人则被认为是遭遇了风暴，葬身鱼腹。[3] 当然，约翰·卡伯特再也没能看到欧洲。尽管如此，他的死并没有阻止他的儿子塞巴斯蒂安于 1508—1509 年探索哈德逊湾的脚步。此次探险旨在寻找通往亚洲的西北通道，以及去往西班牙统治下的南美洲，最终，在 1553 年，塞巴斯蒂安成为失踪探险家休·威洛比寻找东北航道这一灾难性任务的主要组织者。

---

[1] 大可汗指的是唐太宗。——译注

[2] 1295 年，马可波罗回到威尼斯，在由他口述而写成的《东方见闻录》一书中，将日本称为"吉潘古"，是取自元朝时期"日本国"一词的发音。——译注

[3] 这里的原文很有意思，they were dispatched by the storm to Davy Jones' s locker. 直译为：狂风把他们送到了戴维·琼斯的柜子里。戴维·琼斯即深海阎王。——译注

巴尔托洛梅乌·迪亚斯（1450—1500 年）

1488 年，迪亚斯起航去探索祭司王约翰的神秘王国，他是第一位在非洲末端航行的葡萄牙航海家，他的航行为欧洲和印度之间的直接贸易奠定了基础。他也曾以副舰长的身份参与瓦斯科·达·伽马到印度的探险之旅。但最远只到达了佛得角群岛。1500 年，迪亚斯与佩德罗·卡布拉尔一起前往印度，最终意外发现了巴西，并在南大西洋的一场风暴中，与他的船只一起失去了踪影。

死因：暴风至，葬身海底

探险的时代，充满了这样的故事：人们出发去寻找一种事物，发现的却是另一种事物。

1486 年，当葡萄牙国王约翰二世委托巴尔托洛梅乌·迪亚斯沿非洲海岸航行时，找到一条通往印度的直接贸易路线只是一个次要的目的。发起此次航行主要是为了找到由神秘的祭司王约翰统治的基督教王国。曾经人们认为它在亚洲，但到了 15 世纪晚期，人们越来越相信它位于非洲的某个地方。

1481—1482 年间，迪亚斯已经航行到加纳，以支持港口的建设。与此同时，迪奥戈·康指挥了两个在非洲西海岸的任务：在第一个任务中他到达并探索了刚果河；在第二个任务中则到达了位于现在的纳米比亚北部的十字角。

迪亚斯带着两艘快帆船，还有他的兄弟佩罗驾驶的补给船，沿着海岸航行。在他的“帕德罗斯号”上，装载着3米高的花岗岩十字架，这块花岗岩是作为地标，同时也作为葡萄牙和基督教对非洲海岸的主权主张而被建造的。

在他的轮船公司中，有一些非洲人，他们是在前几次的航行中被葡萄牙探险家俘获的。每隔一段时间，这些非洲人就被派遣上岸，带着黄金和香料，作为前往祭司王约翰的神秘王国的预期使者，葡萄牙人希望这个王国就在离海岸不远之处。

1487年12月，迪亚斯到达了沃菲什湾，比所有他的前任航海家都走得更远，在此地，他离开了补给舰，继续向南航行。他在距离更远的南方400公里（250英里）处的卡波达沃尔塔斯（卢得立次）[1]又竖立起了一座花岗岩地标。在到达卡波达沃尔塔斯之后不久，探险队遭遇了一场风暴，这迫使他连续13天朝着西南方向航行。当他转向既定方向的时候，面对他的仍然是一片汪洋，在他的预期中那应该是陆地。1488年2月3日，他往北航行，最终在南非海岸的开普敦和伊丽莎白港之间的莫塞尔湾登陆。在那里，他与居住在该地区的科瓦桑游牧民族相处得很和睦。

从莫塞尔湾出发，迪亚斯继续往东航行，直到他到达非洲东海岸，在补给缺乏之前，他的航行远至东开普省的大鱼河河口，因为面临着船员叛变的风险，同时他也希望将他的伟大发现告知约翰国王，他决定返航回乡。返航途中，迪亚斯发现了一处海角，他将之命名为“风暴角”，这一命名当之无愧，因为该地以暴风闻名。

迪亚斯在1488年12月回到里斯本，此时，他已经航行了11000公里（6875

[1] 卡波达沃尔塔斯，纳米比亚西南部港镇。——译注

▲16 世纪葡萄牙航海图的细节，展示了非洲西海岸和好望角。

英里）。约翰国王对迪亚斯带回的消息很感兴趣，并将“风暴角”重新命名为“好望角”，因为它带来了与印度和香料群岛直接贸易的前景。葡萄牙的繁荣时期即将开始。

对于迪亚斯而言，不幸的是，西班牙和葡萄牙之间的政治分歧阻碍了他的另一项任务。1494 年，两个伊比利亚国家签署了《托尔德西里亚斯条约》，以纵贯南美大陆的经度划分世界，将亚洲和非洲划给了葡萄牙，而西班牙则获得了除巴西之外的新大陆。[1] 葡萄牙的新国王曼纽尔将前往印度的任务交给了瓦斯科·达·伽马，而不是迪亚斯，迪亚斯在这次远征中担任一艘船的船长，但他只航行到了佛得角群岛，在那里他转而向位于几内亚海岸的葡萄牙主要港口埃尔米纳航行。

1500 年，迪亚斯作为佩德罗·阿尔瓦雷斯·卡布拉尔的探险队的十三艘船之一的船长，获得前往印度的机会。达·伽马发现，与其沿岸而行，还不如在海风和洋流的作用下，远远地向西大西洋航行，然后转向好望角。可是，他的计算出了差错，其结果是，他勉强从海角逃生。也许是为了做一些修补，卡布拉尔和他的探险队，包括迪亚斯，向西航行到了大西洋更远处，事实上，这次航行终止于 1500 年 4 月，他们在巴西登陆了，因为卡布拉尔错把这里当成了一个岛屿，他将那个岛屿称作韦拉克鲁什。[2]

对于迪亚斯，不幸的是，他为好望角起的最初的那个名字，被证明是不祥的。当探险队接近海角时，一场风暴刮起，四艘船，包括由迪亚斯船长指挥的船都失踪了。

---

[1] 《托尔德西里亚斯条约》是西班牙和葡萄牙两国于 1494 年 6 月 7 日，在西班牙卡斯蒂利亚的托尔德西里亚斯签订的一份旨在瓜分新世界的协议。——译注

[2] 韦拉克鲁什意思是“真十字架”。——译注

加斯帕·克尔特·雷阿尔（1450—1501年？）与米格尔·克尔特·雷阿尔（1450—1502年？）

1500年，葡萄牙国王曼努埃尔派出了加斯帕·克尔特·雷阿尔，寻找通往亚洲的西北通道。在返航之前他到达了格陵兰岛。接下来的一年，他的兄弟米格尔加入了他的第二次航行。到达北美海岸之后，加斯帕把米格尔送回了家，并继续朝南航行，从此杳无音讯。米格尔出发去寻找兄长，可同样失去了踪影……

死因：不明

克尔特·雷阿尔家族的航海传统始于他们的父亲约奥·瓦兹·克尔特·雷阿尔，他是亚述尔群岛的土著人，被葡萄牙国王授予了土地，因为他在1474年的一次航行中发现了“鳕鱼的新大陆”。在这次航行中，克尔特·雷阿尔参加的是葡萄牙和丹麦组成的联合探险队，途经冰岛和格陵兰岛，很可能到达了加拿大以丰富的渔场闻名于世的拉布拉多海岸，比哥伦布发现美洲早了近二十年。

克尔特·雷阿尔的儿子加斯帕和米格尔子承父业。他们目睹了家族从成功的航海任务中获得的好处和财富，便追随了父亲的脚步。1500年，三个儿子中最小的加斯帕，带领着三艘船，沿着父亲曾走过的航线横渡大西洋。他

▲克尔特·雷阿尔的探险队考察了纽芬兰岛的海岸，显示在这张 1550 年绘制的法国地图的右边（右上角为拉布拉多海岸）

沿着格陵兰岛的东海岸航行，绕过费尔韦尔角，然后沿着其西海岸航行，直到被冰山逼退。

第二年，加斯帕和米格尔再度出发。最初，他们的航行比上一次更为成功，他们安全地穿越了格陵兰岛东海岸的浮冰和冰山，绕过费尔韦尔角，向西北方向航行，然后向西航行，直到到达拉布拉多海岸。他们从拉布拉多出发，一直往南走，最终到达纽芬兰岛的东部，那里青翠的森林给葡萄牙人留下了深刻的印象。他们探索海岸线时，遇到并俘获了 50 名贝奥图克土著。

米格尔带着土著直接回到了里斯本，关于土著的外貌，在同时代人的眼中是这样的："皮肤的颜色、身材和外貌的特征就像吉普赛人，他们身上披的是各种动物的皮……他们很害羞，很温柔，可胳膊、腿和肩膀的线条很美，无法形容……"这些土著在里斯本被当作新奇的奴隶贩卖，尽管他们不太可能再次看到自己的故土，他们的命运却鲜为人知。

米格尔离开后，加斯帕继续沿着北美大西洋海岸南下。他再也没有回到里斯本。

次年 5 月 10 日，米格尔领着三艘船起航，寻找他的兄弟。他于 6 月 24 日抵达纽芬兰的圣约翰河。船队从那里分开，大家商量说，两个月内在同一地点会合。其中一艘船向北航行，另一艘去往纽芬兰西海岸，米格尔则向南航行。前两艘船回到了会合点，然而，米格尔并没有回来。第二年，他们的长兄瓦斯科·阿内斯想要去找他们，但是曼努埃尔国王拒绝了这个请求。后来，国王改变了主意，他将克尔特·雷阿尔兄弟发现的土地赐予了瓦斯科·阿内斯·克尔特·雷阿尔，并派出一支探险队去寻找克尔特·雷阿尔兄弟，可惜一无所获。

1918 年，出现了一个有争议的说法。当时，美国大学教授埃德蒙·德拉巴雷注意到，在马萨诸塞州戴顿附近的一块被淹没多年的岩石上，刻有一些文字。这是一块高达 3 米（10 英尺），重达 40 吨的砂岩。他认为，这块软石上刻着的是米格尔·克尔特·雷阿尔的名字，另外还刻有葡萄牙的盾徽和耶稣基督的十字架。也许最让人吃惊的事情是写在旁边的日期：1511 年。如果德拉巴雷是正确的（许多专家倾向于相信他是正确的），那么船只沉没或被土著摧毁之后，幸存的米格尔至少在北美生存了九年。葡萄牙人后来被印第安人屠杀了吗？或者他们是否融入了部落之中？也许米格尔和他的人发现了马萨诸塞海岸，那里有蛤蜊、螃蟹和鳕鱼，是一个适合居住的热闹地方。不过，他的名字可能从未被刻在戴顿岩石上，他和他的船友们或许早就葬身海底了。

至于加斯帕，他的命运仍然像他消失的那天一样神秘。当他从纽芬兰岛往南航行时，他穿过的地区以危险的浅滩和猛烈的风暴而闻名（此地就是“完美风暴”，这是塞巴斯蒂安·荣格尔的同名书中风暴的发生地）。[1]由于缺乏该地区的航海图，最有可能的情况是，他和他的船员遭遇了海难，无人幸存，有关他们的命运记录自然也没能留下来。

[1] 塞巴斯蒂安·荣格尔，美国著名新闻记者、作家。著有《完美风暴》《熟骨头》等著名灾难系列作品。——译注

乔瓦尼·达·维拉扎诺（1484—1528 年）

维拉扎诺是一名意大利出生的航海家，为法国而航行，以在美国东海岸的探索而闻名。1524 年，他在恐怖角，即今日的北卡罗来纳州登陆，并向北航行。他把帕姆利科湾误认为是太平洋，发现了纽约港。他这次航行的意义在于，它填补了北部纽芬兰岛和南部佛罗里达州之间的空白，显示新世界是一块单一的大陆。之后他又执行了两次航海任务，一次去往巴西，另一次航行则是致命的，他在佛罗里达州登陆，在瓜德罗普丧命。

死因：被加勒比印第安人杀死并吃掉

1484 年瓦尼·达·维拉扎诺出生于佛罗伦萨一个富有的商人和银行家家庭，他居住在开罗并从商若干年，与哥伦布一样，他航行到了地中海东岸，因而赢得了航海家的名声。1520 年左右，他开始侍奉法国的弗朗索瓦一世，并移居到位于法国的大西洋海岸的迪耶普。当时，人们认为，只要往西航行，越过大西洋，就能发现通往中国的路线。相对而言，维拉扎诺开始航海的年岁较晚，他说服弗朗索瓦相信，可以在纽芬兰岛和佛罗里达之间的未知区域找到这条通往中国的路线。

1523 年年末，维拉扎诺率领四艘船，从迪耶普出发，他是首次正式前往新大陆的法国探险队的领队。两艘船在一场风暴中失事，第三艘船在西班牙海岸附近的一处海盗点被掠夺回了法国。一直到1524年1月17日，维拉扎诺才带着一艘单桅帆船“多芬号”和五十名来自诺曼底的水手，从马德拉岛出发。三月初，他在新大陆即北卡罗来纳州的恐怖角附近登陆。他又向南航行了一段时间，由于害怕遇到武装精良的西班牙船只，最终掉转船头向北而去。

维拉扎诺主要沿着海岸航行，在他登陆的几个地点，他与当地人和平相处，尽管他一度也曾绑架过一个孩子。当他到达卡罗来纳的外围海岸时，他将他们身后的帕姆利科湾错认为是海洋。

> “我所描述的新世界是连接在一起的，而不是毗邻的亚洲或非洲。（我对此确信不疑。）”

维拉扎诺否认了美洲是分裂的大陆和亚洲的一部分的观点。

这个错误，直到下一个世纪才在地图上被纠正。因为维拉扎诺航行至深海，错过了在切萨皮克湾发现另一个港口的机会。他沿着新泽西海岸向北航行，直达纽约港和哈德逊河，他形容他的登陆点“深具商业价值，令人愉快”。然后他在纳拉甘塞特湾的纽波特，与万帕诺亚格印第安人交易。他还曾在缅因州停留，在那里，阿伯纳基印第安人在他们驶离时，冲着他们露出光屁股，这冒犯了维拉扎诺那受过良好教养的敏感神经。当他到达纽芬兰岛的已知领土，并经过了大部分的新斯科舍后，[1] 他返航回家。

1527年，维拉扎诺开始了另一项任务，意图到达巴西。巴西一词是用来命名一种用于制造红色染料的木材——巴西苏木。在大西洋上，他遭遇了归

[1] 新斯科舍是加拿大的一个省。——译注

▲乔瓦尼·达·维拉扎诺在被加勒比印第安人吃掉之前证明了新大陆是一个单一的大陆。

心似箭的船员们的叛变，可他也利用了船员对航海的无知，最终在巴西登陆，并在返回法国之前获得了一批木材，从而确保了他和他的支持者的利益。

维拉扎诺最后一场航行的结局并不愉快。1528 年，他第一次跨越大西洋，再次寻找洋苏木。这一次，他在佛罗里达登陆，然后继续往南航行，在西印度群岛的小安的列斯群岛间逐岛而行。他是一个小心谨慎的航海家，在这些岛屿上停留时，他将船锚定在更远的海面上，比那个时代惯常定锚的距离要远，以此来保护船只远离众多岛屿周围的礁石和浅滩，也远离土著人潜在的敌意。在他的大部分旅行中，他都擅长与他遇到的土著人建立贸易关系。然而，小安的列斯群岛被令人畏惧且好战的加勒比印第安人占据。加勒比的词源来自“加勒比海”和“食人族”两个词。

维拉扎诺离开了其中的一个岛屿，有可能是瓜德罗普岛，之后，维拉扎诺决定上岸，并与那里的加勒比人谈判。这是一个错误。在 1515 年，这些加勒比人已经击退了探险家胡安·庞塞·德莱昂的征服。载有维拉扎诺和他的先遣部队的划艇搁浅了，在上岸的过程中他们遭遇袭击并被抓获。这场战斗迅速失败了，因为船只定锚太远，无法为其首领提供炮火支援。维拉扎诺的弟弟吉罗拉莫就在船上，被迫目睹了这一幕。加勒比人为了庆祝他们的胜利，熟练地将维拉扎诺屠宰、烹饪，并吞吃入腹。

埃尔南多·德·索托（1500—1541年）

在巴拿马帕德里亚斯·达维拉的残酷政权统治下，索托赢得了他的征服者地位，之后，由于在西班牙对秘鲁的侵略中扮演了重要的角色，他成了一个非常富有的人。但他真正的名声还是来源于成为探险家胡安·庞塞·德莱昂和帕恩菲洛·德·纳尔瓦耶兹愚蠢行为的继承者：三人都曾是佛罗里达州的总督，同样的财迷心窍，同样地在探索广阔的野蛮领地时丢失性命。

死因：毫无结果地在北美流浪了三年，之后，在阿肯色河岸死于高热

就像许多征服者一样，埃尔南多·德·索托是一个贵族，来自贫困的西班牙埃斯特拉杜拉地区。当他还是个十几岁的少年时，他以一名侍从的身份跟随佩德里亚斯·达维拉首次来到新大陆。在跟着达维拉在中美洲四处寻找黄金和奴隶之际，他学会了残酷无情。靠着他那群凶恶的狗和他从显赫的俘虏那里勒索赎金的本事，他建立起了自己的名声。他还获得了“太阳之子”的绰号——因为他在黎明时分袭击沉睡的村庄，抓获酋长，并以此迫使其他居民屈从于野蛮的奴役。

毫无疑问，索托是个令人厌恶的存在。看到他的姐夫及迷路的探险家同伴瓦斯科·恩尼兹·德·巴尔博亚被他们共同的岳父佩德拉里亚斯处死之后，

索托决定拥有自己的私人军队，他将这支队伍带到了秘鲁，在那里，他以残酷闻名，甚至胜过皮萨罗兄弟。[1] 当秘鲁的征服者们由杀死印第安人转而开始自相残杀时，索托很明智地撤回了西班牙。他于1536年到达，此时他已是一个千万富翁。尽管他适应了著名的圣地亚哥秩序，可他很快就厌倦了在西班牙的生活。他那种率直而冷酷的作风，也无法适应在西班牙宫廷里向上攀爬所必需的微妙政治。他开始寻找机会回到新大陆，那里与他那贪婪和残酷的本性才真正合拍。最初，索托向国王申请现属哥伦比亚和厄瓜多尔西部的领土，但这一请求遭到拒绝。相反，他被授予古巴总督的职位，并短暂地将西班牙帝国的势力扩展到了佛罗里达州的范围。

▲ 埃尔南多·德·索托，他在美国东南部游荡时，于一场搜寻金子的迷途中丧生。

索托刚得到国王的同意，他的

[1] 皮萨罗兄弟是文艺复兴时期的欧洲探险家。指秘鲁的征服者弗朗西斯科·皮萨罗及其同父异母的兄弟费尔南多·皮萨罗和贡萨洛·皮萨罗。——译注

远征准备工作就得到了阿尔瓦·努涅斯·卡贝扎·德·瓦卡的助攻，瓦卡作为纳尔瓦耶兹任务的幸存者返回西班牙，被国王授意担任索托远征队的二把手，瓦卡被激怒了，他明智地拒绝了这一位置，也不愿透露太多他的冒险的细节。具有讽刺意味的是，由于许多潜在的征服者把瓦卡的狡猾解释为他是想要隐瞒自己发现的巨大财富，所以瓦卡的这种消极反而在索托的招募阶段起了正面的作用。

索托于1538年4月7日从西班牙出发，随行人员650名，包括士兵、牧师、锯工、船夫、木匠、铁匠、农民、兽医和至少两个女人。他们航行至古巴，在于小海牛河登陆之前进行物资补给，包括马匹、一群猪，此处离失踪的探险家、索托的前友人兼对手胡安·庞塞·德莱昂丧命之处不远，德莱昂正是在这附近落入卡路萨印第安人之手，从而得到了他应有的报应。马匹和货物于1539年5月底卸下。这次卡路萨印第安人并没有发动攻击，因为这次探险得到了胡安·奥尔蒂斯的援助，此人是纳尔瓦耶兹探险队中的一名幸存者，作为一名翻译为索托效力，曾做过十二年印第安人的奴隶。

经过一个月的探索，探险队发现这片土地令人失望，于是他们向北移动，平均每天行进20公里（12英里）。远征队有200多匹马，分为骑兵和步兵，贵族通常是骑兵，其余人则是步兵。和许多西班牙贵族一样，索托对于他在马背上的实力感到骄傲，并且清楚自己对印第安人的军事优势，后者常常被骑着兽类的人所惊吓。然而，马的问题在于，它们需要被喂食。随着远征队向北迁移，后勤工作的重点是寻找储存粮食的牧场或印第安人村庄。但是美洲东南部的地形和印第安人的生活方式使得这项工作变得不易。结果，探险队分成了六个部分，分散在不同的地方，每一队晚上在不同的地方露营。

当探险队在阿巴拉契人的主要城镇安海卡过冬时，阿巴拉契人曾给纳尔瓦耶兹造成了巨大的损失。在春天，西班牙人向东北方向前进，追随有关黄金的传闻，并穿过亚拉巴马州、乔治亚州和卡罗来纳州。他们于 1540 年 5 月 25 日越过阿巴拉契亚山脉，前往田纳西州。在那里，他们没有发现黄金，于是转向南乔治亚州和亚拉巴马州，打算在莫比尔湾与他们的船只会合，并获取补给。

在此之前，探险征程的一个显著特点就是西班牙人遇到的印第安人缺乏有组织的抵抗。这支探险队经过了近 18 个月的旅行，通过了各种各样的封地和酋邦，掠夺食物，奴役当地的土著居民，并劫持他们的酋长以索要赎金。除了一两个例外，印第安人还局限于小冲突和游击战。然而，在 1540 年 10 月，这种轻松的局面结束了，探险队遇到了乔卡图酋长塔斯卡鲁萨的突然袭击，这位酋长在亚拉巴马河附近的穆比拉有成千上万的盟友。

从本质上说，索托落入了塔斯卡鲁萨的圈套。在初次的不期而遇中，索托向印第安酋长索取妇女和奴隶，对方婉拒，并承诺说如果西班牙人陪他一起到他的朝贡镇马比拉，他就会满足他们所有的要求。接着，当地人假装没有独木舟，以延迟过河时间，之后，索托的特遣队在 3 月 9 日到达了马比拉。

当西班牙先锋部队进入戒备森严的城镇时，他们被塔斯卡鲁萨和成千上万的印第安战士所包围。一开始，西班牙军队的主力就因抢劫印第安人的房屋而耽搁了，印第安人因而占了上风，但之后，西班牙人的主力赶了上来，他们使用了骑兵编队，随后发生了大屠杀，超过 2000 名印第安人死亡。

在获得胜利的同时，西班牙军队并非毫发未损。有 22 人死亡，148 人受伤，这是一个相当大的数字，因为军队中只有不到 500 人，还有近 44 匹马伤亡。西班牙人在马比拉花了一个月时间来休整。在那里，索托听说他们的船只正在彭萨科拉湾等候他们。

▲新世界的海岸似乎预示着财富的到来，但事实证明，地形和土著人常常是怀有敌意的。

军队士气十分低落，他们刚刚以相当大的代价取得了一场艰苦的胜利。此外，他们已经四处流浪了 18 个月，却没有找到他们所期望的任何黄金或财富。如果有选择的话，他们中的大多数会选择转身回家。索托对此心知肚明。然而，他的巨大的虚荣心拒绝了加入庞塞和纳尔瓦耶兹的任何可能。他意识到，如果他手下的人发现船在等着他们，就有叛变的危险，于是他们到了北方，只带着两天的粮食，远离了获救的希望。

他们穿过汤比格比河，在奇卡扎印第安人的镇子上过冬（靠近密西西比州的图珀罗），在那里，寒冷因褴褛的衣衫和不充足的住所而加剧。正当他们准备在三月出发的时候，遭到了奇卡扎印第安人的袭击。印第安人放火烧毁了西班牙人占领的城镇，杀死了 12 个人和 60 匹马，并将猪圈里的 300 头猪付之一炬。

索托带着部下继续向西北方向前进，巴望着能有食物的补给，并仍对“遥远的部落有着黄金”的印第安谣传有着期望。5 月，他们来到密西西比河，花了一个月的时间建造了四艘平底船，用以把这支队伍运送过河。

穿越密西西比河之后，探险队继续向西北方向驶往阿肯色州，在那里他们度过了另一个严酷的冬天，然后进入俄克拉荷马州和得克萨斯州。尽管他们到达了美国中西部大水牛草原的东南边缘，但他们一无所获，没有任何东西可以证明索托疯狂追逐的意义。

当探险队的翻译胡安·奥尔蒂斯去世后，问题变得更加严重了，他们很难从他们所认识的印第安人那里得到信息。他们还遭遇了图拉印第安人——大水牛草原猎人，他们认为这些人是他们所见过的最凶猛的印第安战士。由于这片土地除了维持生存之外几乎没有什么希望，索托只好撤退到密西西比河。在他们到达了现在的阿肯色州麦克阿瑟附近的地方时，索托派出探险队向南而去。两周后，探险队回来报告说他们只发现了沼泽。

此时，索托陷入了绝境。他的军队已形如散沙。他那将印第安人的财富都收入囊中的美梦破灭了。密西西比河以东没有印第安人群落，北部和西部是荒野，而南部只有潮湿的土地。当失败侵蚀了他曾经所向披靡的男子气概时，他的自尊心崩溃了，高烧袭来。数日之后，他死了。

索托的死让他的探险队中的幸存者十分困扰，因为他曾告诉印第安人他是一个不朽的太阳神。为了掩盖索托已死亡的事实，他的人用毯子把他的尸体包裹起来，用石头压住，连夜扔进河里。在得克萨斯的干旱地带徘徊了一段时间后，探险队最终回到了密西西比河，建造了自己的船只，并驶进了墨西哥湾，然后沿着西海岸行驶，直到来到墨西哥的帕努科河的西班牙前哨。此时，原来的队伍只剩下一半了。

汉弗莱·吉尔伯特（1537—1583年）

1578年，伊丽莎白女王授予吉尔伯特任命状，允许他占有英格兰西部土地，这片土地尚未受到基督教的影响。他第一次尝试殖民美国时，遭到了令人沮丧的失败。五年后，就在他的任命被搁置之前，他带着五艘由木匠、罪犯和海盗组成的船队出发了，并宣称对纽芬兰岛的圣约翰港拥有主权，之后他开始在那里寻找贵金属。然而在装备了所有采矿设备的船失事了之后，吉尔伯特试图前往英国，但未能成功。

死因：小船沉没在波涛汹涌的大西洋洋面

汉弗莱·吉尔伯特爵士是一个典型的残忍的英国探险家。在伊顿公学和牛津大学接受完教育后，他帮助英国人入侵了爱尔兰，在那里他以极端残忍而闻名，他把手无寸铁的妇女和儿童置于剑下，用叛军斩下的头颅为他的帐篷标记路径。

吉尔伯特的探险活动的第一步，是根据想象和他在战争中遇到的法国士兵所讲述的二手故事，写了一本理论地理学，书名为《通往卡塔亚的新篇章》，书中对连接太平洋和大西洋的西北航道的存在进行了令人信服的论证（即便也存在着错误）。这本书出版于1576年，问世后广受欢迎，并启发了马丁·弗罗比舍在同一年开始的三次航行，只可惜，这三次征程均以失败告终。

▲ 汉弗莱·吉尔伯特爵士，战士和作家，他为英国的利益宣称对纽芬兰岛的主权，却在返航的途中在海上失踪了。

尽管伊丽莎白认为弗罗比舍的航行失败了，1578 年，她还是在信件中授予了吉尔伯特任命状，允许他以她的名义占有任何尚未被基督徒统治的西部土地。到 11 月，吉尔伯特组建了一支由 10 艘船组成的舰队，拥有 175 支枪和 570 名士兵，当然，这些所谓的士兵是一群乌合之众，其中包括一些已知的海盗和罪犯，他们自愿参加这次旅行，以逃避被处决的命运。吉尔伯特的意图是掠夺西班牙在加勒比海的资产，然后再向北航行，找到通往中国的西北航道。然而在船队还没有离开港口之前，三艘船就放弃了远征，转而支持当地的海盗活动；其余的七艘船虽然离开了普利茅斯，但很快被风暴驱散，只能无奈地返航；只有由吉尔伯特同母异父的兄弟沃尔特·雷利爵士担任船长的“猎鹰”号，最终穿过了加那利群岛。

吉尔伯特接着设法组织了一支由当时受到迫害的英国天主教徒支持的殖民探险队。探险指向的区域在马萨诸塞州纳拉甘塞特附近，这是由失踪的探险家乔瓦尼·达·维拉扎诺发现的。然而，由于各种各样的因素，包括罗马的反感（来自西班牙的压力），这次探险未能顺利开始。

吉尔伯特并没有被这一打击击退，他很快策划了另一项任务，打算占领纽芬兰的鳕鱼渔民和猎人的领地。这次探险包括 5 艘大小不等的船只，吨位从 10 吨到 200 吨不等，由一群流氓无赖，以及商人和采矿专家组成，因为弗罗比舍曾宣称该地区有金银的存在。1583 年 6 月 11 日，舰队离开康沃尔郡的卡沃沙湾，但很快就遇到了麻烦——雷利的船不得不返回英国补给。剩下的 4 艘船于 7 月 30 日抵达纽芬兰岛，在那里他们被渔港的海军上将封锁，因为吉尔伯特的一位指挥官此前曾对葡萄牙人实施过海盗行径。8 月 5 日，吉尔伯特为英格兰占领了圣约翰，并对多国捕鱼船队课税。

尽管吉尔伯特获赠了几片土地，但他的主要任务是开采矿产，考虑到当时从美洲带回西班牙的战利品，这是可以理解的。他带着三艘船出发了，并接管了最小的那艘名为“松鼠号”的船只。这是一艘 10 吨的小艇，吃水浅，这使得它能靠近岸边航行，并能进入在南行路上遇到的众多水湾和河流。随后，吉尔伯特无视高级军官的建议，开始了极具争议的航行，然而，他的旗舰“喜悦号”在航行途中出了问题，在被戏称为“大西洋墓地”的塞布尔岛外的浅滩上撞毁沉没，船员全部遇难。

由于所有的采矿设备和大部分补给都丢失了，吉尔伯特决定返回英国。有人建议他转移到更大吨位的“金鹿号”上去，他拒绝了，他回答说：“我不会放弃乘坐我的小船回家的，它和我一起经历了那么多风风雨雨。”到 9 月 9 日，两艘船经过亚速尔群岛时，这艘“松鼠号”被巨浪吞没了。吉尔伯特又一次拒绝了转移到另一艘船上的请求，当他的小船在巨浪之中颠簸起伏之际，有人看到他在甲板上看书，大喊着，“伙计们，鼓起勇气！我们在海上，就如同在陆地上一样接近天堂”。那天晚上的某个时候，“松鼠号”上的灯熄灭了，再也没有人听到过它的消息。

亨利·哈德逊（1565—1611年）

哈德逊是一位出色的航海家和地理学家，他是第一个指挥独立探险队探索所有三条可能通往中国的北方航线的人。他因两次到北美的航行而赢得了不朽的名声。他为荷兰人航行时，发现了哈德逊河和曼哈顿岛。在英国的旗帜下，他成为第一个真正探索哈德逊湾的欧洲人。不幸的是，他不能识人善任，因为他的固执导致了叛变。哈德逊及其子还有其他的一些人，被迫乘坐着一艘以他的名字命名的小船，出发航行，从此音讯皆无。

死因：被困于加拿大荒野，死因不明

人们对亨利·哈德逊早年的生活知之甚少，但他很可能是另一位亨利·哈德逊的孙子，这位哈德逊是伦敦市的一位市议员，他曾参与创立了一个名为“番鸭”的贸易公司，该公司是从与探险家休·威洛比的远征中诞生的。哈德逊很可能受过良好的教育，在地图学、航海、天文学和数学等领域拥有先进的知识，这些知识对于当时的海上探险家来说至关重要。他早期当水手的经历尚不为人知，但可能涉及“番鸭”公司的北海航行，或其他类似的贸易事宜。

1607年，哈德逊成为一名经验丰富的航海家，以其对北极地区的特殊了

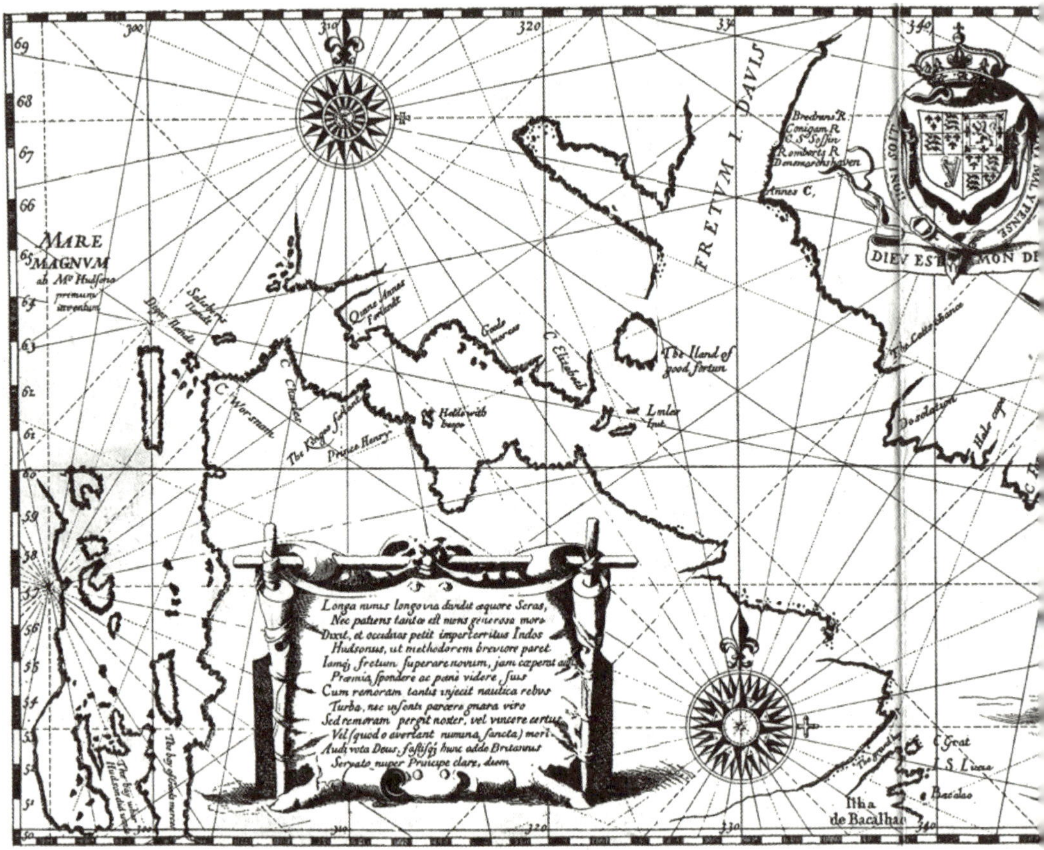

▲显示哈德逊 1610—1611 年间发现的首张地图。本地图于 1612 年在阿姆斯特丹出版。

解而闻名。当时，一些著名的地理学家，包括去世的杰拉德斯·墨卡托，认为北极是一片温暖的土地，被温暖的海水包围着。失踪的探险家威廉·巴伦支寻找东北航道的三次航行都失败了，马丁·弗罗比舍和探险家约翰·戴维斯寻找西北航道的航行也失败了，这之后，哈德逊被“番鸭”公司雇佣，直

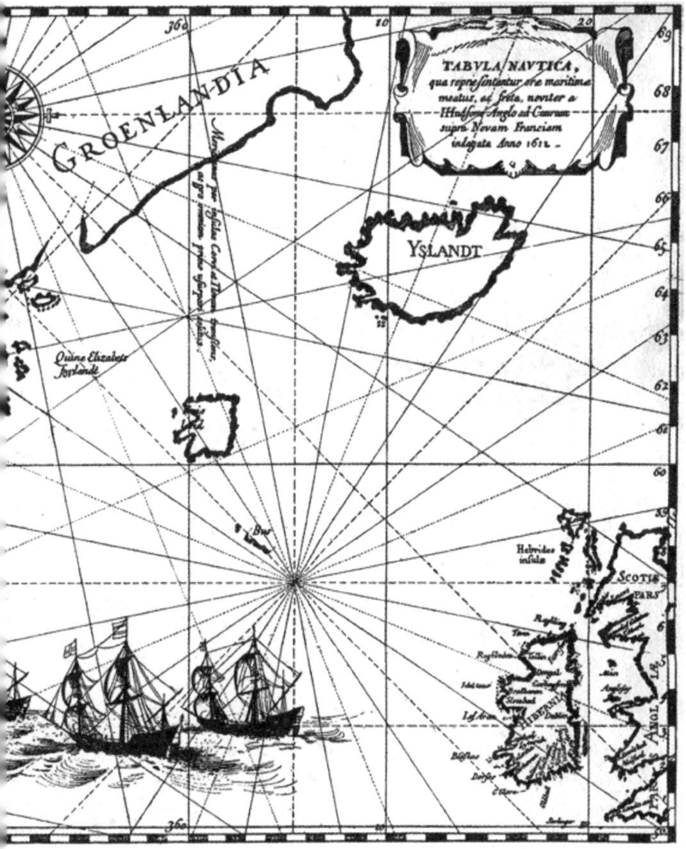

接航行到北极。

不出所料，这次任务难逃失败的厄运。尽管如此，哈德逊进入了北纬 81 度，远远超越了他的任何一位前任，而且，他就北极对指南针的影响的观点和他对北极水域颜色的观察，为当时的科学增添了不少光彩。他对斯匹次卑尔根附近海域的探索对后来利润丰厚的北极捕鲸业的发展也有很大影响。

1608 年，“番鸭”公司再次雇用了哈德逊。他的主要任务是沿着俄罗斯北部海岸发现东北航道。这次，他到达了新地岛，在那里，冰冻成了一个问题，这迫使他打道回府。不过返航途中，他看到了许多鲸鱼、海象、海豹，显然还有一条“美人鱼”，这才让他聊以安慰。

由于这次航行，哈德逊确信西北航道是通往印度群岛的唯一真正捷径。由于失去了“番鸭”公司的支持，他接受了荷兰东印度公司的邀请，开始了一次探险。他主张去西部探险，荷兰方却自有主张，哈德逊被委托去寻找他不再相信其存在的东北航线。1609 年 4 月 6 日，他乘坐一艘名为“半月”的船离开了荷兰，打算经新地岛去往北方。当他们靠近该岛时，船上的船员以荷兰人为主，他们习惯了相对轻松地去往热带地区的航行，他们讨厌糟糕的天气，也反对船长迫使他们离开这个地区。叛变的威胁迫在眉睫，于是同样不愿朝那个方向航行的哈德逊，主动提出掉头而去。

然而，哈德逊无意再经历一次失败然后打道回府。在法罗群岛取水时，他设法说服船员向西航行。“半月号”航行到纽芬兰岛时，在新斯科舍停下来做了一个新的桅杆，然后向南驶去，在掉转船头往北行驶之前，他们在距弗吉尼亚州詹姆斯敦的殖民地只有 50 公里（30 英里）处停留。哈德逊探索了特拉华湾，然后发现了哈德逊河，他沿着哈德逊河逆流而上，直到奥尔巴尼。随着冬天的临近，手下叛变的威胁再次迫使他掉转船头打道回府，一个月后，也就是 1609 年 11 月，他来到了达特茅斯。

哈德逊的荷兰支持者们对哈德逊河特别感兴趣，他们将以他的航行作为他们 1614 年在新阿姆斯特丹（纽约）定居的基础。他们还希望哈德逊能接受另一项进入该地区的任务，但就在他即将前往荷兰时，被英国人阻止了，因为英国人听说了哈德逊的发现之后，认为他已经做了一次“不利于自己祖国的航行”。

很难想象哈德逊对此有多在意，只要能继续航行，他不介意受命于任何国家。虽然他因被强加于身的爱国主义而不得不前往英格兰，但他沉迷于寻找通往中国的通道吸引了一些富人和热情的伦敦商人的支持，1610 年 4 月 17 日，他驾驶“发现号”，航行于泰晤士河，其唯一目的就是寻找传说中的商业财富。和他一起航行的还有他的同伴罗伯特·朱特、他在船上出生的儿子约翰、木匠菲利普·斯达夫、20 岁的外科医生爱德华·威尔逊、出色的航海家罗伯特·伯洛特，还有诚实的约翰·金，他以前也和哈德逊一起航行过，是位军需官。船上有两名观察员：年轻的数学家托马斯·伍德豪斯和赞助商之一达德利·迪格斯爵士的仆人阿巴丘克·普里克特。普里克特成了探险的记录者。船上的其他船员还包括箍桶匠、水手长、炮手和其他 10 名船员，总共 23 人。

当他们前往英吉利海峡时，哈德逊做出了一个重大决定，让一名额外的乘客亨利·格林接替托马斯·科莱尔波恩，托马斯是他的伦敦支持者选中的，但是哈德逊认为他与 1602 年寻找西北航线时反对乔治·韦茅斯的叛变有牵连。看起来哈德逊选择格林的原因主要是出于善心。格林这个脾气暴躁、放荡不羁的年轻人一直住在哈德逊的房子里，他的父亲很可能相信，北极探险是一种让他改邪归正的好方法。这是一个糟糕的决定。5 月 11 日他们到达冰岛的时候，格林已经和外科医生打过架了，医生差点因此弃船而去。尽管证据确凿，哈德逊还是站在了格林一边，这给他的领导地位埋下了第一颗不信任的种子。趁醉酒之际，大副罗伯特·朱特大声地说，哈德逊之所以偏爱格林，是因为他把他安置在船上以监视船员。这句话传到哈德逊耳中，哈德逊非常愤怒。他反应有些过度，并威胁说，他不仅要扭转局面，还要把朱特流放到最近的海滩。把人丢在那样的地方，无异于判了他的死刑。朱特后来是否完全原谅了他，这很令人怀疑。

当“发现号”到达格陵兰岛时，陆地上一片冰封。这艘船转而向南航行，驶向失踪的探险家约翰·戴维斯所称的“暴潮”，即由于大量的水通过相对狭窄的海峡而引起的高达 18 米（60 英尺）的巨浪。就是我们现在知道的哈德逊海峡，它有 720 公里（450 英里）长，160 公里（100 英里）宽。它也是地

▲哈德逊在被困哈德逊湾之后，驾驶着浅水敞舱艇。他那反复无常的领导作风逼反了他的船员们。

球上最多雾的地方之一，特别是在夏天，温暖的空气通过较冷的水，因而雾气腾腾。哈德逊与潮水和雾搏斗以进入航道时，他也不得不同时躲避许多漂移的冰。他经过几番尝试才进入海峡，这时他的船员们开始怀疑他的领导能力，包括他作为航海家的能力，这是不公平的。尤其是朱特，公开表现出蔑视的态度。哈德逊没有像以前那样反应过度，而是试图用逻辑和航海图来安抚他们。当他的领导地位受到挑战时，他的反复无常削弱了他的部下对他的信任。

8 月 1 日，当探险队绕过沃尔斯登海角驶进哈德逊湾时，情况有所好转。不久，在探索陆地的过程中，船员们发现了一个装满当地土著留下的食物的仓库，但哈德逊为了寻找西北航道这一更高的目标而置手下的温饱要求于不顾，这让他的船员们非常恼火。队伍随后进入詹姆斯湾（此地于 1631 年被命名），在那里四处游荡，从北到南地航行，寻找去中国的路线。这时夏天结束了，他的船员们意识到他们不得不在海湾里过冬。哈德逊忽视了他们的需求，下令继续探险，其实，他此时至少应该建立营地和确保充足的食物供应。最终，朱特大光其火，指责哈德逊拿他们的生命当儿戏（事实确实如此）。反过来，哈德逊也指责朱特不忠诚，当着全体船员的面，朱特被判有罪，领航员罗伯特·伯洛特被任命接替他的位置。

哈德逊继续徒劳地寻找西北航道，直到最后一刻，此时，找到一个好的港口过冬已为时太晚。随后他把船搁浅在一块岩石上，他的声誉并没有因此得到挽救，11 月 1 日，他只是把船开到浅水处，任由冰块冻结在它四周。到了 11 月 10 号，“发现号”被冰困住了，更多的矛盾层出不穷。木匠拒绝了哈德逊建造避难所的命令。作为回应，哈德逊揍了他，然后威胁要绞死他。最终，需求化解了分歧，避难所建立起来了，但冲突进一步加剧了本已恶意重重的不信任气氛。 船上只剩下两个月的口粮了，因此，食物配给开始了。

但船员们变得十分多疑，他们认为哈德逊在分配食物时相当偏心。他们并没有说错。冬天，当他们与寒冷、饥饿和坏血病做斗争时，哈德逊给了那些他最想他们存活下来的人额外的食物。

一些人死去了，哈德逊和他的门徒格林在拍卖一件死者的毛衣时发生了分歧。春天到来了，可是情况并没有改善。一个土著，愿意以兽皮和肉与他们进行交易，但哈德逊并没有接受。印第安人认为入侵者不值得信赖，于是带上食物避开了他们。冰层融化后，水手们可以通过捕鱼来补充他们的饮食，但收获并不稳定，他们又开始挨饿了。

亨利·格林回忆起一个食物仓库的地点，那是去年夏天被哈德逊忽略了的，于是，他和另一位船员一起，密谋盗取探险队的一艘浅水敞舱艇（一种有帆和桨的敞口的船），出发去寻找食物。他们的计划被挫败了，哈德逊决定自己驾驶浅水敞舱艇去远行，希望找到印第安人，做点交易。他将手下留下来，收集木材，装载水，用于饮用和压舱。哈德逊不在时，对他的怨声依然持续着。当他远行归来之时，又莫名其妙地解雇了他的能干而忠诚的伙伴罗伯特·伯洛特，罗伯特在整个冬天都有力地将冲突不断的队伍有效地组织了起来。取代罗伯特的是头脑迟钝、恃强凌弱的欧内斯特·约翰·金。由于哈德逊的交易努力不幸失败了，他与水手们的关系几乎没有得到改善。听说他打算继续寻找西北航道，而不是直接航行回家，这些人十分不快。

到了六月中旬，船周围的冰完全融化了，海湾空阔，足以航行。此时，哈德逊又犯了另一个错误，他将剩下的食物分给了每个人，每人得到的食物大约可以维持两周。然而他们中的一些人一天就把全部的食物吃光了。从那时起，叛变成了他们唯一的出路。接着，哈德逊又突然搜查了那些小心翼翼地保存食物的人的储物柜，并指责他们囤积粮食。哈德逊的“优惠配给政策”

最终导致了崩溃的结局。

6 月 23 日，亨利·格林监视着哈德逊的一举一动，同时对叛变的具体细节进行了讨论。普里克特承诺绝不会有人受到伤害，他将自己的命运寄托在这个承诺上，而朱特则自告奋勇，在他们回到英国后，为叛变的指控辩护。随着黎明的第一丝曙光出现，约翰·金被锁在了船舱里。哈德逊从他的船舱里出来时，被手下抓住并绑了起来。外科医生则被告知待在他的房间里。

哈德逊和他的数学家儿子、约翰·金、两个生病的水手和两个健康的船员一起被关进了浅水敞舱艇。两名船员中唯一自愿加入的是木匠，他显然已经原谅了哈德逊，他的良心不允许他叛变。他带来了他的步枪、箱子、一个铁锅和一些食物。反叛者们将“发现号”起锚航行，然后松开了船闸，将这七个人抛却在没有火，没有多余的衣服和食物的境地。据推测，哈德逊等人到达了海岸，进入了加拿大的森林，从此杳无音讯。

大多数反叛者没能活得更久。在向北航行到哈德逊海峡入口处的沃尔斯登海角后，他们遇到了因纽特土著，因纽特人与他们进行了短暂的看似和谐的贸易，之后，伏击了他们。两人被剖腹处死，几天后亨利·格林和另一名男子被箭射死。最初的 23 人中，只有 9 人回到了英国。有人呼吁，这些人应该因叛变而被绞死，但他们的知识可能太有价值了。此外，鉴于他们的船长的鲁莽，他们还可以据此为自己辩护，总之，如果他们想活下去的话，这是他们唯一能做的事。

詹姆斯·奈特（1640—1720年）

只有疯子才会在将近80岁的时候踏上加拿大北极荒野的探险之旅，追逐一条只存在于传说中的蕴藏着黄金的河流。奈特就是一个这样的人，他最初在哈德逊湾公司当木匠，后来晋升为主管和董事。他的船在哈德逊湾北部的大理石岛失事，至于他是如何越过疯子和死人之间的界限的，仍然是个谜。

死因：不明

詹姆斯·奈特于1676年作为一名修船工加入了哈德逊湾公司，这也是他的冒险之旅的起点。仅仅六年后，该公司获得了英国查理二世授予的权利，垄断与印第安人的贸易，垄断地区包含海湾周边地区及所有汇入其中的河流。

不久，奈特就在公司获得了晋升：1682年，他成为公司位于詹姆斯湾的奥尔巴尼堡的首席代理人；1692年，他在与法国人的战争中被任命为海湾总督。他见证了这个堡垒规律性地被夺走又被重新夺回的过程。奈特在荒野中度过的日子使他变得富有，当他回到伦敦时，他用他的财富购买了公司的股票。作为对该业务相当了解的重要股东，他成为哈德逊湾公司伦敦委员会的成员，该委员会负责为公司的管理者提供咨询。在1710年，奈特作为胜利代表团的成员被派遣到荷兰，代表公司的利益参与和法国的和平谈判。1713年签署的《乌

▲哈德逊湾地图，图为詹姆斯·奈特登陆寻找黄金并消失的西海岸。

得勒支条约》，[1] 将所有的贸易据点归还给了原主。战争重创了哈德逊湾公司，也许正是财富的损失，促使奈特重返边疆艰苦的生活，而此时他已经是耄耋之年，活得超过了平均寿命。不管他的理由是什么，他的讨价还价技巧是显

[1] 《乌得勒支条约》，1700 年的西班牙王位继承战争吸引了欧洲列强的注意力，英、荷与奥地利结成同盟乘机与法作战，哈布斯堡王室的神圣罗马帝国也鼓动德意志诸邦与丹麦、瑞典加入反法同盟。后来由于同盟内部的分歧以及法国在西班牙地位的稳固，各国不得不妥协，终于在 1713 年 4 月，英国和法国在荷兰的乌德勒支签订和约。——译注

而易见的。1714 年 7 月，当他带着他的第一笔生意——接受占领哈德逊湾公司要塞的法国驻军的投降——前往哈德逊湾时，他的薪水是该公司有史以来最高的，而且在他所创造的所有新业务中，他所占的份额甚至达到了前所未有的 10%。

这笔交易促使奈特特别重视建立新的收入来源。一年后，他派往西方的一支探险队回来了，带回了关于巨额铜矿床的故事，一个很少上冻的海峡，还有个有关一条河流的迷人传说，在那里可以发现“黄色、柔软和沉重”的大块金属。奈特非常自信地认为，金子和西北通道都是他的，为此他反复审问传播谣言的印第安人，而这反而让印第安人相信，最好的法子就是顺着他的心意说话。

奈特的第一个行动是建立一个新的北方堡垒，地点在丘吉尔河流入哈德逊湾处。然而，由于恶劣的环境，试图进行陆上探索任务的尝试失败了，奈特认为他的目标只能在海上航行中实现。于是他回到英国，并设法说服哈德逊湾公司资助两艘船，“到北方去发现黄金和其他有价值的商品”。

1719 年 6 月 5 日，哈德逊湾公司的四艘船只从伦敦出发。进入哈德逊湾后，两艘供给船向南前往公司建立的堡垒，奈特的船只继续向西航行，从此失去了音讯。1720 年，丘吉尔堡派来的一只贸易单桅帆船抱怨说，“黄金发现者号”毁掉了当年与爱斯基摩人的贸易。第二年，一艘单桅帆船报告说，在航行季节还剩几个星期，他们返航之际，看到了奈特的船只漂浮在海面上的物品。当然，因为它的船长是奈特在海湾的竞争对手，所以当时“黄金发现者号”可能依然还存在。

1722 年，约翰·斯克罗格斯船长带领的一艘捕鲸船的船员在海湾西岸附近的大理石岛发现了奈特等人定居的证据。1767 年，另一个捕鲸队发现了由一块巨大的石头和木材建筑的废墟，里面有一些船上的杂物、衣服和一堆煤。当地的因纽特人讲述了欧洲人熬过一个冬天，然后逐渐饿死的故事。随后的航行中又发现了一些坟墓和两艘船的残骸。据推测，船只是在进入浅水湾时失事的，而他们的补给船上的人员则是由于常见的坏血病、饥饿和寒冷而丧命。

之后，20世纪80年代末和90年代初的调查结果对这一理论提出了质疑。因为在墓穴中发现了因纽特人的遗骨，并且也有证据表明岛上有丰富的食物，包括驯鹿、鹅、海豹和鱼的骨头，还有奈特带去的猪与羊的骨头。

在北极荒野的第二个夏天来临之前的某个时候，奈特似乎决定离开这座岛屿，要么乘船上的小舟走，要么从冰面上走。从那一刻起，他们真的消失得无影无踪了。

丹尼尔·霍顿（1740—1791 年）

霍顿是一名退休的爱尔兰陆军少校，他被新成立的非洲协会雇佣去寻找尼日尔河和廷巴克图。他以现在的塞内加尔和冈比亚地区为起点，大张旗鼓地进入非洲大陆，直到他的粮食被摩尔人劫走。所以，他要么是被杀死了，要么是被遗弃在了撒哈拉沙漠的南部边缘。

死因：被谋杀或死于干渴和饥饿

丹尼尔·霍顿远征的动力来自在 1788 非洲协会的就职典礼。伦敦一个名为“周六俱乐部”的团体意识到，他们对月球表面的了解比欧洲最近大陆的内陆还多，于是成立了一个“促进非洲内陆地区发现协会”。协会最有影响力的成员大概是约瑟夫·班克斯爵士，他是英国皇家学会的主席，也曾是失踪探险家詹姆斯·库克船长的旅伴。另外，协会还包括三个公爵、十二个伯爵、另外七个贵族、两个将军和两个有头衔的女士。

霍顿是非洲联盟任命的第三位探险家。第一位是 37 岁的美国探险家约翰·莱达德，他从埃及出发，意图穿越撒哈拉沙漠，但在尼罗河上感染了一种肠道疾病，并在服用了错误的泻药后死于呕吐。第二位是西蒙·卢卡斯，他从的黎波里出发，当有人警告他将面临危险时，他转身返航了。

在那个时代，霍顿是非洲的行家。他曾在摩洛哥领事手下工作过，并曾在塞内加尔海岸附近的戈雷岛上担任过一段时间的要塞司令，在那里他学会了当地的语言曼丁哥语，并与一些土著王子交上了朋友。与非洲协会签约的时候，霍顿已经以少校军衔从军队中退休了，而且，事后看来，他可能太老了，不可能在非洲大陆的未知领域里闯荡了。然而，他的财务状况十分惨淡，他濒临破产，却有妻子和三个孩子要抚养。尽管班克斯资金雄厚，并且有挥霍无度的倾向，可非洲协会提供给霍顿的资金与其所涉的风险严重不相称：开支为800英镑（10英镑给了霍顿的妻子）。然而，霍顿却无法拒绝。此外，如果这次探险成功了，他可以从贸易中或出版自己的日志中获利。于是他离开英国前往非洲，于1790年11月抵达冈比亚河。

非洲协会提供的薪水很低，部分原因是他们认为找到尼日尔河和廷巴克图的源头是易如反掌的事。当然，他们对自己说的是什么一无所知。自1512年利奥·阿非利卡努斯去过廷巴克图以来，没有一个欧洲人再涉足过那里，非洲协会的学者们仅仅依靠古希腊历史学家希罗多德的记录来获取有关尼日尔河的大部分信息。[1]

霍顿的旅程从一开始就被证明是一场严峻的考验。由于奴隶贩子想杀他，他被迫横渡冈比亚河，差点淹死。随后，一场神秘的大火烧毁了他的大部分补给，而一个仆人偷走了剩下的大部分东西。像一个真正的失踪的探险家一样，霍顿没有被这些不幸吓倒。之后，他发现尼日尔河是一条东流向的河，并把这一发现写信告诉了非洲协会，信中还说他身体很好，正在前往廷巴克图。

但霍顿从未到达廷巴克图。他的最后一封急件来自撒哈拉西南的鲁达玛

[1] 希罗多德，公元前5世纪的古希腊作家、历史学家，他把旅行中的所闻所见，以及第一波斯帝国的历史记录下来，著成《历史》一书，成为西方文学史上第一部完整流传下来的散文作品，希罗多德也因此被尊称为“历史之父”。——译注

▲1791 年，丹尼尔·霍顿抵达东流向的尼日尔河上游，但在前往廷巴克图的途中被杀。

王国（今天的马里）的章宾，大约在冈比亚河口到廷巴克图的半途。1791 年 7 月，他在一份匆忙写给当地商人的信中写道，他遇到了一些摩尔人的商人，他们答应带他去撒哈拉沙漠蒂谢尔盐矿，然后去廷巴克图。这是他与外界的最后一次交流。

失踪的探险家芒戈·帕克首次成功访问尼日尔，回顾他所历经的路线，以及从当地人口中说出的故事时，霍顿的命运才大白于天下。有关霍顿的死亡，非洲人的传说一如既往地有好几个版本。当霍顿决定跟随摩尔人一起出发的时候，他的非洲仆人们拒绝了这一决定，毫无疑问，他们是害怕被奴役或者更糟糕的命运。

据说，霍顿是个和蔼可亲的人。然而，过了两天，他开始怀疑摩尔商人的动机和他们带他去的方向，并试图回头。根据一种说法，摩尔人试图说服他不要这样做，但他固执己见，显然在那个时候，摩尔人夺走了他所有的食物，把他留在沙漠里等死。有些人说，他反身徒步穿越沙漠，来到一个叫作塔拉的水坑，然后死在了那里，因为那里的摩尔人都不愿给他食物。

也有可能，曾有商人抢劫了他，并打算谋杀他。

霍顿铤而走险的赌博是致命的。非洲协会没有对他的家人网开一面，他的妻子和孩子在他死后不久就被关进了债务人的监狱。

乔治·巴斯（1771—1803年？）

巴斯和他的好朋友马修·弗林德斯是新南威尔士早期的主要探险家。他们驾驶着小得可笑的小船在公海上做长途航行。他们最著名的发现是探明了“范迪门斯地”是一个岛屿，另外巴斯还探索了新南威尔士州的南海岸，并负责绘制了首张新加坡海峡的航海图。为了补充他作为一名海军外科医生微薄的收入，他乘船前往秘鲁，打算带回美洲驼，从此杳无音讯。

死因：不明

乔治·巴斯是独生子，他的父亲是林肯郡的一个佃农，在他年仅6岁时就去世了。搬到同一个郡的波士顿后，他的母亲设法让他获得了外科医生的学徒资格。18岁时，他成为一家外科医生公司的一员，不久之后，他以外科医生助理的身份进入英国皇家海军由六艘军舰组成的船队。

1794年4月，巴斯乘坐“信任号”出发前往新南威尔士州，他的好朋友马修·弗林德斯是船长助手。他们于1795年抵达杰克逊港。总督亨特也是一名探险家和博物学家，他鼓励巴斯和弗林德斯探索新殖民地的周围环境。他们的第一次旅行乘坐的是一艘两米半（8英尺）长的“大拇指汤姆号”，成员还包括巴斯的年轻助手威廉·马丁。他们从悉尼出发，向南驶去博塔尼湾，然后沿着乔治河逆流而上30公里（18英里），大致是今天班克斯敦的所在地。1796年3月，他们乘坐“大拇指汤姆二号”，着手调查有关一条河流进入博塔尼湾南部海域的传闻。这一次，他们航行到了南部的伊拉瓦拉湖，并在返航的路上探索了哈金港。

巴斯是个英俊的年轻人，有着博物学家的眼光，他对冒险有着不可抑制的欲望。他接下来的两次冒险没有弗林德斯相随。在悉尼南部发现了煤层的消息传出来后，巴斯主动要求重新勘察这片区域。总督亨特把他的捕鲸艇借给了他，8天后，巴斯从克尔克利夫（伍伦贡以北）带回了标本。[1] 因是在他的领导下取得这一成功，巴斯获得了更长的旅程

▲ 外科医生、水手和地图绘制者乔治·巴斯，他发现了巴斯海峡，但在横渡太平洋时于海上失踪。

[1] 伍伦贡，澳大利亚东南部港市。——译注

的许可。1797 年 12 月 3 日，他带着 6 名志愿者和 6 周的补给，乘坐一艘长度 8 米半（28 英尺）的大划艇出发了。他们航行了近 2000 公里（1250 英里），经常遭遇猛烈的南风，发现了肖尔海文河、特福尔湾、威尔逊海角和西部港口，在那里他们被风耽搁了两个星期。

巴斯得出的结论主要来自他对洋流的分析，即澳大利亚大陆和“范迪门斯地”之间有一个海峡。在路上，他还发现了 7 个逃犯，他答应回来时解救他们。在回家的路上，他带上了最虚弱的 2 个人，给其他 5 个人留下了火枪和食物，让他们步行前往杰克逊港。这些人从此消失了踪影。

巴斯决心验证他的理论，即“范迪门斯地”是一个岛屿，这一理论得到了亨特总督的支持，一个重要的原因是它和大陆之间的海峡可能需要从开普敦到悉尼航行数天。亨特给巴斯提供了新建造的 25 吨重的单桅帆船“诺福克号”、12 周的补给和 7 名船员，其中一位是马修·弗林德斯。1798 年 10 月 7 日，他们起航了，成为第一批环游塔斯马尼亚的人，并探索了塔玛尔河和德尔戈河。在旅途中，巴斯运用了他作为自然学家的技能，他的作品，包括一篇关于袋熊解剖学的论文，由著名的林奈学会在伦敦出版。

这位成功的探险家于 1797 年 1 月 12 日返回悉尼。之后因财务状况不佳而陷入困境，巴斯决心从事进出口业务。他宣称自己身体不适，于是向船队请了病假，与查尔斯·毕晓普一起航行到澳门，然后又去了英国。他发现了一些岛屿，并在途中绘制了新加坡海峡的地图。在英格兰期间，他离开了船队，与他的前任船长之女结婚——身为一个佃农的儿子，这是迈出了一大步——并且，与主教一起筹集 10 万英镑购买了“维纳斯号”，并在悉尼以七倍的价格出售货物。

不幸的是，巴斯的商业生涯永远比不上他在探险上的成功。“维纳斯号”

被其他带着类似货物的船只在悉尼击败，这里的市场已经饱和。由于债权人的原因，巴斯面临破产，无法返回英国。他与国王签订了合同，前往波利尼西亚获取猪肉供应。这次任务是成功的，他的命运发生了变化，为了巩固这一变化，他提议去新西兰捕鲸，以此为这次航行画上句号。

然而，他们曾有机会把查尔斯·毕晓普的一些货物运往智利，然后再带回一批美洲驼。尽管西班牙人认为这种交易是非法的，但巴斯预计赚到的钱足以偿还他的债权人，并让他回到英格兰和他的妻子的身边。1803 年 2 月 5 日，巴斯乘坐满载货物的“维纳斯号”驶入太平洋，从此杳无音讯。

路德维希·莱卡特（1813—1848 年）

在持续 14 个月、长达 4800 公里（3000 英里）的史诗般的旅程中，路德维希·莱卡特成为第一个从布里斯班西部的达令山丘经陆路到达澳大利亚北海岸达尔文以东 350 公里的艾辛顿港的探险者。[1] 由于这一成就，他被称为“探险家王子”。然而，1848 年，在他第二次尝试从东到西穿越大陆时，整个远征队消失了，从此踪影皆无。

死因：不明

路德维希·莱卡特在父亲的八个孩子中排行第六，其父亲是一个普鲁士农夫和皇家泥炭督察。在哥廷根大学学习期间，莱卡特对自然历史产生了兴趣，这得到了他的朋友约翰·尼科尔森的鼓励。1837 年，他和尼科尔森的弟弟威廉搬到了英国，两人一起在英国皇家外科学院和大英博物馆学习。

莱卡特似乎是为了学习而学习的。他对成为一名外科医生并不那么感兴趣，也从来没有获得过学位。然而，他确实有一种强烈的愿望，想要为科学本身做出贡献，要想达成此目的，除了成为一名探险家，没有别的更令人激动的方法了。是去非洲还是去西印度群岛？一番犹豫不决之后，莱卡特于

[1] 达令山丘，澳大利亚东北部平原。

1841 年末离开英格兰，乘船前往新南威尔士州的悉尼，并于 1842 年 2 月抵达。他的第一次探险是在这一年的 9 月，去的是猎人谷。1843 年和 1844 年，他在纽卡斯尔和摩顿湾进行了单独的远征，这磨炼了他的丛林生存技能。

1844 年，在探险家和测量长托马斯·米切尔的带领下，一支正式探险队计划从悉尼出发去往埃辛顿港，莱卡特申请加入了探险队。然而，新南威尔士州总督乔治·吉布斯没有获得伦敦殖民地办公室的批准，在此情况下，他对是否资助这次探险犹豫不决。在等待的时候，莱卡特变得不耐烦了，于是他组织了一支由私人资助的探险队，资助者主要是那些渴望扩大他们牧区的牧民。

一队 6 人从悉尼出发，前往摩顿湾，当他们向内陆进发到达令山丘后，有另外 4 人加入了队伍，其中包括 2 名澳大利亚土著居民。

▲ “探险家王子”路德维希·莱卡特。

1844年10月1日，探险队离开了达令山丘最后一个农场——吉姆布尔，向西北方向进发。他们宰杀了牛犊，把新鲜牛肉晒成一条一条的牛肉干。莱卡特对科学的兴趣体现了价值，因此他们还能靠当地的蔬菜和打猎捕食为生（那次探险在当时非常引人注目，因为当时没有成员患坏血病）。当地的乌鸦烤制起来特别好吃，这让他们很吃惊，而另一次，他们的主要食物是飞狐。

这次探险花了比预期长得多的时间，在过去的七个月里，他们完全没有面粉可吃。但不像伯克和威尔斯等人，[1] 莱卡特是一个明智的领导人和一个有能力的丛林生存专家。他的队伍沿着河流的河岸前行，用各自的姓名和赞助者的姓名为这些原始景观的山脉命名。他们很幸运，天气相对比较干燥，在继续探险之前，莱卡特很明智地探测了一下水源。

探险队途经土著人的领地，莱卡特似乎也有一种与所经过地域的土著人建立和谐关系的诀窍。然而，有一天晚上，在遥远的昆士兰州北部海湾地区的米切尔河附近，土著人在探险队睡觉时袭击了他们。团队中的一名成员，约翰·吉尔伯特，被一根长矛刺穿心脏，另有两名成员受了重伤。莱卡特通过拔出两人身上的刺状枪头证明了他高超的外科技术，一根枪头是穿过手臂取出的，另一根则是从腹股沟切开取出的，这样一来，那两人都活了下来。

至于土著人的敌意，一个可能的解释是，探险者们大概无意之中在他们的某个圣地安营扎寨了。

尽管马被淹死了或被鳄鱼和公牛吃掉了，但探险队再无人员伤亡，并于1845年12月17日抵达了埃辛顿港。1月，他们乘船返回悉尼，在那里，他们受到了热烈的欢迎，因为人们以为他们已经死了。莱卡特被媒体形容为“探

[1] 见第三部分第七十一位探险家。

险家王子”，他的成就在公开和私下都得到了回报。他随即开始计划另一次探险，这次是从东到西横穿大陆。

1846 年 12 月，莱卡特带着 8 个人、14 匹马、16 匹骡子、40 头牛、900 多只羊和 4 只狗出发了。他估计这次行程需要 30 个月。他计划沿着以前的路线往北走，穿过大陆的北部到达西澳大利亚，然后沿着海岸前往天鹅湾的定居点。然而，潮湿的天气意味着在沼泽地带的漫长跋涉，这些沼泽地带布满了携带着诸如罗氏河病毒和登革热病毒的蚊子。探险者们变得疲倦、恶心、易怒。他们失去了与环境做斗争的意愿。莱卡特具有探险家常见的坚韧不拔的特质，在他看来，探险队成员那有限的忍耐力更像是懈怠，他直接对队员们表达了这一看法。队员们在艰苦的跋涉中变得暴躁，转而对他们的领袖恶言相向。这些人中的一个，名叫霍文登·赫利的，将莱卡特形容为“平生所见的最自私的人”，后来，也正是他发起了搜寻莱卡特的行动。莱卡特也许不是一个伟大的领袖，但在成员们发泄不满之后，他确实有过召集一次会议的想法，希望通过民主方式放弃这次探险，回到达令山丘。

探险队只走了 800 公里（500 英里），大部分的路途都是莱卡特早些时候走过的。在给朋友威廉·麦克阿瑟的一封信中，莱卡特总结说，“我在同伴的选择上犯了一个严重的错误，我为此受到了严厉的惩罚”。然而，到了 1847 年末，他又组织了一支探险队去尝试同样的旅程。

探险队成员包括他的一位远房表亲奥古斯特·克拉森，他曾在海上航行了 12 年，但对澳大利亚丛林知之甚少；还有阿瑟·亨缇格，他是一位经验丰富的丛林探险家，同时也是一名铁路站长。在达令山丘，他雇用了三个工作人员：一个不出名的叫凯利的人，还有两个执假释许可证的人（囚犯被特许释放），唐纳德·斯图尔特和托马斯·汉兹。最后的两名成员是土著人，一

◀莱卡特做了标记的树之一，用于标示他去澳大利亚北部和中部探险的路线。

个叫沃麦或吉米，曾是莱希哈特以前探险队的成员，另一个叫比利。探险队备有 7 匹马、20 匹骡子、50 头牛、一些绵羊和山羊，以及大约 350 公斤（770 磅）的面粉、55 公斤（120 磅）的茶叶和 45 公斤（100 磅）的盐。他们打算在途中狩猎、采集获取大部分食物。莱卡特在达令山丘写给他在德国的妹夫的最后一封信中提到，与他四年前远征时的健康状况相比，他现在的身体较差，信中尤其谈到了他的心悸问题。4 月 3 日，他在菲茨罗伊唐斯的麦克弗森站给他在悉尼的一位朋友写了封信，称这次探险的状态很好，并在 4 月 4 日，给《悉尼先驱晨报》写了一封公开信，向他的支持者表示感谢。第二天早晨，探险队离开了麦克弗森站，从此失去消息。

尽管当时展开了无数次搜救，也有无数的猜测，但没有人确切地知道莱卡特和他的手下发生了什么。莱卡特的意图是沿着河流向北而去，然后绕过中央沙漠的北部边缘。为了标示他的探险路线，他在沿途不同的地方的树上刻下了大大的字母“L”。[1]搜寻人员在昆士兰的沃雷戈、巴科和弗林德斯河附近的树上发现了字母“L”，尽管其中一些可能是在他之前的探险时留下的。然而，更令人感兴趣的是，搜救人员发现了位于艾利斯斯普林斯以东 200 公里（125 英里）的阿勒图加的一处记号，还有另一处记号位于乔治亚河再往东一点的地方。如果所有这些“L”标记都可以被认为真正是他在第三次探险时所留，那么，莱卡特似乎穿越了昆士兰，来到了弗林德斯河，也许他曾向西南而行，取道迪亚曼蒂娜河，从那里向艾利斯斯普林斯进发。

1871 年警察 J.M. 吉尔摩的发现使这一观点变得有些复杂化。昆士兰州政府听到传闻，说有白人男子与巴尔科河以西的土著生活在一起，他们派出了驻扎在遥远的昆士兰州西部萨戈明达布洛克兵营的土著骑警副督察吉尔摩去进行调查。当吉尔摩到达库珀溪时，他遇到了一个土著居民，他告诉吉尔摩，一群白人被杀死在辛普森沙漠的戴曼蒂纳河的旺塔塔水坑里。到达那里时，吉尔摩发现了四具未被埋葬的骸骨，似乎是属于白人的。

这些人没有被埋葬，因此可以看出他们很可能死于同一时间，可能是被当地土著居民屠杀的，因为他们入侵了一处圣地，又或者是因为沙漠里的食物太稀少了，土著人无法对陌生人施以友情。那一年不久之后的一次任务中，

[1] 莱卡特的姓开头字母为 L

吉尔摩发现了另一个属于白人的头骨。虽然有人看到一个印欧混血儿男孩和一个土著部落住在一起，一个看起来像欧洲人建造的小屋，还有了解共济会的秘密标志的土著居民，但是莱卡特和他手下的命运仍然不为人知。考虑到他们的供给，作为丛林探险者的生存技能，以及水资源的可及性（莱卡特谨慎地拒绝离水源太远），很有可能探险者们的结局是暴力的：或是与土著的斗争，或是他们之间的内讧。

阿尔弗雷德·吉布森（1850—1874 年）

假如阿尔弗雷德·吉布森有来世，当他回首往事时，会不会觉得，以他的名字命名的沙漠值得他在酷热、干燥和无情的极端环境中痛苦地死去？他自愿参加了欧内斯特·贾尔斯的第二次探险行动，尝试从澳大利亚的红土中心地区到达印度洋海岸。[1] 当这两人只剩下一匹马时，吉布森骑着它去寻求帮助，此后不见了踪影。

死因：极有可能因中暑和口渴死于沙漠

1862 年，约翰·麦克杜尔·斯图亚特穿过红土中心，由南至北，穿越了澳大利亚，当时有一场竞赛，看谁能成为第一个从大陆电报线（在阿德莱德和达尔文之间）到印度洋海岸旅行的人。[2] 彼得·埃格顿·沃伯顿曾是澳大利亚南部的警察局长，1873 年 4 月 15 日，他离开了艾利斯斯普林斯，将自己绑在骆驼上，穿过大沙漠和奥克弗河。途中他的一只眼睛失明了，但他成了首个到达印度洋海岸的人。埃德蒙·高斯在沃伯顿去世一周后离开了艾利斯斯普林斯，虽然在夏季的高温下被迫返程，但他也成为第一个踏上艾尔斯岩

[1] 澳大利亚有六个州和两个领地。“红土中心”位于北领地。——译注

[2] 在淘金热时代之前，第一批居住在潭宁特溪的欧洲人是架设“大陆电报线”的工人，这条电报线使得澳大利亚和世界上的其他地方有了联系。——译注

（乌鲁鲁）的欧洲人。[1]约翰·福雷斯特则从西澳大利亚前往大陆电报线，于1874年9月到达，后来他成了西澳大利亚州总督。

第四位探险家是欧内斯特·贾尔斯。在1872年的第一次尝试中，他成为第一个将目光投向乌鲁鲁的欧洲人。1873年8月，他从奥尔德纳塔附近的亚伯加河出发。跟随他的有三个人：他的副手威廉·亨利·提特金斯，一个经验丰富的丛林探险家，以及两个年轻的新手探险家阿尔弗雷德·吉布森和吉米·安德鲁斯。吉布森曾在阿德莱德接触过贾尔斯，是在墨累河上放羊时遇到了，随后便要求加入探险队。[2]贾尔斯问他："你会给马钉掌吗？你能骑马吗？你能挨饿吗？你能不喝水赶路吗？你介意被外面的黑人用矛刺穿吗？"吉布森声称他可以，而且他并不害怕土著人。贾尔斯总结说："人群中，他并不是一个合适的人选，但是男人很少，而他似乎急于要来，我又想找个帮手，所以我就答应把他带走了。"从贾尔斯后来对这次探险的描述中可以看出，他认为吉布森有点儿傻。

向沙漠进发的途中，探险队经常遭到土著人的攻击，并艰难地寻找着水源。贾尔斯是一位谨慎的探险家，他小心翼翼地在水源点之间行进。他把队员分成两个小组，让他们轮流去找水，然后带上其他人继续向前。他们于9月14日到达奥尔加山，然后前往彼得曼山脉，那里就是探险家路易斯·拉塞特后来不幸遇难之处。贾尔斯在卡瓦纳山脉附近一个他称之为穆勒堡的地方住了几个月。他们从这个基地和另一个叫作"鞋营"的营地出发，到前方崎岖的石质地带寻找一条有水源的路线。他们向西前往一座山，希望在那里找到水，但那里土地贫瘠，马开始陆续死亡。

[1] 澳洲艾尔斯岩，又名乌鲁鲁巨石。是世界最大的整体岩石，1987年首次被列入世界遗产。——译注
[2] 阿德莱德，澳大利亚港市。——译注

▲ “吉布森最后的踪迹”，欧内斯特·贾尔斯关于他的探险经历的插图。

那是仲夏时节，探险队可能应该放弃，但贾尔斯拒绝这一选择。马死了，队员们将马肉做成烟熏肉，贾尔斯决定向西再走 160 公里（100 英里），以此来征服沙漠。

我把这个位于罗林森山脉和下一个永久水域之间的可怕地区命名为“吉布森沙漠”，在我这第一个白人受害者遭遇这种可怕后，它可能最终会在西部被发现。吉布森骑走了我的马，我的望远镜也一并被他拿走了，但是一切都消失了，人和马都被无情的沙漠吞噬了。

欧内斯特·贾尔斯

贾尔斯想让提特金斯和自己一起去，但吉布森抱怨说不该把他丢下，所以贾尔斯就转而带走了他。这是一个错误。首先，吉布森没有带上足够的烟熏马肉，导致他们只有一半的口粮。更糟糕的是，随身携带的其中一个水袋还漏水。三天之后，贾尔斯把两匹驮马送回了营地。吉布森不听贾尔斯的劝告，把他的小马换成了一只笨重的矮脚马。远处有一连串的石质山脊，也许还能有水。吉布森认为他的马不可能到达那里。于是他们打道回府，不久，吉布森的马躺倒在地，再也没有起来。他们轮流骑贾尔斯的马，直到大家清楚地意识到，必须得有一个人骑马去找到水，再掉转马头来找其他人。尽管与骑马者一起走有一线生机，可贾尔斯还是让吉布森带着马，仔细地沿着路线，走回另外两个人安营扎寨的地方。吉布森骑马走了，再也没人见过他的踪迹。贾尔斯也是九死一生，他注意到吉布森的足迹离开了主道，跟着松开了缰绳的马，走进了沙漠。当贾尔斯回到营地时，休息了一天后就试图营救吉布森。他和队员们沿着吉布森的足迹一直走，直到遇上缺水四天的困境。此时，他们面对着要么转身回去，要么死在沙漠里的选择，他们只好决定将吉布森交给命运安排。贾尔斯最终在 1875 年的第四次探险中穿越了“吉布森沙漠”。

珀西·哈里森·福塞特（1867—1925年）

1925年，这位炮兵军官、勘测员、神智学者、柯南·道尔的朋友、探险史上一个伟大的坚定不移的疯子，和他的长子以及长子的一个朋友一起，从里约热内卢出发，开始寻找一座叫作“Z”的神话中的城市。几个星期后，他给妻子拍电报，说他肯定会成功，然后进入了亚马逊丛林，从此音讯皆无。

死因：被印第安人杀死，被动物吃掉，或者他只是移民到亚马逊，开始了一种邪教生活

珀西·福塞特出生于德文郡，19岁时加入皇家炮兵，被派往锡兰（现在的斯里兰卡），在那里，他享受着在开枪连连发射之间神秘的灵魂出窍的体验。作为一名士兵，他和戈登将军一样：聪明、勇敢、粗野。例如，当他在第一次世界大战期间重新加入军队，并将枪口瞄准德国人的时候，他相信自己的占卜板多过相信最新的瞄准技术。

军队让福塞特感到无聊。他先是在北非从事间谍活动，然后学习勘测技术，希望能找到更有趣的工作。1906年，后一种努力取得了成功。巴西和玻利维亚无法就边界问题达成一致，因为位于两国之间有着丰富橡胶的领土还没有被绘制在地图上。于是他们委托皇家地理学会作为中立的仲裁者，皇家地理学会既而询问福塞特是否喜欢这份工作。

这是与南美的一段“恋情”的开始，这段“恋情”将贯穿福塞特的余生。

1906 年至 1924 年，他曾七次前往亚马逊雨林探险，在那里他遇到了 18 米（60 英尺）高的巨型水蟒（在英国没有人相信他所说的）、水虎鱼和一条双鼻狗。作为一个乐观的人，他的非传统思维帮助他摆脱了一些危险的困境。例如，1910 年，尽管有人警告说，印第安人行为十分野蛮，往上游而去的旅程是很疯狂的，可他还是坚持去考察位于玻利维亚和秘鲁之间的希斯河。

福塞特对土著印第安人被橡胶种植园主非法奴役的境遇感到震惊，他相

▲ 珀西·福塞特在前往巴西丛林寻找传说中的 Z 城之前的最后一张照片。

信如果对印第安人友善，他们也会回以友善。他用了一个星期逆流而上，之后，惊讶地在沙洲上发现了一个印第安人的定居点。印第安人躲在树林里，探险队迅速地藏身于独木舟后，因为他们被箭雨包围了。直到福塞特有了主意，才出现了一些转机。其中有一只独木舟不在箭的射程之内，舟上有探险队的手风琴手。福塞特命令他演奏诸如《一辆为两个人建造的自行车》和《前进的基督徒士兵》之类的歌曲。由于好奇心的驱使，印第安人停止了射箭，他们邀请英国人进行音乐表演。然而，土著并不总是那么友好。有一条河名字很甜蜜，叫“巧克力糖河”，福塞特派他的向导去探路，结果向导死了，身中四十二支箭。福塞特的发现之一是位于弗德河附近的桌面山脉，他的朋友阿瑟·柯南·道尔以此为蓝本写了《失落的世界》。

福塞特的最终任务是寻找一座古老的城市，名为 Z。自 16 世纪以来，关于它存在的谣言就一直流传着，当时葡萄牙水手迭戈·科雷亚在一次海难中被图皮纳姆巴印第安人所救，又险些被他们吃掉，那时他第一次听说了这座传说中的城市（后来，科雷亚娶了酋长的女儿巴拉瓜苏）。福塞特确信这座城市是真实的，他与像安妮·贝斯特这样的神学者们的联系使他相信，这座城市可能是由传说中的“失落之城亚特兰蒂斯”的人建立的。

1925 年，在 58 岁的时候，福塞特和儿子杰克以及儿子的朋友雷利·里梅尔一起出发去寻找它。福塞特信奉：探险队的规模要小。小规模的探险队从陆地上获得食物相对更容易，而且也不太可能被当成入侵者而受到攻击。5 月 29 日，福塞特给他的妻子拍了电报：“你不必害怕失败。”这三个男人随后进入了兴谷河上游附近的丛林，从此杳无音讯。

在这期间，为了弄清珀西·哈里森·福塞特发生了什么事，前后有一百多名探险家丧生。大多数观点认为他是被印第安人或野生动物杀死的，尽管也有人认为这三个英国人是被印第安人俘获后融入了他们的部落。据土著权利活动家和探险家奥兰多·维拉斯·博阿斯（1914—2002）声称，探险队命运有另一个版本，他们亲耳听说，在某条河上的一场事故中，探险队弄丢了所带的礼物，原本他们要用这些礼物与他们要进入的这些区域的土著交好的。印第安人被空手而来的入侵者激怒了，这些人对他们毫无价值可言，于是他们杀死了探险者。

关于他们的命运最新的一个推测是最古怪的一个。2004 年，导演米莎·威廉姆斯获得了福塞特的私人信件，声称福塞特根本就没有打算要回来。相反，他计划在亚马逊建立一个殖民地，将神学原理与对男性后裔的崇拜结合起来。当然，殖民地不太可能建立起来。考虑到福塞特最后的信中提到他的旅伴们的腿瘸了，可以推测他们很可能都染上了某种丛林热病，最终葬身于丛林之中。

罗尔德·阿蒙森（1872—1928年）

阿蒙森是有史以来最伟大的极地探险家，他是第一个航行于西北航道的人，然后他把注意力转向南方，成为第一个到达南极的人。他还开创了极地航空的先河，成为乘飞艇穿越北极的第一人。然而，他的水上飞机在随后的营救任务中坠毁，他的尸体也没有被找到。

死因：死于飞机失事

罗尔德·阿蒙森早年就决定成为一名探险家。他的家族很富有，在一家航运公司持有股份。尽管他对学习缺乏热情，但他还是顺从了母亲希望他成为一名医生的愿望，成了一名医科学生。然而，他仍在为成为一名探险家做着准备：开着窗户睡觉；在整个挪威的冬天里每天洗冷水澡；在雪地里长途跋涉。在他21岁时他的母亲去世了，阿蒙森立即从大学退学，加入了商船队，这样他就可以学习一些技能，使他能够在探险中驾驶船只。

1897年，他加入了比利时人阿德里安·德·格拉赫的南极探险队，第一次尝到了真正的探险的滋味。这次探险如同一出冰上闹剧，然而，阿蒙森从别人的错误中吸取了宝贵的教训。1903年，他和六个人一起乘坐一艘重达47吨的渔船“乔亚号”出发，船上装备了帆和一台13马力的发动机，成为第一个航行于西北航道的人。他花了三年时间从东到西通过这条通道，在此期间，

▲在成功飞越北极之后，1926 年阿蒙森返回挪威，奥斯陆的人群为他欢呼。

他从加拿大北部的因纽特人那里学到了很多东西。比如，用鲸鱼和海豹肉作食物，用它们的脂肪作燃料，以及在狗拉雪橇上的专业知识。这些知识在到达南极后将会发挥极大的作用。

阿蒙森在1906年8月开拓了这条通道，当他到达旧金山时，他已经是一个名人了。他知道可以利用这一名声为他的下一个任务筹集资金。在这个任务中，他打算利用西北和东北航道，做环北极的航行，并前往北极点。就在他为这5年的长途冒险行程做准备之际，罗伯特·皮尔利突然宣称自己是到达北极点的第一人。这一消息耗尽了公众对北极的兴趣以及勘探北极的资金，阿蒙森因此负债累累。大约在同一时间，他听说沙克尔顿找到了一条去往南极的可行的陆路。阿蒙森于是借用了挪威同胞、北极探险家弗里登·南森的“弗拉姆号”，它的圆底保护它在被浮冰冻住时不会被压碎。他认为，摆脱债务的唯一方法是做大事，所以他决定去南极。

1910年8月，当阿蒙森离开挪威时，只有5个人知道他的计划。那时巴拿马运河还在建设中，所以从南美洲的底端绕行到达太平洋并没有什么不同寻常的。9月6日，当船准备离开马德拉[1]的时候，阿蒙森把他的计划告诉他的船员们，并给已经踏上南极并向极点进发的当时正处于迷路状态的探险家罗伯特·斯科特发了一封电报。

1911年1月14日，“弗拉姆号”到达了鲸湾，离极点比斯科特在麦克默多海峡的基地大约近100公里（60英里）。阿蒙森的团队花费时间定期铺设供应站，一直到四月份，为夏季的南行做准备。然后，九个男人和近百只狗安顿下来，度过了一个相当和谐的冬天。

---

[1] 马德拉，大西洋的群岛名，该地盛产白葡萄酒。——译注

9月份，阿蒙森带领团队首次向南极点进发，在气温降至 –70℃（–94 ℉）连液体罗盘都冻结的情况下，这次尝试取消了。10月20日，他们又出发了，这次的队伍由4个人和4辆雪橇组成，每辆雪橇都有13只狗拉着。当他们行进时，他们在雪地里建了一些堆石界标，每个界标上都记录了他们走了多远。探险队保持了良好的速度，每天前进大约30公里（18英里），这得益于使用训练有素的格陵兰犬和诸如保温杯之类的发明，这意味着他们可以在雪橇上吃午饭，再也不用只为了准备午餐而搭起帐篷了。因为用狗拉雪橇而不是自己拉雪橇，这些人能够充分休息，恢复体力，而不用多费口粮。而离开供给站的范围后，他们就会逐渐淘汰这些狗，杀掉它们当作食物。

11月21日，阿蒙森团队到达了海拔3000米（9850英尺）的阿克塞尔·海伯格冰川顶峰。冰川的部分区域被危险的裂缝撕裂，他们称之为魔鬼的舞厅。24只狗在屠宰营地被射杀，这对那些热爱它们但又需要它们作为食物的人来说是一种折磨。由于一场暴风雪，这支队伍又被耽搁了4天，没等暴风雪停下，他们就继续向南行进，进入了风雪交加的雪地和时速60公里（40英里）的大风中。度过艰苦的九天后，天终于放晴了。在明亮的阳光下，他们通过了沙克尔顿记录的南纬88°23′区域，距离极点有150公里（94英里），二者均位于世界上最高的高原上，阿蒙森以挪威国王哈肯七世的名字命名这座高原。当他们接近极点时，气氛变得越来越紧张：斯科特是否先于他们到达了南极点？等到1911年12月14日星期五下午3点，他们到达了南极点这个一切都朝向北方的地方，并没有发现斯科特的踪迹。于是他们用冻伤的手指把挪威国旗插进雪地里，然后用海豹肉作为晚餐，并点上雪茄来庆祝这个夜晚。

虽然阿蒙森在南极给斯科特留了个口信（以防他和斯科特一样没能返回），但是这次回程相对来说并没有遇到什么大的困难，只损失了一只狗。阿蒙森于一月离开南极洲，三月抵达了霍巴特，[1]在那里，他将自己胜利的消息电告了全世界。

成功之后，他写了一本书，并做了许多巡回演讲。他将收益投资于家族的航运业务，该业务得益于"一战"期间的中立航运市场。

阿蒙森赚得盆满钵满，于是着手组织起了另一次北极探险。他设计了自己的船——"莫德号"，并于1918年11月起航，打算让"莫德号"冻结在白令海峡以北的浮冰中，然后从那里漂过北极。这次探险有点儿像一场灾难，浮冰形成得较早，他们发现自己被冰冻在了切利乌斯金角的海岸上。两个志愿者乘雪橇带着阿蒙森的邮件向南出发，去往迪克森定居点，但从此音讯皆无。与此同时，喜欢自称为"最后的维京人"的阿蒙森，断了一只胳膊，被熊咬伤，并且遭受着一氧

▲ 罗尔德·阿蒙森是第一个到达南极点的人，也是第一个飞越北极的人。

[1] 霍巴特为澳大利亚塔斯马尼亚岛东南岸港市。——译注

化碳中毒之苦。“莫德号”在白令海峡以西 800 公里（500 英里）靠近科累马河河口的沿海冰面上度过了第二个冬天。到了第二年夏天，他们在第二次探险中完成了东北通道的航行，在阿拉斯加停下来休整，然后向北航行，希望能在冰上漂流到北极点。

这回他们又一次过早地被冻住了，冰层损伤了“莫德号”的推进器，当能够从此境况中脱险之时，他们被迫向南航行。经过三年相对没有成果的岁月，阿蒙森对“莫德号”失去了耐心，并决定从空中探索北极。1925 年，他与百万富翁探险家林肯·埃尔斯沃思合作，打算用两架水上飞机飞越北极点。然而，在到达北纬 88° 前，其中一架飞机的发动机发生了故障，并被迫在冰层上降落。另一架飞机跟着也降落了，两架飞机的六名机组人员花了三个星期在浮冰上准备跑道。第一架飞机的引擎无法修复，第二架飞机严重超载，它沿着冰面跑道滑行，带着两组机组成员踉踉跄跄地向空中飞去。有一段时间，飞机处境十分危险，但最终他们飞回了斯匹次卑尔根，在那里，他们降落在了海里，并被一艘渔船救起。

阿蒙森的下一个极地航空项目更加成功。这次他放弃了飞机，转而选择了一艘飞艇，打算用它飘过北极点。1926 年 5 月 11 日，这个挪威人从斯匹次卑尔根出发，飞艇上共有 16 人，包括埃尔斯沃思和意大利人翁贝托·诺比尔。16 个小时后，他们穿过了北极点，并对皮尔斯自称是到达北极点的第一人表示怀疑，事实上，他们可能才是首批看到北极点的人。他们把挪威国旗、美国国旗和意大利国旗从空中抛到浮冰上。之后他们花了 72 小时到达阿拉斯加，全程 5456 公里（3410 英里）。这次旅行最终证明了北极没有陆地，世界地图上最后的大块空白也被填补了。

任务结束后，阿蒙森与飞艇建造者诺比尔发生了争执，诺比尔认为意大利在这次探险中没有获得足够的肯定。作为一个直率的人，阿蒙森对诺比尔的说法提出了批评。诺比尔被激怒，于是建造了一艘名为“意大利号”的新飞艇。1928 年 5 月，他再次出发寻找北极点。成功到达目的地后，“意大利号”在返回途中遇到了强劲的逆风，并撞上了冰面。它的贡多拉式的艇箱被扯下，气球飞走了。尽管诺比尔与阿蒙森之间充满敌意，但当阿蒙森听说“意大利号”未返程时，他毫不犹豫地加入了一个大型国际搜索队，并担任了法国一支六人搜救远征队的首领，6 月 18 日，他从挪威的特罗姆瑟乘坐“莱瑟姆号”水上飞机起飞。6 月 22 日，诺比尔和他的机组人员成功获救，然而阿蒙森的飞机失去了音讯。8 月 31 日，一艘渔船发现了飞机的一片漂浮的残骸，但没有发现任何尸体。

如果你知道那里有多棒就好了，那就是我想要的葬身之处。

慎言你的愿望，以防它成真。罗尔德·阿蒙森在 1928 年曾对一位记者说过这样一句话。到这一年年底，不想竟一语成谶。

查尔斯·金斯福德·史密斯（1897—1935年）

小时候，史密斯曾在邦迪海滩险些溺水身亡，他在加里波利幸存下来，后来成为澳大利亚最著名的飞行员。他保持了最快环澳大利亚飞行的纪录，在加利福尼亚和布里斯班之间第一次飞越太平洋，也是第一个完成环球飞行的飞行员，1930年，他创造了十天半从英国飞到澳大利亚的纪录。1935年，在飞行后一条航线时，史密斯在缅甸海岸失踪，从此再也无音讯。

死因：不明，可能死于飞机失事后的并发症

出生于布里斯班的查尔斯·金斯福德·史密斯从小就搬到了悉尼，9岁那年，他在邦迪海滩差点溺水身亡，在那里他的九条生命也随之耗尽。[1] 1915年，他报名参加了第一次世界大战，在加里波利当了一名工兵，后来又在埃及和西线战场当过摩托车通信员。1916年，他的人生发生了重大转折。当时，他在澳大利亚飞行兵团当了中士，学会了飞行，并到英国皇家飞行兵团接受了飞行中尉的任命。

第一次世界大战的飞机是用木头、织物和金属丝制成的易碎品。然而，

[1] 猫有九条命之说。——译注

它们作为军事武器的力量正迅速显现。在前线的第一个月里，史密斯击落了四架敌机，并摧毁了一些地面目标和敌人的热气球。他写信给他的父母说："我发现了一件事情，那就是：我的未来，不管它有何等价值，都与飞行息息相关。"他的战斗机飞行员生涯并没有持续太久。有一天，当他驾驶他那架脆弱的飞机飞过前线时，被子弹击中，其中一些子弹穿过机身打中了他的脚。他的三个脚趾被截肢了，他也因此退出了战争。

之后史密斯去了美国，在一个飞行马戏团做特技飞行员，这个行业可能比战争更危险。所以当看到自己的一个同事坠机身亡后，他辞职回到了澳大利亚，在那里他成了西澳大利亚航空公司的一名飞行员，后来和查尔斯·乌尔姆一起创办了自己的飞行公司——跨州飞行服务公司。

他们破纪录的壮举始于 1927 年，当时他们花了 10 天 5 小时做环澳大利亚飞行，把以前的耗时缩短了一半。但这两名飞行员已经在考虑做一些以前没有人做过的事情：飞越太平洋。与许多早期的航空冒险一样，计划的第一个主要障碍是要筹集足够的资金。最终，新南威尔士州政府、零售商悉尼·迈尔和加州石油大亨 G. 艾伦·汉考克资助了这一飞行计划。

1928 年 5 月 31 日，史密斯和乌尔姆带着两名美国机组成员从加利福尼亚州奥克兰乘坐"南十字星座号"出发，那是一架三引擎的福克 F.VII B-3m 飞机。它长 15 米（49 英尺），翼展 23 米（75 英尺），巡航速度为每小时 150 公里（94 英里）。万一飞机坠毁了，他们的计划是倒掉机翼下方油箱里的燃料，把机身当作筏子。从奥克兰到夏威夷的第一段距离为 3800 公里（2375 英里），相对来说并不是什么大事，但在从夏威夷到斐济的第二段，他们遇到了猛烈的风暴。史密斯太疲劳了，不得不把驾驶盘交给乌尔姆，而乌尔姆当时还没有驾驶执照。这一趟行程花费了他们 33 个小时。斐济到布里斯班的旅程则很顺利，他们顺利到达目的地。整个旅程花费了 83 小时 38 分钟的飞行时间。

6 月 10 日，“南十字星座号”飞往悉尼，在那里受到了 30 万人的欢迎。靠着这一壮举带来的捐款和奖励，史密斯创办了自己的航空公司——澳大利亚国家航空公司。他继续打破纪录，用了 31.5 小时横渡大西洋。1930 年，他将伯特·辛克勒的伦敦至达尔文的飞行纪录缩短了 5 天半。史密斯成了一个名人，压力也随之而来。他的健康开始受到损害。离婚后又再婚。他还加入了一个疯狂的边缘政党——新卫队。然后，在 1931 年，他的一架飞机坠毁，致使公司破产，只能靠卖飞机来谋生。和许多早期的飞行员一样，史密斯在更伟大的飞行壮举中看到了解决财务问题的方法。1933 年，他在伦敦和澳大利亚之间进行了有史以来最快的一次飞行，在起飞 7 天后，他在西澳大利亚的温德姆降落。他还首次由东至西飞越了太平洋。1935 年 5 月 15 日，他在第一次商业化跨澳大利亚和新西兰之间的塔斯曼海飞行中差点儿坠入大海。

这时的史密斯已经身心俱疲了，但就像许多失踪的探险家一样，他无法停下来。1935 年 11 月 6 日，他驾驶洛克希德牵牛星型双座飞机“南十字勋章号”从英国起飞，再一次试图刷新从英格兰到澳大利亚的飞行纪录。11 月 7 日傍晚，他和他的副驾驶 J.T. 佩西布里奇离开印度的阿拉哈巴德飞往新加坡，在缅甸附近坠毁。飞机部分残骸被渔民发现，但两人的尸体未被找到。

阿米莉娅·埃尔哈特（1897—1937年）

当大多数美国女性被限制在厨房、洗衣店和育儿所的时候，人们却可以看到埃尔哈特在14000英尺（4300米）的高空飞行。她是美国最著名的女飞行员，一位女权活动家，拥有多项飞行纪录。1937年，她成为第一个进行环球空中航行的女性。到达新几内亚后，她在去往太平洋一个小岛的途中失踪了。

死因：不明

阿米莉娅·埃尔哈特出生在堪萨斯州，小时候经常四处旅行，但主要原因是她的父亲酗酒成性，容易失去工作。她有点像个假小子，而且很聪明。高中毕业后，她的成绩本可以上大学，但当她看到4个受伤的士兵时，她的同情心被唤醒了，她成了一名护士。

埃尔哈特第一次见到飞机是在一次州博览会上，当时她十岁。这并没有给她留下深刻的印象，她后来谈到了这件事的荒谬之处。十年后，她和一个朋友去参加一个特技飞行表演会，一个飞行员看到这两个漂亮的年轻女人站在人群中，决定给她们打电话。1920年12月，她第一次乘上了飞机，后来她回忆道："当我离地二三百英尺之时，我知道我应该属于天空。"

在那一周结束之前，她已经开始上飞行课了。其间，她做过速记员、摄影师和卡车司机，六个月后，她攒够了钱，买了一架二手飞机——一架黄色的金纳尔飞机。1922 年，她创造了海拔超过 14000 英尺（4300 米）的女性飞行纪录。1923 年 5 月，她获得了飞行员执照，是美国仅有的十六位获得飞机驾驶执照的女性之一。

在她成名的那次航行上，她充其量不过是个乘客。1928 年，出版商 G.P. 普特南问她是否愿意成为第一个飞越大西洋的女性。6 月 18 日，她乘坐由威尔默·斯图兹和路易斯·戈登驾驶的福克 F7 微型飞机从纽芬兰岛起飞。20 小时 40 分钟后，他们到了威尔士。埃尔哈特一夜成名，她的魅力如此之大，以至于普特南与妻子离婚，并于 1931 年与她结婚。

婚姻并没有阻止她继续飞翔。1932 年，她成为第二位飞越大西洋的人，也是首位独自飞越大西洋的女性。她从纽芬兰岛出发，在 14 小时 56 分钟后到达了北爱尔兰的一个围场，这还不到林德伯格在 1927 年那次长得不可思议的长岛至巴黎的飞行所花时间的一半。埃尔哈特写道，她的飞行证明了，在要求“智慧、协调、速度、冷静和意志力的工作中，女性与男性是平等的”。

这不是她最后一次证明这一点。1935 年 1 月，她成为首位独自从火奴鲁鲁飞到美洲大陆的人（其他人飞的是别的路线）。然后，就在她四十岁生日前夕，她决定绕着地球周长最长的圆周线——赤道，做 47000 公里（30000 英里）的环球飞行。

她的第一次尝试在夏威夷结束，飞机仅仅三天后就爆胎了。1937 年 6 月，她与前泛美航空公司飞行员弗雷德·努南从迈阿密起飞。他们飞往巴西，途经波多黎各、委内瑞拉和苏里南，然后在 13 小时 12 分钟内飞越大西洋到达塞内加尔。他们从达喀尔穿越撒哈拉沙漠，抵达马里、苏丹和埃塞俄比亚，

▲ 阿米莉娅·埃尔哈特的这张照片摄于 1930 年，当时她已经以首位飞越大西洋的女性而闻名。

从那儿，他们首次由非洲飞往印度，在卡拉奇降落（现巴基斯坦境内）。之后，他们又相继在缅甸、泰国、新加坡、印度尼西亚、达尔文和巴布亚新几内亚的莱城着陆。

当埃尔哈特到达莱城时，她已经旅行了35000公里（15600英里）。只要再飞两站便可以回家——太平洋的豪兰岛和火奴鲁鲁。前者是最困难的，3580公里（2240英里）的路程是整个旅程中最长的一段。对于正在导航的努南来说，这项任务更加困难。豪兰岛只有1.84平方公里（0.75平方英里）。当天空乌云密布时，他喜欢的天体导航变得不可能了，他们被迫依靠无线电导航，美国海岸警卫队的快艇“伊塔斯卡号”部署在岛上等待。不幸的是，埃尔哈特对无线电导航知之甚少。为了给飞机多装些燃料，她丢下了重要的无线电设备，如低频发射机和接收机。

海岸警卫队的船和埃尔哈特的飞机之间的通信是断断续续的。当他们在7月3日早晨8点之前接近豪兰岛时，伊塔斯卡号上的人听到埃尔哈特说：“我们必须依靠你们，但我们看不见你们。燃料不足。无法用无线电与你们联络。飞行高度为1000英尺。”无线电随后安静了下来。早上8点45分，埃尔哈特报告说，“我们正在南北向飞行”。之后他们便音讯皆无。

搜索他们的踪迹花费了400万美元，自那之后人们还一直在寻找。人们用各种各样的理论来假定他们的命运，或合理的，或古怪的。最有可能的情况是，他们在飞行了1200公里（750英里）后迷失了方向，飞到了北方，在那里他们耗尽了燃料，坠入大海，沉入深渊。

理查德·哈利伯顿（1900—1939年）

随着地球上的未知区域逐渐被探索，一类新的危险爱好者——冒险家，取代了探险者。由于被剥夺了“第一个到达某地”的机会，他们依靠古怪的特技和新奇的交通方式来谋生和获得刺激。作为冒险新闻业的先驱，哈利伯顿在这一领域是一位自由奔放的前辈。

死因：驾驶一艘中国帆船横渡太平洋时在海上失踪

当理查德·哈利伯顿开始活跃的时候，探索世界的机会已经大大减少了：皮里在1909年到达了北极点，阿蒙森在1911年到达了南极点。哈利伯顿是富裕家庭的独生子，出生在田纳西州的布朗斯维尔。他在学术上没有表现出什么天赋，在大学二年级毕业后，他离开普林斯顿大学，上了一艘从新奥尔良开往伦敦的轮船。他在弗吉尼亚弃船，当时他的父母正在那里度假，但他们强迫他履行承诺。这一次他倒是乐于接受，尤其是在抵达法国和英国后的六个月里。在巴黎，他父亲与他谈到有关“安定下来”的问题，他回答说：

我讨厌那种安定，也尽可能在避开它。当冲动和自发性无法使我的道路不同寻常时，我就会夜不能寐，想方设法使我的生活尽可能丰富多彩、生动活泼。当我的死期来临，我可以含笑而死，因为我已经做了、看到了、听到了、经历了所有的快乐、痛苦和刺激以及任何人类所拥有的情绪，如果我不是愚蠢地、庸常地死在床上，我将特别快乐。

《田野与溪流》杂志从他那里买了一篇文章，是关于他和几个朋友去蒙大拿州捕鱼探险的经历，此时，哈利伯顿决定了自己今后将如何生活。1921年，从普林斯顿大学毕业后，他便起航前往欧洲。哈利伯顿旅行写作的部分内容是寻找困境，并置身其中。他是在危险的条件下攀登马特洪峰才学会登山的。在直布罗陀，他拍摄了英国军事设施的照片而被当成德国间谍逮捕。他曾穿越埃及旅行，然后去了印度，接着又去了日本，最后没钱了，只好在船上当船员以便能够回家。

哈利伯顿在这些探险中写的文章只卖出去几篇，于是他转向巡回演讲。尽管声音很尖锐，但他成了费金斯学院第六位最受欢迎的讲师，这很出乎他自己和费金斯学院的意料。然而，紧张的日程导致了他精神崩溃。后来，哈利伯顿利用他在疗养院的恢复期，从实用的角度写了一本书。

当《通往传奇的坦途》出版时，哈利伯顿已经出发去追寻古希腊英雄奥德修斯走过的路线了。虽然他在历程中的确冒了极大的风险，但他也常常夸大这些风险。例如，当他模仿诗人拜伦游过达达尼尔海峡时，他通过向美国媒体提供虚假报道而获得了公众的关注。这些报道称他在那次尝试中淹死了。

他的书赚了很多钱，但很快就被他花了个精光，哈利伯顿永远需要新的噱头来获得资金。在追踪了奥德修斯走过的路线后，他又把目光投向了墨西哥的科尔特斯。在那里，他跳进了20米（65英尺）深的井中，亲身体会了玛雅的处女们被抛入死亡之井的悲惨境遇。

然后他将自己注册为一艘船，这样他就能游过巴拿马运河了。

▲ 1935 年，理查德·哈利伯顿骑着一只来自巴黎动物园的大象，宣布了他的下一个噱头：骑着大象翻越阿尔卑斯山。

从 1931 年开始，他乘坐飞机环游世界，从而引发了一些有趣的冒险经历，但也使他负债累累。后他与一位朋友合写了两卷版的专为儿童编写的《理查德·哈利伯顿惊奇之书》，这本书的销量非常好，在一定程度上减轻了他的债务。然而，没过多久，哈利伯顿又开始了另一次昂贵的冒险。旧金山打算于 1939 年举办世界博览会，一位朋友建议哈利伯顿驾驶一艘中国帆船穿越太平洋以示庆祝。这是个好主意，但执行起来太过可怕了。哈利伯顿不具备成功完成这项任务所需的组织能力，而中国的帆船制造公司则知道自己碰上了个冤大头。事实证明，他挑中的"海龙号"头重脚轻，远远超出预算，不适于航海。为了解决这个问题，哈利伯顿雇用了一名船长，他后来称其为"平庸的布莱船长"。

他们于 1939 年 2 月 4 日首次从香港起航。这艘船的情况如此恶劣，6 天后他们不得不回去进行紧急修理和改装。两名富有的美国乘客付钱给哈利伯顿以获得参与这次冒险的资格，中途他们却跳船逃生了，船上的菲律宾厨师也一样。当时，取消任务本来是明智的，但哈利伯顿需要完成这次冒险，以收回一些成本。3 月 4 日，"海龙号"再次起航。3 月 23 日，它在国际日期变更线附近遭遇了一场猛烈的风暴，从此失去音信。

第二部分

传奇诞生

索瓦尔德·埃里克森（977—1006年）

在幸运的莱夫发现了文兰德之后，他的兄弟索瓦尔德在第二年开始了他自己的使命。从格陵兰出发后，他和他的30名维京人同伴在纽芬兰岛北端文兰德的莱夫营地过冬，然后开始探索它的西海岸。他们在那里又过了一个冬天，然后向西北方向去了拉布拉多，索瓦尔德在那里宣布："这是一个可爱的地方，我想把它当成我的家。"之后，他谋害了一些印第安土著。他是探险队中唯一一个被复仇之箭射死的人。

死因：被一支印第安箭射中，箭从他的船舷和盾牌之间穿过，刺穿了他的身体

根据格陵兰的传奇故事，索瓦尔德是红胡子埃里克的儿子。红胡子是一位脾气暴躁的维京人，在杀死一名男子后被从挪威流放到冰岛。还是在冰岛，埃里克在谋杀两名男子后被判三年监禁。后来，他乘坐一艘船离开了冰岛，去探索那些被发现但还没有其他维京水手定居的土地。他花了三年的时间发现了一大片土地，然后回到冰岛，把这个地方告诉了他的朋友，尽管那里很荒凉，但他把那里叫作格陵兰，就像今天的房地产开发商把住宅称作天堂海岸一样。[1]

[1] Greenland 格陵兰，字面的意思是：绿地。——译注

▲索瓦尔德·埃里克森和他的维京伙伴们乘坐这样的船横渡大西洋到达北美。（图上为维京文字。）

随后，25 艘船从冰岛出发，但只有 14 艘成功了。这些探险者形成了两个定居点：东部定居点和西部定居点。

探险者中有个叫赫若尔夫的，他有一个儿子叫比亚尼，他在挪威度过了一年中的大部分时间，但通常和他的父亲在冰岛过冬。那一年，当他来到冰岛时，比亚尼发现他的父亲已经去了格陵兰岛，尽管不知道父亲是怎么去到那里，他还是决定跟随他的脚步。他的船遇到了变幻莫测的风和浓雾，当雾最终消散时，他们发现自己看到的是一片陆地，此地虽然森林茂密，但并非格陵兰岛。第二次看到的陆地也不是格陵兰岛，而第三次看到的是一座岛屿，冰雪覆盖，多山。第四次，幸运降临，比亚尼的破旧船只抵达格陵兰岛，他与父亲团聚了。

比亚尼冒险的事迹使红胡子埃里克的儿子们兴奋不已，他们继承了父亲无畏的精神。公元 1003 年，最大的儿子莱夫买下了比亚尼的船，沿着格陵兰西海岸航行，最后到达了海勒兰（“平原地带”，可能是巴芬岛）、马尔克兰（“林地”，可能是拉布拉多）和文兰德（纽芬兰岛）。这些地方的牧场和鲑鱼的大小给维京人留下了深刻的印象，他们在那里搭起了小屋过冬，然后回到了格陵兰岛的家中。

虽然莱夫在回家的路上从暗礁中救出了一艘满载木材的挪威船，成了一位富有的英雄，但他并不是没有受到批评。其中一个批评来自他的弟弟索瓦尔德，他认为莱夫没有充分勘探他所发现的土地。莱夫把留在礁石上的木材搬回来后，把船借给了索瓦尔德，让他自己去文兰德探险。索瓦尔德于是带上了三十个人，航行到文兰德去，他们在莱夫的营地过冬，如今，这些营地被认为是在纽芬兰最北端的兰斯奥克斯草甸。春天的时候，索瓦尔德一行人绕着纽芬兰岛旅行，发现那里有大片的森林、白色的沙滩、许多岛屿和浅滩，但除了在一座岛上发现了一个木制的谷仓外，没有人居住的迹象。

索瓦尔德等人第二次回到莱夫的营地过冬，然后从纽芬兰岛沿拉布拉多海岸北上。他们在那里被暴风雨吹上岸，船的龙骨断了。他们花了很长时间修理它，接着继续沿着海岸航行，可能进入了汉密尔顿湾，然后航行穿越到了梅尔维尔湖。索瓦尔德对他在那里发现的土地的质量印象深刻，他说这是一个非常好的地方，打算以那儿为家。

然而那儿也是印第安人的家园。他们发现了海岬内的三个“肿块”，还有三只独木舟，每只舟上都有三个人。三十个维京人俘虏了九名印第安人中的八名，尽管这些印第安人新近改信了基督教，维京人却还是毫不犹豫地杀死了他们。

在这次屠杀之后，维京人就休息了，直到被他们的瞭望哨惊醒，哨兵们大喊着说有数百名印第安人乘独木舟来攻击他们。他们急忙回到船上，把盾牌绑在船舷上，以防御即将到来的接二连三的箭的袭击。这是一次成功的防守，除了索瓦尔德，他受了致命的箭伤，箭从船和盾之间穿过，刺进了他的身体。

意识到自己即将死去，索瓦尔德命令手下准备扬帆起航，但要将他埋葬在这块他原本打算建造家园的土地上，并将此地称为十字路口，以表示这是他新发现的基督教领地。他的战友们遵循了他的最后请求，将这个逝去的探险者留了下来，然后返回格陵兰岛。之后，他的兄弟索尔斯坦为找回遗体做了一次出航，但失败了。

郑和（1371—1433年）

郑和幼年时曾遭俘虏并被阉割，后来成了中国永乐皇帝（朱棣）的亲密盟友，并当上了中国“宝船”——大规模建造的中国式平底帆船——的“海军上将”。他指挥了七次“宝船”的探险，曾率领一支舰队前往印度、非洲甚至美洲，其规模之大，直到第一次世界大战时期才有舰队与之匹敌。

死因：在最后一次探险后，他驾驶着宝船回到了家乡，途中旧疾复发死亡

如果不是明朝推翻元朝引起的地缘政治动荡，[1] 郑和很可能不会被阉割并一生与大海无缘。相反，他在11岁时被抓获，当时明朝派遣了一支军队，去往云南镇压蒙古叛军把匝剌瓦尔密。[2] 古时中国通常会把男性囚犯送去当宦官，并安排在中国宫廷中做仆人，但原名马三保的郑和，其父亲及祖父曾去麦加朝过圣，于是他就被安排在年轻的明朝王子朱棣的身边作为仆人，朱棣在对抗亚洲北部大草原上的蒙古人的过程中，将郑和训练成了一名战士。

[1] 地缘政治是政治地理学说中的一种理论。它主要是根据地理要素和政治格局的地域形式，分析和预测世界或地区范围的战略形势和有关国家的政治行为。——译注

[2] 孛儿只斤·把匝剌瓦尔密（？—1382年1月6日），元朝梁王，元世祖忽必烈第五子、云南王忽哥赤的后裔。——译注

成年后，郑和长成了一个仪表堂堂的人，一位同时代的人这样描述他：“身高两米，目光炯炯，齿如编贝，声若洪钟。”作为一名太监来说，他被允许学习读写，成为有文化的人，这相当不同寻常。他不仅是一个令人闻风丧胆的战士，而且很快就成了一名优秀的军事家。当朱棣的堂弟企图篡夺王位，挑起了对朱棣的内战时[1]，他充分证明了自己的军事才能。

朱棣获胜了，并于1402年称帝。历史现在认为他是中国最伟大的皇帝之一。他的施政举措之一是建立一支宝船舰队，通过向全世界开放贸易机会，让经济从多年的战争中复苏。当船只造好后，他任命忠诚的宦官郑和为“海军上将”。

1405年，第一支宝船舰队从南京起航时，共有317艘船和27000名船员，是当时世界上最壮观的船队。这些“宝船”长130米（425英尺），有4层甲板和9根桅杆，载货能力巨大。据估计，用于制作帆的丝绸和用于建造一艘船的柚木木材的成本超过现今的1000万美元。舰队中有8根桅杆的战船，有运输淡水的船，还有在甲板上大桶土中种植蔬菜提供补给的船，这样水手们就不会死于坏血病（这是当时欧洲水手面临的一个大问题），还有一系列军舰。这些船只上有天妃的神龛，天妃是天神的配偶。中国人认为，天妃的温柔能够让在海底激起海浪的巨龙平息下来。

在第一次航行中，船队航行到占婆王国（越南南部）、爪哇岛和以贸易机会闻名的印度城邦卡利卡特。与西班牙人和葡萄牙人傲慢的要求和对暴力征服的偏爱不同，郑和奉行的是一种宗教宽容、和平贸易的政策，并以其庞大舰队的强大力量作为支撑。

---

[1] 编者按：此处作者的说法有误，并非是朱棣的堂弟挑起内战。大概是作者不通中国历史所致。

中国人用他们的丝绸、南京云锦和瓷器来交换包括宝石和香料在内的一系列产品。在随后的航行中，舰队进一步驶入印度洋，远至阿拉伯海湾霍尔木兹海峡以西，然后沿着非洲东部海岸，向南至肯尼亚，在那里，水手们被各种各样的异国野兽迷住了，如长颈鹿、狮子和斑马。

据备受争议的历史学家加文·孟席斯称，宝船舰队航行到了更远的地方。他提出观点说，至少有一些舰队的船只被吹向了南部，沿着非洲海岸到达了好望角附近，在1421年到达了美洲东海岸，然后再次南航，绕过合恩角，最后穿越太平洋回到了中国。

郑和率领的中国舰队在探险中，主要是从阿拉伯商人那里了解了欧洲，与珠宝和长颈鹿相比，他们对欧洲的羊毛和葡萄酒没有什么兴趣。正是同样的贸易不平衡导致了400年后中国的问题，当时英国强制性地用他们不想要的鸦片来交换中国的商品。

1424年永乐帝驾崩后，宝船舰队的远征停止了。永乐帝的接任者反对宝船远征，但他只活了一年。1433年，他的继任者命令郑和进行第七次远征。在从现在人们熟知的占婆、爪哇岛、印度、霍尔木兹和非洲的航线回家的路上，郑和病逝了，伟大的“海军上将”的遗体被送进了大海。与邻国的战争和王朝的纷争使中国陷入困境。郑和七次出航的宝贵记录遭到了蓄意破坏，宝船也被丢弃一旁任其腐烂，最后就连如何建造宝船的知识也遗失了。

努诺·特里斯托（1410—1446 年）

在航海家亨利王子的赞助下，特里斯托把葡萄牙人对西非海岸的认知扩展到了今天的几内亚比绍的戈巴河口。这使他成为第一个看到撒哈拉以南非洲富饶国家的欧洲人。他在奴隶贸易的建立中也起了重要作用，可以说，他被毒箭杀死，是罪有应得的。

死因：被浸了毒液的箭刺死，这种毒是从旋花中提取的，会对心脏造成影响

1434 年，吉尔·伊内斯在航海家亨利的威逼下，终于从现在的西撒哈拉荒凉的海岸绕过了博加多尔角，克服了葡萄牙航海的一个主要障碍。1441 年，随着卡拉维尔帆船的发明，穿越围绕着非洲海岸的复杂的气流和风变得简单了，这种帆船采用了阿拉伯船只使用的拉丁帆，这样航行起来就容易多了。[1] 同年，努诺·特里斯托开始了他的第一次非洲之旅。他在亨利王子家长大，从小就学习航海，并被授命担任武装船队的船长，以支持安涛·冈卡尔维斯率领的远征队。他们到达了远至西撒哈拉的黄金河，在那里他们捕获了大约 12 个土著居民。随后冈卡尔维斯便返航了，但特里斯托继续向南直

[1] 卡拉维尔帆船为一款盛行在 15 世纪的三桅帆船，当时的葡萄牙和西班牙航海家普遍采用它来进行海上探险。——译注

▲一幅十五世纪的北非地图，展示了早期包括努诺·特里斯托在内的探险家们的发现。

到布兰科角（也被称为拉斯·努瓦迪布，位于西撒哈拉和毛里塔尼亚之间的边界），为葡萄牙当时勘探的最南点。

1443年，特里斯托开始了另一次探险，航行到了布兰科角以南的阿尔金岛。在那里，他用原来捕获的俘虏换取了金粉、鸵鸟蛋和更多的土著居民。他一直向南航行到塞内加尔河，在那里，30多名当地土著乘着独木舟接近他的船，他便将他们俘获。1445年，阿尔金岛成为葡萄牙第一个永久贸易站，专司买卖黄金、奴隶和阿拉伯树胶。

在1446年的第三次也是最后一次航行中，特里斯托驾驶着单桅帆船，沿着非洲大西洋海岸进行更进一步的航行。他从塞内加尔的佛得角向南航行，一直到戈巴河口（几内亚比绍）。在此过程中，他成为第一个看到撒哈拉非洲严酷、干燥的地貌如何转变为富饶的热带丛林的欧洲人，这与当时人们认为的越往南航行陆地越贫瘠的观点相悖。

▲图上即卡拉维尔帆船。

卡拉维尔帆船是从一种小渔船发展成为欧洲探险时代的第一大船的。

它的优势是吃水浅、速度快和装备了大三角帆，这些优势使它比当时的同类船在御风航行时更加优秀，它被许多探险家所使用，包括努诺·特里斯托、巴尔托洛梅乌·迪亚斯、瓦斯科·达·伽马、约翰·卡伯特、哥伦布以及麦哲伦。

然而，卡拉维尔帆船也存在一些风险。在茫茫大海上，它的规模还是显小。迪亚斯和卡伯特这两个探险者，就在驾驶着这样的船航行时失踪了。它的体积小也是一个问题，因为它需要大量的船员去操作斜挂大三角帆，但它的空间小得无法为他们储存足够的食物和水，这一点在长途航行中是很明显的缺点，比如麦哲伦航行时很明显就是如此情况。

然而，当这一信息传到里斯本时，特里斯托已经不在人世了。努诺·特里斯托一回到北方，就进入了塞内加尔的萨鲁姆河。萨鲁姆河三角洲以红树林和巨大的猴面包树而闻名，这些树能长到40米（130英尺）高。当他沿着这条河航行时，毫无疑问，他对这条河的奇异的美丽充满了敬畏，同时他也希望能找到一个村庄，可供突袭并俘获奴隶。之后，大约有八十多名土著人驾驶着十多只独木舟靠近他们。村民们用毒箭攻击，箭上的毒是一种打烂的毒毛旋花种子制成的糊状物。特里斯托和他的20名部下被杀，只有五名船员（其中大多数是年轻的男孩）活着回到了里斯本，向世人讲述他们的经历。

胡安·德·拉·科萨（1460—1510年）

作为曾七次前往新大陆的冒险家，拉·科萨是哥伦布第一次航海时的旗舰“圣玛丽亚号”的所有者，他还用这艘船进行了他的第二次和第三次航行。他与阿隆索·德·奥赫达和亚美利哥·维斯普西，同属第一批踏上南美洲大陆的西班牙人。他在1500年绘制的地图是世界上第一幅描绘美洲的地图。在之后的航行中，他探索了巴拿马和哥伦比亚的海岸。为了在哥伦比亚建立殖民地而进行的最后一次航行中，他与奥赫达在卡塔赫纳登陆，但遭到当地居民的反抗。

死因：不明

胡安·德·拉·科萨是一名航海家、征服者、冒险家和地图制作者，他的一生始于西班牙北部海岸的坎塔布里亚，在那里，他很小就学会了航海技术。拉·科萨是个富有的人，哥伦布在1492年用于踏上著名的新大陆之旅的旗舰“圣玛丽亚号”，正是他名下的财产。1493年，拉·科萨作为首席制图师兼马里兰语翻译，再次与哥伦布一起航行。他还参加了哥伦布的第三次航行，但当哥伦布在伊斯帕尼奥拉岛被捕时，拉·科萨明智地改变了立场。

1497年，拉·科萨证明了他那在正确的时间出现在正确的船上的直觉，作为亚美利哥·维斯普西探险队的一员，他成为首批踏上南美洲大陆的欧洲人之一，很有可能是在现在的哥伦比亚海岸。在这次航行之后，他回到西班牙，绘制了一张著名的地图，这张地图第一次把美洲描绘成一个独立的大陆，这与哥伦布认为他发现了通往亚洲的西线这一观念相矛盾。

拉·科萨于1500年进行了第五次航行，追随失踪的探险家瓦斯科·恩尼兹·德·巴尔博亚的脚步，去探索哥伦比亚和巴拿马海岸。伊莎贝拉女王听说葡萄牙人入侵了《托尔德西里亚斯条约》规定的西班牙领土，便派拉·科萨率领代表团前往里斯本解决问题。[1]拉·科萨比一般头脑急躁的征服者更善于思考，他的外交技巧和对制图论证的精通被证明是无价的。

拉·科萨因为这项工作获得了现今巴拿马乌拉巴市阿尔瓜齐尔（即市长）的称号。他带着伊莎贝拉的许可证再次离开西班牙，在南美洲的海岸线上掠夺奴隶、黄金、染料和任何他能得到的东西。

正如哥伦布、科尔特斯和巴尔博亚的命运所显示的那样，西班牙对于探险的政见就像海洋一样难以驾驭。伊莎贝拉女王死后，西班牙又重新分裂为阿拉贡和卡斯蒂利亚两个王国。她的丈夫费迪南德和她一样，都是探险活动的支持者，他在沦落为阿拉贡的国王后，于1479年再次统一了两个王国，接着他召集了西班牙最有影响力的航海家，提出了“三点计划”来巩固西班牙在新世界的地位。第一点是任命瓦斯普契为首席领航员，负责培训下一代航海家和探险者。第二点是让探险家胡安·德·索利斯设法从大西洋找到一条通往印度群岛的通道。第三点是让拉·科萨和他在第二次与哥伦布一起探险时的同伴阿隆索·德·奥赫达去往南美洲大陆施行殖民行动。

---

[1] 《托尔德西里亚斯条约》是西班牙和葡萄牙两国于1494年6月7日，在西班牙卡斯蒂利亚的托尔德西里亚斯签订的一份旨在瓜分新世界的协议。——译注

在大多数人看来，奥赫达是个人物。虽然是个身无分文的矮个子贵族，但他勇敢无畏的名声弥补了这些缺点。他曾在塞维利亚的吉拉尔达塔上走过了6米高的横梁（合20英尺），在那里他表演了各种杂技，给包括女王在内的观众们留下了深刻的印象。在与哥伦布一起航行时，他说服了一位强大的印度酋长，让他相信一套精美的手铐是皇室的标志。

在奥赫达和拉·科萨之间有一种强烈的感情纽带。他们都从对方身上看到了自己的不足。拉·科萨是智囊，奥赫达则富于行动力，他们十分尊重彼此。

这两个人之间的联系是如此紧密，而这种联系最终削弱了拉·科萨的优秀判断力，并让他付出了生命的代价。奥赫达是个性急的人，当费迪南德命令将他与拉·科萨即将要去殖民的领土共享给他的死敌迭戈·德·尼奎萨时，他的情绪失控了。奥赫达之前曾向尼奎萨（后来被探险家瓦斯科·恩尼兹·德·巴尔博亚无情地放逐并因此送命）提出过挑战，要求决斗，他们相互之间的反感从未消除。双方最终并没有分享领土，而是决定将领土一分为二。奥赫达和拉·科萨得到了哥伦比亚乌拉巴湾以东的土地，而尼奎萨则获得了现在的巴拿马。

1509年11月10日，奥赫达的探险队从伊斯帕尼奥拉岛上的圣多明戈出发，带着两艘小船、两艘双桅帆船、三百人、十二匹马向南美洲大陆海岸驶去，在喀他赫纳[1]登陆。拉·科萨不止一次沿着海岸航行，他认为这是一个不适合登陆的地方，主要是因为土著人很凶猛，他建议奥赫达在乌拉巴湾更往西的更平静的地方定居。可奥赫达不同意。勇敢过头就变成了愚蠢，这是一个典型的例子，在这个过程中，奥赫达的贪婪更是助长了这种愚蠢。拉·科

[1] 哥伦比亚一海港。

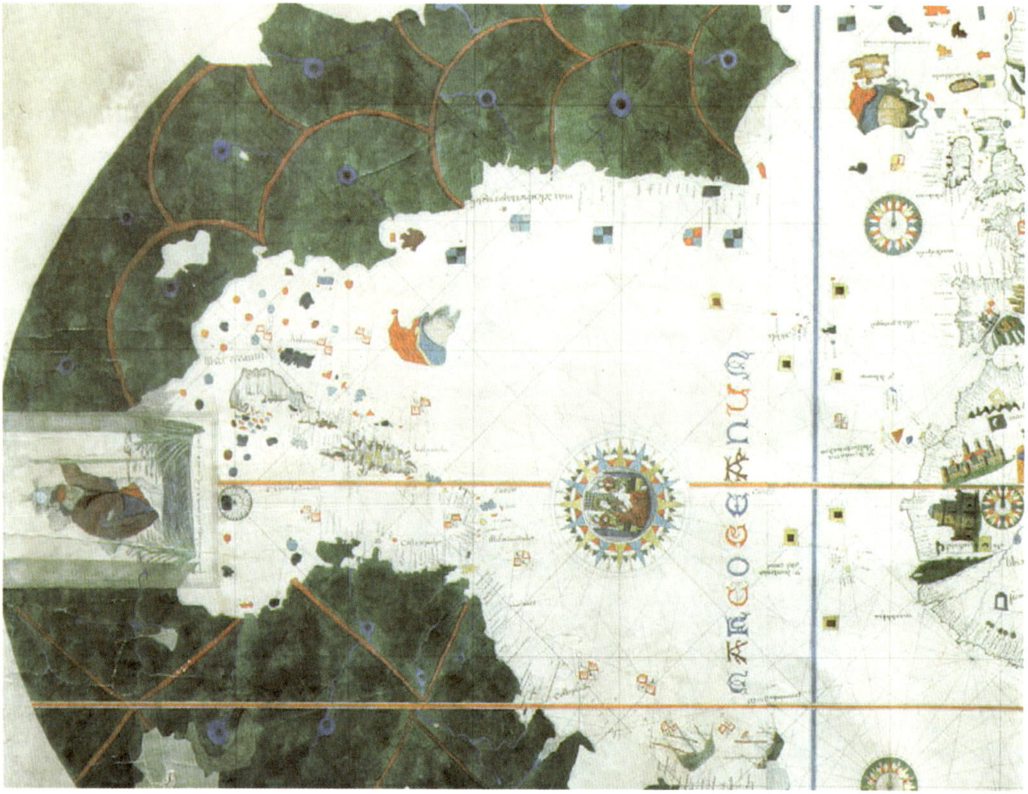

▲胡安·德·拉·科萨所绘的新世界地图，拉·科萨曾与哥伦布一起航行，最后死在了哥伦比亚海岸。

萨看到了可能发生战争的危险，而奥赫达却在计算通过征服当地土著并贩卖奴隶获得的好处。

登陆轻而易举，不久之后，奥赫达向土著宣读了声明，这是拉丁语所写的长期正式法令，声称如果印第安人承认基督教上帝和西班牙国王是他们的最高领导人，他们就可以免于被集体屠杀。由于没有翻译，印第安人根本不懂奥赫达的高谈阔论，于是用一阵箭雨来警告侵略者让他们离开。奥赫达的回应则是捕获 75 个印第安人，把他们抓上船，卖作了奴隶。

奥赫达本应该就此打住的，但他的自尊心受到伤害后总喜欢孤注一掷。印第安人的数量已经大大超过了西班牙人，而且也不知道还有多少印第安人躲在看不见的地方。他劫持了 75 名人质，加勒比人对这些来势汹汹胡说八道的闯入者由困惑转变为愤怒，他们袭击了由 70 人组成的海岸小队，其中就包括拉·科萨。拉·科萨等人上岸的主要原因是把奥赫达从他的鲁莽中解救出来。但显然拉·科萨没有机会了。尽管寡不敌众，奥赫达还是带领他的大部分士兵向内陆挺进，占领了印第安人的村庄。这更激怒了印第安人。他们出动数百人包围了村庄，用毒箭和吹箭攻击西班牙人。

除了深厚的友谊之外，没有什么能充分解释为什么拉·科萨会带领其余的人执行营救奥赫达的任务，而奥赫达的手下被飞镖刺破了皮肤，逐渐地死于飞镖上的毒素。当印第安人转而击退这第二波西班牙人的时候，奥赫达利用敌人注意力分散的机会，突围了出去，逃进了森林。然而，拉·科萨和他的手下无法扭转敌我之间的武力差距，他们很快就发现自己被包围了。最后，他们被迫退进村里的一间小屋里避难。这小屋完全无法防御印第安人的袭击，印第安人继续用致命的弓箭和飞镖攻击他们。很快，拉·科萨的队伍只剩下他和另外一个人了。然后，拉·科萨也被毒箭射中，很可能中毒而死，因为加勒比印第安人是少数几个在战争和狩猎中使用这种毒药的群体之一。

箭毒的一个特性是，当毒素造成的麻痹感在他们的身体中扩散时，受害者仍然完全清醒。拉·科萨于是眼睁睁地看着那些以为已把他杀死了的印第安人去追杀奥赫达了。虽然他勇敢地坚持到了最后，却动弹不得，他让这场袭击的一个幸存者回到船上，将他的命运汇报过去。这之后，当他观察和思考着由他热爱的指挥官的愚蠢所造成的大屠杀时，麻痹感继续在他的身体里蔓延。然后，他的心脏还在继续跳动，他的大脑仍在继续正常运转，但他肺部的肌肉松弛了，接着就会瘫痪，这位征服者将会死于窒息。事实上，正是奥赫达让他最好的朋友送了命，两天后，他幸存的西班牙同伴们发现了他，那时他正仰面躺在一棵大红树的树根上，他的剑已不在鞘中，虽震惊得不能成言，但并没有受到伤害。

胡安·迪亚兹·德·索利斯（1470—1516年）

作为一名早期的西班牙航海家和探险家，索利斯曾多次前往南美洲，其中一次是在1508年，那时他探索了洪都拉斯和伯利兹海岸。亚美利哥·维斯普西在1512年去世之后，索利斯接替他成为西班牙的首席领航员。1515年，他带领着三艘船，出发去寻找一条从大西洋到太平洋的航道，却无意间发现了世界上最大的河口——拉普拉塔河（意思是：银之河）。然而，发现的喜悦是短暂的，因为不久之后他就被印第安人杀死并吃掉了。

死因：在船员们的目睹下，被查鲁瓦族印第安人杀死并煮食了

索利斯是为西班牙服务的葡萄牙人，还是出生在西班牙的本地人，这一点仍存在争议。他早期的职业生涯也有些模糊。并没有确凿的证据表明他曾在1497年参与亚美利哥·维斯普西的第一次航行到达了美洲。但有更确凿的证据表明他在1506年乘船去了巴西。1508年，他担任了波多黎各总督维森特·品松探险任务的领航员，从伊斯帕尼奥拉岛的圣多明戈出发，探索了洪都拉斯和伯利兹的北部海岸。尽管他在第一阶段的发现细节尚不清楚，但他的名声很好，因此，当维斯普西在1512年死于疟疾后，索利斯便成了西班牙的首席领航员。虽然他回到了西班牙，但他并没有丧失对冒险的渴望。1513年，

探险家瓦斯科·恩尼兹·德·巴尔博亚穿过了巴拿马地峡，由此，哥伦布认为美洲与亚洲属于同一陆地的观点最终被推翻了。第二年，索利斯向西班牙国王请愿，国王遂授予他三艘船，用来探索中美洲的太平洋海岸。

这支船队于1515年10月从西班牙的莱普出发，经由特内里费港驶向巴西。在南下之前，它曾一掠而过地到过许多地方，包括今天的里约热内卢。船队中有一艘船在巴西南部的圣卡塔琳娜岛失踪，其余两艘则继续向南航行，目的是在两大洋之间找到一条海峡，或者绕过南美洲大陆的底部。

1516年初，他们进入了普拉特河的河口，沿着河向上游航行，这是一条淡水河，因此索利斯把它命名为“马尔杜尔塞”，意思是“甜蜜的海”。河中的水是淡水，意味着它不太可能是他想找的通往太平洋的通道，但索利斯听到了一个有趣的故事，激起了他的好奇心。当地印第安人说有一个白种人国王，他住在西部，穿着金银做的衣服。本着西班牙征服者的真正精神，索利斯放弃了对太平洋通道的探索，转而选择去寻找这位披金戴银的人，实际上，那人是印加国王。索利斯的渴望反映在他给河口的命名上——拉普拉塔河，翻译过来就是“银之河”。

索利斯继续航行到河口更远处，直到抵达乌拉圭与阿根廷边界的乌拉圭河。他希望能找到他所耳闻的传说中的王国。土著人排列在沿河两岸，这是他们第一次见到欧洲人，尽管他们可能在此之前就听说过这些人。他们的好奇心很强，但西班牙人对他们的想法几乎一无所知。

索利斯认为他们是在示好，于是组织了一个登陆队，由他自己、另一名军官和七名手下组成，乘坐小艇上岸去与他们会面。这是一个致命的错误判断。他登陆后不久，笑容变成了敌意，索利斯和他的手下遭到了查鲁瓦部落的攻击。查鲁瓦部落之名来源于他们的敌人瓜拉尼部落的语言，意为“狂暴的”。

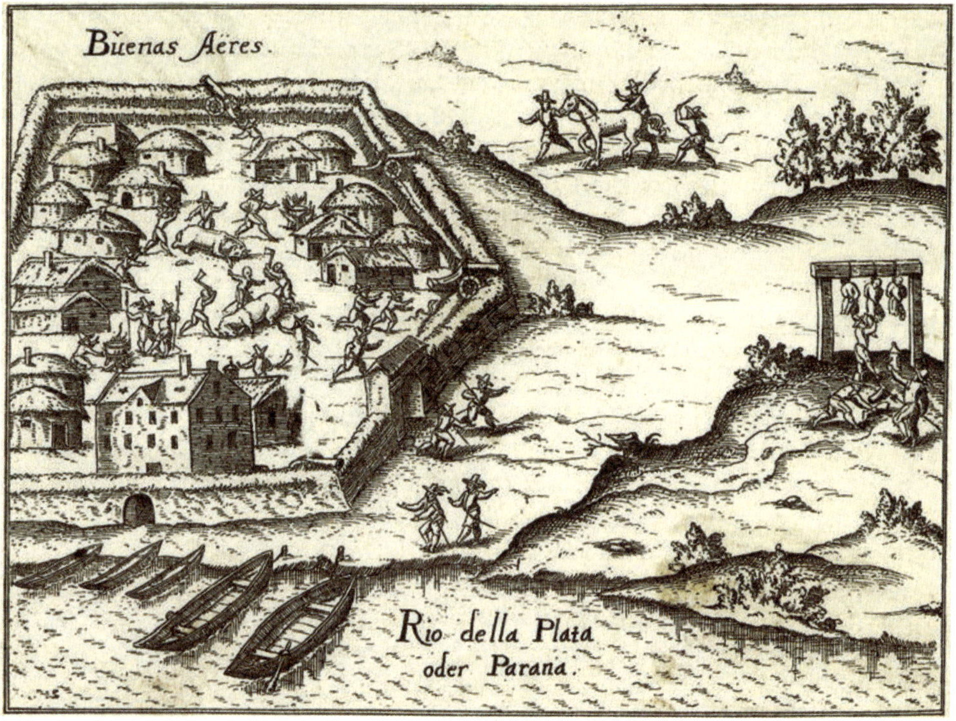

▲1536 年在普拉特河上建立的布宜诺斯艾利斯，索利斯在 20 年前就发现了这条河。（图中停泊着小船的即普拉特河）

查鲁瓦人使用的是弓箭和弹箭，弹箭是一种用石头绑在细绳上的武器，主要用于缠绕动物的腿，事实证明，这种武器也可以用来打倒身披重甲的西班牙征服者。船上的西班牙人被迫无助地看着索利斯和他的手下被俘、被杀。

查鲁瓦人在海滩上生了一大堆火，向他们的箭射程之外的停在河中船上的剩余敌人炫耀他们的人肉盛宴。上岸者中唯一的幸存者是一个印第安人，他作为翻译被带上了船，后来此人被称为弗朗西斯科·德尔·波多。

▲这是一幅想象中的大西洋海岸和普拉特河的景象，图上画着“跳舞的土著”，这幅画由纪尧姆・勒・泰斯图绘于 1555 年。

瓦斯科·恩尼兹·德·巴尔博亚（1475—1519年）

巴尔博亚穿越了巴拿马地峡，通过此举，他成为第一个从美洲东海岸看到太平洋（当时叫南海）的欧洲人。他的政策是与友好的土著部落结盟，征服、折磨和掠夺反抗的部落，这种政策在美洲大陆建立第一个西班牙殖民地的过程中发挥了重要作用。然而，他的能力和声望也使他树敌不少，最终，巴尔博亚死于他的征服者同伴的手中。

死因：在他的岳父、卡斯泰拉诺·奥里菲卡总督佩德拉里亚斯策划的一场表演性审判后，被斩首

考虑到征服者的贪婪，为霸权而进行的内斗甚至可能比他们所航行的海洋、他们所对抗的土著或他们在新环境中所面临的饥饿和疾病更危险，这不足为奇。瓦斯科·恩尼兹·德·巴尔博亚的故事极其经典，讲述了一个男人如何被自己的英勇激起的嫉妒所摧毁。

巴尔博亚是一个贫穷的西班牙贵族的私生子，他来自巴达霍兹省，是一个被新世界潜在财富所诱惑的典型。1500年，作为罗德里戈·德·巴斯蒂亚斯探险队的一员，他首次从西班牙起航，这是一次探索哥伦比亚和巴拿马北部海岸的航行。当探险队因为船体里有木虫而被迫返回伊斯帕尼奥拉岛时，巴尔博亚留在了那里，试图成为一名种植园主。

和他的许多同行一样，巴尔博亚是实干家，不适合农耕。1510年，他负债累累，结束了自己的农耕生涯。为了躲避债主，他躲在了马丁·费尔南德斯·德·恩西斯科船长率领的一艘船上的木桶里，前往大陆巩固圣塞巴斯蒂安的殖民地。和他一起在木桶里的是他的狗——列昂西科，在他此后所有的探险活动中，这只狗都会享受着船长的待遇，并一直陪伴着他，它的名字来源于失踪的探险家胡安·庞塞·德·莱昂。

在航行中，巴尔博亚和他的狗被发现了。在船队发现的第一个岛屿上，恩西斯科威胁要把他放逐到孤岛上，之后，却又赦免了他，主要是他认为巴尔博亚从之前的探险中获得的知识是有用的。这是恩西斯科后来会后悔的一个举动。

当船队到达圣塞巴斯蒂安时，他们发现此地被遗弃了。不久之后，他们在一次海难中失去了大部分的补给和牲畜。巴尔博亚，这个高大、健谈、红头发的人，天赋魅力，他说服了恩西斯科把定居点搬到乌拉巴湾的西部，一个叫作达里恩的地方。

在那里，巴尔博亚开始挑战恩西斯科的领导。移民们对恩西斯科禁止与当地人私下交易黄金的禁令感到不满，他们转而支持巴尔博亚，而恩西斯科在民众的呼声中被解除了权威，移民们选出了美洲首届市政委员会来替代他，但无法控制权力和黄金的斗争。当移民们发现他们的替代者迭戈·德·尼奎萨正在途中，并打算代表国王为私人黄金贸易索取赔偿时，他们组成了一个以巴尔博亚为首的暴民团，拒绝让他登陆。当尼奎萨请求他们让他以一个普通士兵的身份登陆时，他们仍然拒绝了。1511年3月，尼奎萨和17名手下被放逐在一艘破烂、漏水的船上，从此失去了音信。在执政官缺席的情形下，巴尔博亚从内心深处明白了，对黄金的贪欲是愚蠢的，于是他被大众拥戴为

▲瓦斯科·恩尼兹·德·巴尔博亚控制了太平洋和巴拿马西海岸。（下方一行字意为：瓦斯科·恩尼兹占领了德尔苏尔海。）

维拉瓜的总督。

与其说巴尔博亚是一个殖民者或政治家，不如说他是一个命运的战士，巴尔博亚把达里恩作为进一步冒险寻找战利品的基地。1512年，他带领一支探险队沿着阿特拉托河向南进发，成为第一个看到安第斯山脉西部山峰的欧洲人。他还善于与一些印第安部落讲和，这些部落除了向他提供了数吨黄金外，还告知了他有关南面印加人和西面大海所拥有的财富的消息。

1513年9月1日，巴尔博亚开始了自己的使命。他带着大约200名男子和一群狗，驶向巴拿马地峡最狭窄的地方，带走了来自卡瑞达斯的1000名友好的印第安人，之后，他开始向西穿过厚厚的热带丛林和毒蛇肆虐的沼泽地，途中，通过激烈的战斗，征服了几个部落。那是一次艰苦的旅行。当他们到达现在被称为“科迪勒拉中心”的山脉东坡的夸拉夸村时，只有三分之一的原班人马能够继续前进。

9月27日黎明前，巴尔博亚和67名男子出发去攀登一座山，据说山上可以看到大片水景。到十点钟时，他们便从茂密的森林中出来，到达了山顶。巴尔博亚让他的手下留下，独自前往山顶。越过森林，他看到太平洋在早晨的阳光下闪闪发光。他呼唤他的手下跟上他：

> 看哪，我的朋友，那辉煌的景象就是我们所无比渴望的。我们要感谢上帝，因他赐给我们这莫大的荣耀和好处。让我们向他祷告，求他引导我们，帮助我们征服我们所发现的海洋和土地，这片土地，从来没有一个基督徒进入过，去宣讲福音者的神圣教义。至于你们自己，要像从前一样，忠实于我，对我诚实，靠着基督的恩宠，你们将成为西班牙人当中曾来过印度群岛的最富有的人；你们的君王曾经臣服于主，你们要为他尽你们最大所能。让这里的一切被发现、征服和皈依我们神圣的天主教信仰，这将是你们永恒的荣耀。

兴高采烈的分遣队纷纷拥抱并宣誓效忠他们的领袖。为了纪念这一时刻，他们砍倒了一棵树，匆忙地竖起了一个十字架，然后把自己的名字刻在周围的树上，以纪念自己对面前这片辽阔土地的所有权。

巴尔博亚等人向海岸进发，用他们那有着“雷鸣闪电”般威力的枪支恐吓当地部落的战士，效果显著，酋长用200多公斤（440磅）的精金请求和平。几个月来，巴尔博亚和他的部下在新海岸上徘徊，对土著时而恐吓，时而亲近，以获得更多的黄金和珍珠储备，印第安人用他们的黄金和珍珠交换西班牙人的衣服、小饰品和小玩意。之后，巴尔博亚选择了另一条穿越山脉的路线，这样他就可以征服更多的部落，增加更多的战利品。

“你们为什么要为这样一件事争吵呢？如果这黄金在你们眼中是如此珍贵，以致你们抛弃自己的家园，入侵他人的和平土地，使自己暴露在这样的苦难和危险之中，那我就告诉你们一个你们可以最大限度地满足自己愿望的地区。看那些高大的山脉。在这后面，是浩瀚的大海，从山脉的顶峰可以看到，那些几乎与你的船一样大、与你的船一样装备了帆与桨的船只在上面航行着。从山的南侧流入大海的所有溪流里都盛产黄金，在海的边界的君王都是用金器吃喝。事实上，在那些南方人那里，黄金的储量和普及程度不亚于你们西班牙人手中的铁。”

潘奎亚科是科玛格尔部落酋长的儿子，他目睹了巴尔博亚的手下为了争夺他刚刚给他们的 115 公斤（250 磅）黄金而争斗。

穿过丛林的小路再一次被证明是艰辛的，巴尔博亚被他的人用吊床抬着，来到了加勒比海岸，因为发着烧，他无法自己行走。1514 年 1 月，他终于回到了达里恩，在那里，他慷慨的个性再次巩固了他的声望。巴尔博亚给国王送去了皇室股份和一封信，要求再派一些人来，然后分割了战利品，把后来人的份也算上了。

可以说，巴尔博亚的人望最终导致了他的失败。被他削了权的恩西斯科回到了西班牙，对巴尔博亚的行动极尽贬低，结果国王派佩德罗·阿里亚斯·德阿维拉（又名佩德拉里亚斯）担任卡斯特利亚诺省的总督。卡斯特利亚诺省是由卡斯蒂拉·德奥罗省和新安达卢西亚省合并而成的一个新省。

当佩德拉里亚斯于 1514 年 7 月带着新市长和作为警察局长的恩西斯科来

到这里时，巴尔博亚勉强接受了这一事实，尽管移民们对这种从上而下的专断感到不满。不久之后，巴尔博亚以谋杀尼奎萨的罪名被逮捕，后又被无罪释放。有传言说多贝巴神庙到处都是财富。巴尔博亚据此曾去阿特兰托河上寻找多贝巴神庙，可惜失败了，有人看到他被毒箭射中。然而，这并没有减少他对冒险和黄金的渴望。他请求佩德拉里亚斯允许他再进行一次太平洋探险。后者则认为最好把自己的敌人置于自己眼皮底下，因此拒绝了。而当佩德拉里亚斯发现巴尔博亚背着他从古巴秘密引进了一支远征军时，非常愤怒，便打算把他关进一个木笼里。

后来，巴尔博亚被国王的一封信救了出来，国王听说了这位探险家的事迹后，命令佩德拉里亚斯以最大的尊重对待他。两人之间不稳定的休战协议随后因巴尔博亚与佩德拉里亚斯的女儿玛丽亚·德·佩纳洛萨的婚姻得以巩固，尽管巴尔博亚还公开与当地一位酋长的女儿同居。

佩德拉里亚斯和他的一群追随者——其中包括弗朗西斯科·皮萨罗——在与印第安人打交道方面被证明是无能为力的。1517 年，佩德拉里亚斯派遣了另一支部队去探索巴尔博亚曾发现的珍珠群岛，因此而最终不得不答应巴尔博亚的要求，给了他探险许可。巴尔博亚带着 300 人，在加勒比海岸的阿克拉建立了一个定居点，然后再次出发去探索太平洋。

而巴尔博亚又一次证明了他善于和印第安人打交道的本事，他的财宝开始堆积起来。佩德拉里亚斯可能已经确定巴拿马的太平洋海岸有着比加勒比海更大的战利品，气候也比加勒比海好，他变得偏执起来，猜疑巴尔博亚即将建立一个独立的殖民地。1519 年，巴尔博亚回到阿克拉，卸下战利品，给船补给，准备再次出发。此时，佩德拉里亚斯派皮萨罗用叛国罪的罪名逮捕了他。巴尔博亚否认了这些指控，并要求回西班牙接受审判。佩德拉里亚斯和他的警察局长——就是那个最初被巴尔博亚篡夺了权力的恩西斯科，则匆忙私设法庭，判处巴尔博亚和他的四个朋友斩首之刑。

我必须通知陛下，两位省长，以及迭戈·德·尼奎萨和阿隆佐·德·奥赫达，都玩忽职守，他们咎由自取，因为他们不知道如何行动，而且，在他们到达这些地方后，他们的想法是如此狂妄，充满幻觉，自以为是这片土地的主人，想象自己可以统治这片土地，予取予求；而他们也正是这样做了，认为大可高枕无忧。但是土地的性质是这样的，如果管理者一直沉睡不醒，当想要醒的时候就无法醒觉，因为这是一块迫使管理者非常警惕的土地。由于有无数的河流、泥沼和山脉，这个国家很难通行，许多人因为他们必须忍受的巨大劳动而死亡，我们每天都暴露在无数的死法之下。日日夜夜，我只想着如何养活自己和上帝派给我的需要我负责的那一小撮人，以及如何维持他们直到殿下派遣出援兵。我照顾着这片土地上的印第安人，让他们不受虐待，我不允许任何人伤害他们，并从卡斯提尔[1]拿来许多东西馈赠给他们，使他们与我们建立起友谊。对印第安人的这种体面的待遇，是我从他们那里得到许多秘密的原因，凭借这些秘密，我可以得到大量的黄金，以便更好地为陛下效劳。

巴尔博亚给西班牙国王的一封信的一部分，要求皇室批准他的行动，派遣更多的人，以便进一步拓展征服行动。

行刑地点是在阿克拉，巴尔博亚的影响力中心。佩德拉里亚斯躲在帘子后面，刽子手挥了三次斧头，才让巴尔博亚身首分离。然后，将他的人

[1] 古代西班牙北部的一个王国。

▲1513 年 9 月 27 日，巴尔博亚站在巴拿马的一座山上，第一次看到了太平洋。

头扎在尖刺上示众。不久之后，佩德拉里亚斯在太平洋上建立了巴拿马城。考虑到巴尔博亚对财富的热爱，巴拿马的货币被称为巴尔博亚也许是再合适不过了。

费迪南德·麦哲伦（1480—1521年）

麦哲伦是葡萄牙人，却是在西班牙的旗帜下做的探险航行，他是第一个向西航行到达太平洋（也正是他为该片海洋命名）的欧洲人。他的探险船队于1519年从西班牙出发，成为第一支完成环球航行的船队。然而，由5艘船和277名船员组成的船队，只有1艘船和19名船员完整地完成了航行，并于1522年返回欧洲。很遗憾麦哲伦并不在幸存者之列，他在菲律宾就被土著杀害，倒在了探险的中途。

死因：在菲律宾麦克坦岛，与西拉普拉普领导的武装队伍的战斗中被杀

费迪南德·麦哲伦对冒险的坚定欲望是毋庸置疑的。他是一名葡萄牙贵族，二十五岁时，他辞去宫廷里的职务，加入了弗朗西斯科·德·阿尔梅达由二十二艘船组成的大规模掠夺东方远征队，以一名无薪船员的身份。随着葡萄牙人一路屠杀、残害至非洲、阿拉伯和印度之际，麦哲伦崛起了。当探险队到达马来半岛的马六甲这个香料群岛的主要港口时，麦哲伦已经有了自己掌控的船只。他请求独立探险，得到允许后，便做了一次往东的航行，回来时声称带回了“比瓦斯科·达·伽马找到的更富饶、更伟大、更美丽”的土地的消息。

葡萄牙当局显然对麦哲伦的说法缺乏热情。《托尔德西里亚斯条约》沿着一条贯穿南美洲大陆的南北分界线，将新大陆瓜分给了葡萄牙和西班牙。西班牙是通过向西航行发现这条航线的，其领土就在这条航线的西边，而葡萄牙的领土则在这条航线的东边。当麦哲伦向葡萄牙国王提议向西航行到达印度群岛时，国王并不以为然。然而，西班牙人却对此表示出了兴趣，因为它提出了通过西线获取香料群岛丰富资源的可能性。这就是哥伦布偶然发现美洲时的本来意图，而其他的西班牙探险家，尤其是探险家胡安·德·索利斯，已经在寻找穿越南美洲或环绕南美洲的通道时死去。

对麦哲伦来说，有机会验证他的信念，即可以找到一条向西通往印度群岛的通道，远比对国家忠诚重要得多。他再次表现出非凡的决心。为了可以继续他的探险，他娶了一位西班牙贵族的女儿，并搬到了马德里，这是一个政治阴谋丛生之地，也正是在这里，他设法说服了国王查理一世资助探险。

1519 年 9 月 20 日，麦哲伦带着“特立尼达号”“维多利亚号”“康塞普西翁号”“圣安东尼奥号”和“圣地亚哥号”5 艘船出发了，船员共计 277 人，其中许多是葡萄牙人。他们装备精良，船舱里装满了贸易货物。当他们到达大西洋的时候，船长胡安·德·卡塔赫纳公开挑战麦哲伦的权威，被武力逮捕，并剥夺了船长的职务。他声称麦哲伦试图把他们带到葡萄牙人掌握的西非囚禁起来，但麦哲伦巧妙地避开了葡萄牙人派去大西洋拦截他的舰队，证实了自己的忠诚。麦哲伦和探险队的三名西班牙船长之间的不信任很大程度上与西班牙宫廷的贪婪和相互竞争有关。这场冲突无疑是由麦哲伦的倔强和好斗的本性引起的，尽管如此，但西班牙的船长们可能从一开始就打算除掉他。

麦哲伦的船队驶过大西洋，于 12 月停泊在一个港口，45 年后此地被称为里约热内卢，但当时，它还未被纳入葡萄牙人掌控下的巴西。从里约热内卢继续出发，他们沿着南部海岸行进。1 月 10 日，他们到达了由巴拉那河和乌拉圭河汇合形成的普拉特河河口，在与大西洋交汇的地方有 220 公里（135 英里）宽，这个河口被认为是南美洲大陆的最南端。然而，麦哲伦选择继续向南驶向未知海域。

海洋变得越来越冷，风暴也越来越大，麦哲伦和他的许多同伴之间的关系也是如此。离开巴西的温暖、女人和新鲜的食物，去面对严酷的海洋，对团队的许多人来说，简直就像是一种疯狂行为，即使他们不再怀疑麦哲伦的忠诚，但还是会对他痴迷于发现东西向通道的行为持怀疑态度。在沿阿根廷海岸航行时，船队被分散了三次。三月底，他们驶进巴塔哥尼亚的一个海湾，麦哲伦命令船员们在圣朱利安港建造棚屋。这是一个严酷而令人沮丧的环境。为了熬过冬天，麦哲伦下令将口粮减半。船员们提出抗议，但麦哲伦置之不理。当他们苦苦坚持之际，他逮捕了其中的一些人，以杀鸡儆猴，但这加剧了大家对困境的普遍不满，他们有一种想法，认为只要按原路返回便可轻易避免这种情况。

4 月 1 日，三名西班牙船长卡塔赫纳、门多萨和奎萨达付诸了行动，他们试图控制他们所在的三艘船。然而，麦哲伦和他的葡萄牙同伴们智取了其中一艘船，杀死了门多萨，挡住了离开海湾的路。

报复是激烈的。门多萨的尸体被肢解，并吊在绞刑架上。奎萨达也被杀死，尸体被斩首，而卡塔赫纳强大的关系网保住了他的命，他被用铁链锁了起来，后来又和他的牧师一起被放逐，从此杳无音讯。

冬季，“圣地亚哥号”在南下执行侦察任务时失事，10 月份，弹尽粮绝的船队向南进发。为了阻止进一步的叛变，麦哲伦向他的船员撒谎说，他曾见过波希米亚的马丁所制作的海图，马丁是一位导航员、制图师以及世界上第一个（非常不准确的）地球仪的制造者，此海图掌握在葡萄牙国王手中。11 月 1 日，他们进入了一个海峡，但不能确定会不会是一条“死胡同”。航行并非易事。这条通道是由狭窄的海峡连接的一系列海湾，有时只有 3 公里（2 英里）宽，那里，水流强劲，并不总是顺风，使得航行举步维艰。然而很快，持续不断的咸涩海水，毫无河流的踪影，让他们相信已经找到了传说中的海峡。两边都是皑皑白雪的山脉，这些船只航行了 560 公里（350 英里），到达大西洋与太平洋分界处。在最后一个海湾，他们需要在两个开口中做出选择。于是麦哲伦将舰队一分为二，派出两艘船，分别进行探索。七天后，麦哲伦发现了太平洋，他欣喜若狂，泪流满面。至少在他看来，他的执着和牺牲生命的行为是正确的。之后，他要求探险队的牧师为船只祈福。海上异常风平浪静，麦哲伦对船员们说：“愿我们永远看到，这片海洋像今天早上一样平静。怀着这样的希望，我将这片海命名为‘太平洋’。”

在某些方面，探险的考验才刚刚开始。当他们返回到其他的船上时，才发现“圣安东尼奥号”带着许多补给，消失了踪影。这艘船沿原路返回，最终回到了西班牙。在接下来的几个月里，远征队中剩下的许多人肯定也希望这样做。威尼斯乘客安东尼奥·皮加费塔的日记是此次航行的主要记录，它提供了第一次航行于太平洋上的清晰图景：

1520 年 11 月 28 日，星期三。我们从这条海峡出来，进入太平洋。我们度过了三个月又二十天忍饥挨饿的日子，吃着被虫子啃噬成了粉末状、被老鼠的尿液泡得臭烘烘的饼干。我们喝了很多天发黄腐败的水。我们还吃了主帆上的牛皮，以防它弄断了侧支索：由于阳光、雨水和风的作用，它们非常坚硬，我们先把它们放在海水里浸泡上四五天，然后再把它们放在余烬上烤上一时半刻，最后吃掉。另外，我们还吃木头的锯末粉。老鼠被以每只半个金币的价格出售，即使这样，也买不到。但较之其他恶劣情况，最糟糕的是，一些人的牙龈上部和下部肿得太厉害，以至于无法进食，所以就死了。19 个人死于这种疾病，其中包括船长和一个来自弗尔津县的印第安人。

很难想象当他们最终到达菲律宾群岛时，内心有多么激动。

麦哲伦设法使一些当地国王皈依了基督教，并让他们发誓效忠西班牙国王查尔斯。他以优惠的条件与他们进行交易。例如，在宿务岛，当地人很乐意用 10 块黄金交换 6.3 公斤（14 磅）的铁。据皮加费塔所说，宿务岛的王公和他的臣民们被洗礼得很成功，其间，一个瘫痪的人还被治愈了，这些都被算成了麦哲伦的功劳。住在附近的麦克坦岛的酋长西拉普拉普拒绝皈依基督教或宣誓效忠西班牙人，所以麦哲伦决定给他一个教训。

“他们用铁和竹子做的矛和弯刀向他（麦哲伦）冲来，他们打伤了他，他多次回头看我们是不是都在船上。随即，我们看到他死了，我们受了伤，尽我们最大的努力向已经开走的船只撤退。（宿务岛上的）信奉了基督教的国王本可以帮助我们，但船长在我们登陆前命令他，不要离开他的巴兰海，而是留下来看看我们是如何战斗的。当国王得知船长已经死了时，他哭了。要不是那位不幸的船长，[1] 我们当中没有一个人能得救，因为他和别人搏斗，其他人才得以退到船上去。我希望通过您以最显赫的爵位，使这样一位高贵的船长的名誉不会在我们这个时代被抹杀。在他所具有的其他美德中，有一

[1] 指麦哲伦。

点，是他在最困难的时刻比任何人都更加坚定。他比其他任何人都更能忍受饥饿，比世界上任何人都更了解航海图和航海。因为没有人像他那样有如此多的天赋和胆量去学习如何环游世界，这是显而易见的事实。”

安东尼奥·皮加费塔

1521年4月28日，星期六，麦哲伦不顾一切劝告，以一种神圣的热情拒绝了所有的援助，率领五十人来到了麦克坦的海滩，西拉普拉普带着一千五百名战士在那里等着他们。尽管在数量上远逊于他们，但西班牙人的精良盔甲和武器起了作用，他们用弩和毛瑟枪进行自卫。麦哲伦派了几个手下去烧毁麦克坦人的村庄，认为这可能会迫使他们投降。麦克坦人可能是被这种他们认为不光彩的战术激怒了，他们开始向西班牙人未受保护的腿射箭。麦哲伦大腿上中了一箭，他下令撤退，但最后以溃败收场，麦哲伦和六名士兵在齐膝深的大海中展开了最后一搏。麦哲伦表现得非常勇敢，他们把麦克坦人挡了一个小时。他一直看着他的船，但他的人没有来帮忙。其中一个土著被他的长矛刺穿，他伸手夺过他的剑继续战斗。正当此时，他使剑的胳膊被竹矛击中了，麦克坦人涌上前来，其中一个人割伤了麦哲伦的腿筋，导致他脸朝下跌进水里。麦克坦人随即一拥而上，将他乱棍打死。

西拉普拉普拒绝把麦哲伦的尸体埋葬。麦克坦人想把他的遗骨作为胜利的纪念，这是可以理解的。最初的5艘船和277人中只有1艘船和19人完成了第一次环球航行。然而，有争论说，麦哲伦之前曾驻扎在摩鹿加群岛，然后航行到了菲律宾，他仍然是第一个环游地球的人。

杜阿尔特·巴博萨（1480—1521年）

巴博萨曾和他的姐夫费迪南德·麦哲伦一起航行，试图环游世界。本质上，他仍然忠于麦哲伦，虽然如此，但因为性情不合，他们经常发生冲突。巴博萨是一个理智的人，经过几天在岸上的狂饮、淫乱和骚动之后，他两次被宗教狂热分子麦哲伦逮捕并关进监狱。然而，巴博萨也通过杀死门多萨和阻止一次成功的兵变拯救了麦哲伦的性命。

死因：死在宿务王公布下的陷阱里

巴博萨家族在很大程度上参与了费迪南德·麦哲伦的远征。杜阿尔特·巴博萨的父亲迪奥戈是一名葡萄牙人，曾与曼纽尔国王闹翻，后来加入西班牙国籍。迪奥戈随后升任塞维利亚兵工厂的指挥官。当麦哲伦在葡萄牙失宠后，他搬到了西班牙，娶了迪奥戈的女儿，并开始与两个巴博萨家族的人谋划，以获得西班牙国王查尔斯一世的批准，向西航行前往印度群岛探险。

当初和麦哲伦一起航行时，杜阿尔特·巴博萨已经对新大陆有了相当丰富的认识。他很可能是《杜阿尔特·巴博萨之书》的作者，这是一部两卷本的编年史，记录了作者在1500年与叔叔一起跟随葡萄牙探险队旅行，前往印度的科钦，并留在那里进行贸易时，他对新世界的观察。

麦哲伦在西班牙宫廷里被他的政敌们的阴谋所限制，只能带走5名葡萄牙血统的军官，杜阿尔特·巴博萨就是其中之一。然而，姐夫与小舅子之间的关系并不总是和谐的。麦哲伦笃信宗教，执迷于自己的使命，而巴博萨则有点像个酒色之徒，喜欢和土著女人一起吃喝玩乐。

这种行为让他在里约热内卢遇到了麻烦，他在没有得到允许的情况下玩起了失踪，最后被铐上镣铐送回了船上。

然而，在门多萨、卡塔赫纳和奎萨达叛变并控制了五艘船中的三艘之后，巴博萨在圣朱利安港挽回了自己在麦哲伦眼中的声誉。巴博萨协助策划了一场突然袭击，造成门多萨的死亡，使得麦哲伦在权力天平上再度占据上风。因此，当西班牙人不再担任船长时，尽管巴博萨以前犯过小错，却仍然成了他姐夫的船长之一。

他的晋升并没有改变他和麦哲伦之间意见的相左。当他们抵达菲律宾时，尽管巴博萨是一船之长，却在宿务岛连续三天纵酒狂欢后，发现自己又被戴上了镣铐。虽然巴博萨失了宠，但他还是明智地警告麦哲伦，妄图吓唬麦克坦人是愚蠢的。当然，麦哲伦没听他的，最后果然被杀了。

麦哲伦的首要任务是让人皈依基督教，而巴博萨的首要任务是积累足够的财富，使他能够度过余生。麦哲伦死后，巴博萨和胡安·塞拉诺（原葡萄牙船长）被任命为联合船队的司令。

不久之后，事实就证明，他们缺乏麦哲伦那样的足智多谋。他们犹豫着是否要对麦克坦人进行报复，他们从宿务岛的盟友那里撤走了所有的贸易商品，这让他们的弱点更加明显。

巴博萨的垮台根本上是由他的暴行引发的后果。麦哲伦在他的遗嘱中，给了他的马来西亚奴隶恩里克以自由，恩里克在与菲律宾人建立联系方面发挥了很大作用。在麦哲伦死后，恩里克自认是一名自由人，拒绝接受任何人的命令。当巴博萨命令他上岸去拿食物时，恩里克拒绝了。巴博萨狠狠踢了他一脚，并威胁他说，除非照他说的去做，否则他一定会让恩里克沦为麦哲伦妻子的奴隶。

恩里克非常骄傲，还是拒绝了。直到他被拷打多时之后，才同意上岸。那时他心里充满了厌恶。

他登陆之后，要求见宿务的王公，并告诉他，麦哲伦的死证明了白人的上帝是个骗子，但是他们的船只、盔甲、枪支和商品是非常值得拥有的。这两个人策划了一个计划，打算让伊比利亚人得到应有的惩罚。[1]

恩里克回到船上，带来了来自王公的消息，邀请巴博萨和塞拉诺去取王公许诺给麦哲伦的礼物：红宝石、钻石、珍珠和金块。塞拉诺很谨慎，但巴博萨的贪婪之心占了上风。巴博萨还中伤塞拉诺，说他没有男子气概，后者的大男子主义迫使他放弃了自己的直觉。一上岸，后来成为船长的卡瓦略和埃斯皮诺萨就变得疑神疑鬼，随即驾小舟溜回到了船上。没过多久，土著人蜂拥而至，杀死了巴博萨和他的手下。他们的尸体被扔进了海里。塞拉诺则被扣为人质，卡瓦略因突然而来的晋升欣喜不已，而且他也怀疑会不会有另一个陷阱。所以他拒绝支付赎金，抛弃了塞拉诺，听任他由命运摆布。

[1] 伊比利亚人是西班牙南部和东部的史前民族之一，之后此名字也意指整个伊比利亚半岛。——译注

胡安·庞塞·德·莱昂（1474—1521年）

庞塞·德·莱昂跟随哥伦布完成了他的第二次任务，并参与了征服伊斯帕尼奥拉岛的行动。[1]他为西班牙人发现了波多黎各岛，并由此致富，成为该地的第一任总督。但他在1512年被迭戈·哥伦布取代了，他的幻想破灭，遂带领着三艘船向北航行，也许是为了寻找青春之泉。结果他未能如愿，反而找到了佛罗里达，并为其命名。1521年，他试图在那里建立殖民地，但在殖民地得以建成之前就被印第安人杀死了。

死因：死于射中大腿的毒箭

出生于1474年的胡安·庞塞·德·莱昂是许多前往新大陆寻求扭转经济困境之途的贫穷西班牙贵族之一。十九岁时，他参与了哥伦布的第二次航海任务，当时，他已经参加了格拉纳达战役，将摩尔人赶出了他们在西班牙大陆的最后一个据点。[2]他在伊斯帕尼奥拉岛定居了下来，在第二次伊圭战争中，凭着制服土著人的努力而获得了对该省的控制权，该城镇位于现在的多米尼

[1] 伊斯帕尼奥拉岛位于古巴东南部，波多黎各的西部。——译注

[2] 格拉纳达战役是西班牙收复失地运动的最后战役，经此一战，西班牙全境都脱离了穆斯林的统治，开始了其称雄世界的历史。——译注

加共和国东部。[1]征服者们对黄金的前景颇兴奋，当一个土著人从离他们只有150公里（95英里）远的波里金岛（波多黎各）带着金块来到这里时，庞塞·德·莱昂想出了一个计划。在得到伊斯帕尼奥拉岛总督奥万多的批准后，他于1508年入侵了博里奎，并以自己的名字命名了后来波多黎各的首都圣胡安。当土著人被西班牙人大批屠杀、奴役和毁灭时，莱昂却成了一个非常富有的人，统治着自己的领地，对自己的命运相当满意。

然而，庞塞·德·莱昂的命运并未止步于此。1512年，迭戈·哥伦布重新获得了对新世界的世袭权，并把自己最喜欢的两个人安置在了莱昂土地上，莱昂就此失去了自己的总督职位。如果传说可信的话，这种权力的丧失与卧榻之失是一样的。设法弥补自己的损失成为莱昂下一个冒险的焦点。

莱昂从加勒比的泰诺印第安人那里听说，在比米尼群岛可以找到青春之泉。据说，泉水可以让人恢复青春。比米尼群岛是巴哈马群岛的一部分，巴哈马以其居民的美貌而闻名，妇女作为奴隶的价格特别高，这一点似乎佐证了传说。

1513年3月4日，在获得西班牙国王的许可后，庞塞·德·莱昂带着三艘船从波多黎各出发了，去寻找奴隶，寻求复兴。探险队在圣萨尔瓦多停留了几个星期，3月25日继续向西北方向前进。圣萨尔瓦多是哥伦布第一次登陆美洲的地方。他们在3月27日看到了一个新岛屿（大阿巴科），然后被一场风暴吹离了航线。

4月2日，他们第一次见到了佛罗里达海岸，庞塞·德·莱昂相信这是一

[1] 伊圭是中美洲国家多米尼加共和国的城市，也是圣母省的首府，位于该国东部，始建于1503年。——译注

座岛屿的一部分，并以他们登陆的季节——Pascua Florida（花的复活节）——将岛命名为佛罗里达。他们沿着海岸向巴哈马群岛进发，但由于墨西哥湾流的力量，他们被迫返回佛罗里达，在比斯坎湾的一个地点登陆，在那里，他们遭遇了怀有敌意的印第安人。莱昂抓住了一些俘虏，这些俘虏提到了一个名叫卡洛斯的酋长的故事，据说这位酋长拥有很多金子，而这激起了莱昂的贪欲。

幸运的是，所有人都没有尝试过去寻找卡洛斯。其中两艘船经古巴返回了波多黎各，而第三艘则返回比米尼群岛继续探险，最后得出的结论是，那里并没有青春之泉。

尽管有土著人的抵抗，但莱昂对他所看到的一切都表现得野心勃勃。担心他的主张会被一些迭戈·哥伦布的谄媚者所忽视，于是，他赶紧回到西班牙，在那里，他被授予解决和管理比米尼岛和佛罗里达岛的许可证，条件是执行征服瓜德罗普岛土著人的任务。1515 年，前往瓜德罗普的远征遭到了加勒比印第安人的激烈抵抗，最终以失败告终。莱昂没能履行与国王的约定，回到了波多黎各。

1521 年 2 月 20 日，两艘船从波多黎各西北部出发。船上有着包括士兵、牧师、农民和工匠在内的 200 人、50 匹马、弹药、牲口群，还有种子和农具。他们在佛罗里达西海岸登陆，很可能是在夏洛特港附近或者卡卢萨哈契河附近。船只安全抛锚，殖民者上岸开始建造房屋。这里是欧洲帝国主义编年史上最短寿的殖民地之一。

西班牙人企图建立永久的统治，当地的卡卢萨印第安人对此感到十分恼火，遂发动了突然袭击。许多殖民者于不知不觉中被杀。他们中很少有人能回到船上。莱昂做到了，但在战斗中大腿不幸中了一箭。在回家的路上，伤口感染了。返回古巴后不久，莱昂发现，就算是青春之泉也无法治愈自己了。

▲佛罗里达的卡卢萨印第安人击退了西班牙殖民者，庞塞·德·莱昂大腿上中了致命的一箭。

帕恩菲洛·德·纳尔瓦耶兹（1470—1528年）

用一位与他同行的探险家的话说，帕恩菲洛·德·纳尔瓦耶兹是一个“过于自信，爱吹牛皮，不确定梦想和现实之间的界限”的人。在争夺墨西哥的控制权失败后，他从西班牙国王手中骗取了佛罗里达州的州长职位，然后带着五百多人踏上了前往佛罗里达的灾难性远征之旅。这一旅程中，他们遭遇了飓风、沉船、蛇、印第安人袭击、饥饿和食人族。八年后，其中四人在墨西哥现身。但纳尔瓦耶兹并不在其中。

死因：在佛罗里达失败后试图返回古巴时于一艘驳船上被淹死

由于运气不佳和性格缺陷，帕恩菲洛·德·纳尔瓦耶兹成为西班牙最具灾难性征服者的有力竞争者。帕恩菲洛身材高大，留着浓密的红胡子，他说话的声音，据一个同时代的人说，听起来像是来自一个山洞。他出生在西班牙的瓦拉多利德，他开始征服者生涯相对较晚。当他参加胡安·德·艾斯丘威尔征服牙买加时，已经39岁了。

1512年，在迭戈·韦尔扎克征服古巴的过程中，他以勇敢和毫不妥协的残暴著称。在古巴，作为一支装备着弩和火枪的军队的领导人，他协助征服了古巴南部的大部分地区。在接下来的几年里，他作为韦尔扎克的经纪人，前往西班牙，向国王请愿，授予他的领袖征服墨西哥尤卡坦半岛的权力。他成功了，但当他带着文件回来的时候，与韦尔扎克闹翻的埃尔南·科尔特斯已经在阿兹特克帝国未经授权的范围内划出了一块地盘。[1] 当纳尔瓦耶兹回到古巴后，这个殖民地正被鼠疫所笼罩，处于危险状态。韦尔扎克选择留下来，他任命纳尔瓦耶兹为墨西哥探险队的队长，主要目的是逮捕科尔特斯。纳尔瓦耶兹于 1520 年 3 月出发，当时有 18 艘船只，其队伍的人数几乎是科尔特斯的三倍。然而，一到目的地，许多人就逃到科尔特斯一方去了。而且，尽管他仍然享有巨大的人数优势，纳尔瓦耶兹在与科尔特斯这位极为优秀的军事战略家的战斗中还是失败了，他失去了一只眼睛，并被监禁了两年。

> 纳尔瓦耶兹相信自己生而福星高照，尽管没有什么能证明这种信念是正确的。
>
> 卡佩扎·德·瓦卡

当纳尔瓦耶兹最终逃出科尔特斯的魔掌后，他回到了西班牙，并莫名其妙地因为这次失败而获得了佛罗里达州总督的职位。此时纳尔瓦耶兹 50 岁，他于 1527 年 6 月 17 日带着 5 艘船和大约 600 人一起离开了西班牙。三个月后，他们抵达了伊斯帕尼奥拉岛上的圣多明哥，在 45 天的进一步准备期间，大约 1/4 的特遣队离开了那里。

开小差是明智之举。探险队一到古巴，就遇到了一连串的飓风。两艘船在古巴的特立尼达港口被强风摧毁，这艘船所携带的一艘大划艇后来被发现

[1] 阿兹特克帝国，是一个在 14—16 世纪的墨西哥古文明，其传承的阿兹特克文明与印加文明、玛雅文明并称为中南美三大文明。——译注

挂在了树枝上。[1]船队在古巴的沙瓜港过冬，纳尔瓦耶兹找到了替代的船只和一名对佛罗里达海岸有“专业”了解的向导。1528年2月20日，当他们从哈瓦那出发前往佛罗里达时，他的第一个伟大的航行壮举就是让船只在古巴西部海岸的一系列浅滩上搁浅。他们被困在那里两个星期，直到暴风雨掀起的巨浪最终把他们冲回更深的水域。探险队奋力向古巴西海岸挺进，但最终绕过科连特斯角，驶向了哈瓦那，在那儿，另一艘船正等着加入探险队。舰队在距离哈瓦那12法里（大约60公里或40英里）处准备进入港口，这时一股强烈的南风把他们吹到了佛罗里达，探险队于4月14日在萨拉索塔湾登陆。

最初与印第安人的接触相对友好。小饰品被用于交换鱼、鹿肉和一些玉米。西班牙人注意到土著人拥有不少金块，当他们听说北部有一个叫阿巴拉契的部落拥有大量黄金时，大家变得异常兴奋。随后，纳尔瓦耶兹与他的军官意见产生了严重分歧，之后，他决定继续向内陆进发，进行陆路探险，而由骨干船员驾驶的船只则被命令沿着海岸前进。

5月1日，探险队出发前往佛罗里达腹地，在最初的两周内，西班牙人几乎没有以掠夺定居点的方式来增加他们的补给。他们渡过了苏旺尼河，于5月17日遇到了一个印第安部落，他们是阿巴拉契人的敌人。这些印第安人给了探险队玉米，并表示愿意陪他们向北进军。经过艰苦的跋涉，他们穿过茂密的森林，最终到达了阿巴拉契亚地区。

当西班牙人发现阿巴拉契亚远不是他们所期望的宝库时，他们的精神崩溃了。他们行军进入一个村庄，纳尔瓦耶兹把它错认成了当地的首都，他们发现那里有妇女和儿童，有大量的玉米、鹿皮和一些粗编滥造的披肩，但没

[1] 大划艇，旧时帆船附载的大艇。——译注

有金子。第二天，印第安人对他们发动了进攻，这使得他们更加恼火。最后西班牙人取得了胜利，印第安人又恢复了游击战。由于无法阻止袭击并对印第安人的贫困感到失望，纳尔瓦耶兹下令撤退到海上，以便他们能够与船只相会。

当西班牙人穿过沼泽向海岸行进时，他们遭到了印第安人的骚扰。疟疾和痢疾对这些人的身体健康造成了伤害，另外还有响尾蛇和棉嘴蛇也害人不浅。幸运的是，没有人被鳄鱼吃掉。而当他们到达海岸时，却发现找不到船只。那时，队伍中超过三分之一的人都病得很厉害。看到这种情形，那些骑在马

▲纳尔瓦耶兹和他的手下们在墨西哥湾边休息，然后再次出发去寻找黄金，但一无所获。

背上并没有那么疲惫的骑兵们，威胁着要离开，他们相信如果他们离开的话，他们的生存机会可能会大大增加。他们没有错，然而，纳尔瓦耶兹设法劝阻了他们。

面对几乎肯定会全军覆没的状况，西班牙人决定试一试，建造一些驳船，这样他们就可以摆脱探险队的失败。然而，他们中没有一个人有过这样的经验。尽管这次远征在装备和展示西班牙强大的军事实力方面做得很好，但所有的工具都留在了船上。此外，队伍中只有一个木匠。木材不是问题，但除此之外几乎所有其他东西都是问题。绝望是发明之母，从马镫、马刺和弩中取出的铁被重新用于制作钉子、锯子和斧子。松脂和棕榈纤维被用于船只的填塞和防水。衬衣变成了帆，马为饥饿的建筑工人提供了食物，同时，马的毛用来做索具，马的皮被晒黑了，用来做水壶，以应对前方艰难的旅程。在6周的时间里，他们建造了5艘9米（30英尺）长的驳船，与此同时，他们不断受到印第安人的攻击。当他们踏上航程之际，已有四十人死于疾病，十多人死于印第安人之手。

他们航行了一个星期，来到一座小岛上，然后再次出海，却发现他们的水壶已经烂掉了。船很难航行，而且船上的人也不是专业水手。30天后，他们还在海上漂流。许多人渴死了，还有一些人在喝海水。最终，一场风暴将他们冲回到了彭萨科拉附近的海岸。起初，印第安人以和平的方式和他们打招呼，但后来又转而攻击起了他们，很多人被杀死。在莫比尔附近也发生了同样的事情，酋长先是给他们提供鱼和水，没多久却又伏击了他们。最后，这支狼狈不堪的队伍来到了密西西比河的河口，纳尔瓦耶兹劝阻他的骑兵离开，自己反倒抛弃了他们。

卡佩扎·德·瓦卡是该任务中的四名幸存者之一，他们穿越了得克萨斯州、新墨西哥州和亚利桑那州，又过了 8 年，他们与在墨西哥的同胞团聚了。以下是卡佩扎的记录，这是在帕恩菲洛·德·纳尔瓦耶兹完全退出历史舞台之前，证明其自负和背信弃义的最后证据。

总督明确地表达了他的意愿，我和我的人拿起我们的桨，一直划到了日落。但总督的驳船上有最健康和最强壮的人，我们无法跟上他们。我大声叫他给我扔根绳子，以便我们追上他。他回喊道：如果他要实现他计划在那天晚上做的事情，他就不能再消耗他的手下的力量了。我告诉他，我们太虚弱了，不能服从他的命令，跟不上他了，并问他我该怎么办。他回答说，现在已经不是一个人命令另一个人的时候了，每个人都必须竭尽所能来自救。而他正是这样做的。说完，他就划远了。

这次背信弃义的情景是纳尔瓦耶兹最后一次露面。他的船在一场暴风雨中与他的全部手下一起沉没了，而瓦卡的船则被冲上了岸。

赫尔南多·德·格里哈尔瓦（1500—1542年）

格里哈尔瓦是首批以新大陆为基地的探险家之一，他于1537年从秘鲁出发，可能是想仿效传说中的图帕克·印加·[1]尤潘基所做的探险，希望在太平洋岛屿上发现传说中的财富。他横渡了太平洋，但他不愿驶入葡萄牙领土，这激起了他的船员们的愤怒，最终船员们叛变并杀死了他，并将他的侄子扔在了新几内亚的海岸。

死因：被他自己的船员杀死

赫尔南多·德·格里哈尔瓦是开拓墨西哥湾的探险者胡安·德·格里哈尔瓦的亲戚，他的身世尚不清楚，他于1533年首次成为一名征服者，当时他在科尔特斯委托下的一次远征中担任船长，航程是从墨西哥向北驶向加利福尼亚。由于门多萨被任命为新西班牙总督，科尔特斯在墨西哥的专营权受到了限制，他渴望找到一个新的可供征服之地。探险队由迭戈·德·贝塞拉·德·门多萨指挥，但两艘船在第一晚遭遇暴风雨后失去了联系。不过这对格里哈尔瓦来说是幸运的，因为贝塞拉·德·门多萨是在向导希门尼斯领导的叛变中

[1] 印加，南美洲古代印第安人最高统治者的尊号，意为太阳之子。——译注

被杀的，在发现下加利福尼亚的过程中，几乎所有的叛变者都被印第安人杀死了。[1] 被风暴吹离航道后，格里哈尔瓦继续向西航行，最终到达距下加利福尼亚海岸约 400 公里（250 英里）的雷维拉吉格多群岛。之后他又开始向北航行，因恶劣天气而被迫返回墨西哥。

1536 年，科尔特斯带队从墨西哥乘船来到秘鲁，部分原因是为了讨好弗朗西斯科·皮萨罗，格里哈尔瓦是其中一员。此次任务在外交方面没有取得显著的成功，但格里哈尔瓦心中开始形成了探索的想法。早期西班牙人探险的目标之一就是找到传说中的宝藏岛——塔西斯和俄斐尔。哥伦布曾认为他们与伊斯帕尼奥拉很近。[2] 当然，哥伦布至死都还相信美洲就是亚洲。但人们后来知道了太平洋与大西洋是不同的，美洲与亚洲也是分开的，于是，欧洲的地理投机者大多都达成了共识：宝岛在太平洋。

西班牙人从印加人口中听到的冒险故事似乎印证了这一理论，这个故事是关于图帕克·印加·尤潘基的，此人于 1471 年至 1493 年在位，但据说他在 1480 年休了一年假，前往太平洋做了一次航行，到达了复活节岛以及东波利尼西亚的马克萨斯和土阿莫土群岛。西班牙人喜欢这样去想，尤潘基访问的岛屿很有可能就是神话中的宝岛。

1537 年 4 月，格里哈尔瓦从秘鲁西北部的佩塔起航。他的目标是在葡萄牙人的领土之外——很有可能就是塔西斯和俄斐尔——发现黄金和香料。他的航行细节尚不清楚，但似乎他往西南方向航行了很长一段路，始终没有看到陆地，最后可能是由于缺水，才导致他掉头往美洲而去。

---

[1] 下加利福尼亚，墨西哥西部的一个多山半岛，延至太平洋和美国边界南部的加利福尼亚湾之间东南偏南。西班牙人于 16 世纪 30 年代首次发现。——译注

[2] 伊斯帕尼奥拉岛，在拉丁美洲西印度群岛中部，即海地岛。——译注

对格里哈尔瓦来说不幸的是，他做出的这个决定受到了信风的影响，风向倾向于西行。当他试图掉转船头时，几乎寸步难行。毫无疑问，他的船员们越来越绝望，恳求他驶向摩鹿加群岛的葡萄牙领地。在那里，尽管他们可能会被俘虏，但至少有可能活下来。然而，由于西班牙征服者特有的对苦难的骄傲和冷漠，格里哈尔瓦一次又一次地拒绝冒险开进敌方领土。最后，他的手下认为，格里哈尔瓦的骄傲不值得他们付出生命的代价，于是他们叛变了。其中一名叫米格尔·诺布雷的船员刺杀了格里哈尔瓦，他的尸体被扔到了船舷外，而格里哈尔瓦的侄子达瓦洛斯，无疑被他叔叔的命运吓到了，默许了船员们将船转向西方的要求。

探险队把他们的船长扔进海里之后，一路顺风顺水，向着西南方向航行，但情况并没有改善，因为他们向南航行得太远，无法与葡萄牙在印度群岛的领地取得联系。他们偶尔会在那些几乎没有水的岛屿上停留，在经历了四个月的艰苦岁月后，他们看到了新几内亚的海岸，他们是首批到达此地的欧洲人。当时，原先的船员中只有七名存活了下来，此时船队的船体已经破碎。这些人只能下船，一直沿着海岸前进，直到他们被土著人俘虏并被贩卖为奴。最终，他们被摩鹿加群岛的葡萄牙总督加尔瓦诺赎回。加尔瓦诺向他们施以仁慈，这种仁慈正是格里哈尔瓦曾因过于骄傲而拒绝给予他们的。

胡安·罗德里格斯·卡布里洛（1498—1543年）

卡布里洛以水手的身份来到新大陆，作为一名弩兵，与科尔特斯一起对抗阿兹特克人，然后搬到了危地马拉，在那里，他作为商人和造船商的敏锐头脑帮助他成为征服者中最富有的人之一。1542年，他从阿卡普尔科出发，成为第一位探索加利福尼亚海岸的欧洲人，他发现了圣地亚哥湾，并在向北航行的过程中，最远到达了北加州的俄罗斯河。

死因：走下小艇时，在岩石上滑了一跤，摔断了胫骨，最后死于伤口坏疽

胡安·罗德里格斯·卡布里洛经常声称自己是为西班牙效力的葡萄牙人，他更有可能是西班牙人，可能来自塞维利亚。他出身贫寒，从小给一位商人做学徒，后来作为一名水手去了哈瓦那。当迭戈·韦尔扎克派遣探险家帕恩菲洛·德·纳尔瓦耶兹去墨西哥挖科尔特斯的墙角时，卡布里洛——一个熟练的骑手和十字弓手——加入了他的队伍。不过和许多人一样，他一到达墨西哥就叛逃到科尔特斯那方去了。当科尔特斯入侵特诺奇蒂特兰时，卡布里洛已是他信任的核心集团的一员，并负责建造13艘双桅船，这些双桅船被分拆成多个部分运送到特斯科科湖，并于1521年用于重新征服特诺奇蒂特兰。

继墨西哥之行后，卡布里洛在佩德罗·德·阿尔瓦拉多的领导下加入了对危地马拉的征服行动。他最终定居在了危地马拉的首都圣地亚哥。到16世

纪30年代，他已经是一个富有的人，在房地产、金矿和航运方面都有收益。然而，当圣地亚哥在1540年的地震中被毁时，他的财富遭受了损失。

阿尔瓦拉多计划对太平洋进行一次探险，但在他开始行动之前就死了。总督安东尼奥·门多萨继承了他对该任务的热情，但决定委托承办，因此卡布里洛被任命为两个同时出发的探险队之一的指挥官，以探索太平洋。其目标是想知道是否可以从新西班牙到达中国，[1]是否还有类似于香料群岛一样的岛屿没有按照《托尔德西里亚斯条约》分配给葡萄牙。他们还试图发现被认为是所罗门王矿山所在地的岛屿，以及被认为位于墨西哥北部的奇波拉城。奇波拉城是传说中的七大富有城市之一。最后，他们希望找到一个从太平洋进入不存在的“亚泥俺海峡”的入口。据说，这条海峡提供了连接大西洋和太平洋的北部通道，这一通道可能通过哈德逊湾。

1542年6月24日，在鲁伊·洛佩兹·维拉洛波斯领导的探险队向西出发的4个月前，卡布里洛从纳维达[2]出发，带着3艘船、250名船员和两年的补给，北向航行。他们乘坐的三艘船中，有两艘是他自己建造，并属于他所有的。如果任务成功，他的那份利润会让他变得非常富有。

起初，这次远征相对风平浪静。9月28日，卡布里洛报告说他抵达了一个非常好的港口（这个港口我们现在称之为圣地亚哥）。他们在那里待了六天，然后继续向北方的更远处进发，到达了包括圣塔莫尼卡和圣巴巴拉在内的许多海岸。逆风迫使他们在圣米格尔岛停泊了一个月，然后，他们继续向北航行，错过了旧金山，很可能是因为海湾入口笼罩在大雾中。

[1] 新西班牙指西班牙管理北美洲和菲律宾的一个殖民地总督辖地，首府位于墨西哥城。——译注
[2] 即阿卡普尔科，墨西哥南部港市。——译注

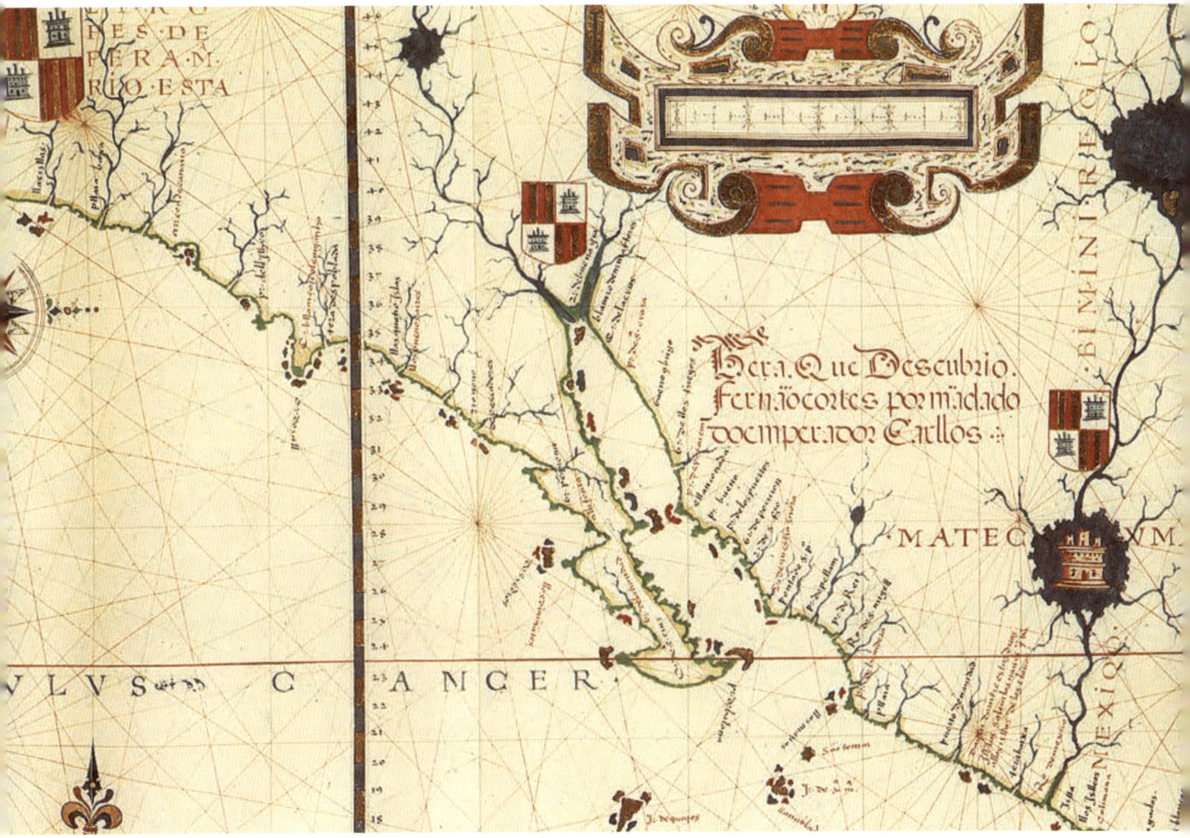

▲（古地图）1571 年，也就是卡布里洛出航 30 年后的南加州和墨西哥的海岸。

有关卡布里洛最终命运的细节尚不清楚，因为原始的航海日志已经遗失了，但在向北航行时，船队似乎遭到了一系列风暴的袭击，船只也分散了。这些风暴也可能使探险队损失了一些补给，因为他们已经到达了俄罗斯河（尽管他们有可能远航到了俄勒冈州），这些船之后返回到了位于圣地亚哥和加利福尼亚海岸圣巴巴拉之间的海峡群岛过冬。

他们试图登陆其中一座岛屿（可能是圣卡塔琳娜），激起了土著人的愤怒，并发生了小规模冲突。卡布里洛试图从划艇上下来，上岸时被一块参差不齐的岩石绊了一跤，他的肩膀脱臼了，一条腿也断了。如今，这种情况已被证明不会致命，但在近一百年前的一艘船上，又处于偏僻地区，药物缺乏，既无抗生素也无防腐剂，而在伤口上放置蝇蛆，是治疗感染的唯一有效方法，在这种情况下，这种伤害就显得十分严重了。卡布里洛的腿先是感染了，然后是坏疽，最终，他死了，死于略有些不光彩的绊倒。他的遗体被安葬在圣米格尔岛。探险队的大部分人都设法回到了墨西哥，但是，由于他们没有发现任何引人注目的东西，这次探险基本上就被遗忘了。

弗朗西斯科·德·奥雷拉纳（1511—1546年）

奥雷拉纳是冈萨洛·皮萨罗从厄瓜多尔的基多出发的内陆探险队的第二指挥官，负责寻找黄金之国和“肉桂之国”。穿过安第斯山脉后，他们发现自己到了一个道路艰难、食物匮乏的国家。他们建造了一艘船，奥雷拉纳主动提议，将船开到下游去寻找食物。结果，他和53名男子开始了一次伟大的奥德修斯之旅，成功地沿着亚马逊河航行到达大西洋，他是第一个完成这项任务的白人。[1] 不过，第二次的大西洋之旅，他就没那么幸运了。

死因：在亚马逊三角洲失踪，死于疾病和悲伤

弗朗西斯科·德·奥雷拉纳的首次亚马逊之旅是最伟大的旅行之一，从很多方面来说，这是整个探险编年史上最不可能的成功故事之一。奥雷拉纳是皮萨罗的远亲，1527年第一次去到西印度群岛。1535年，他跟随弗朗西斯科·皮萨罗来到秘鲁，并在随后的内战中支持了皮萨罗家族。作为回报，他获得了土地，并建立了瓜亚基尔，现为厄瓜多尔最大的城市。

[1] 伟大的奥德修斯之旅，是浪漫冒险的象征，源于古希腊神话《奥德赛》，描写奥德修斯的不畏艰险和佩涅洛佩的坚贞，歌颂了智慧、勇敢和忠诚。——译注

1540年，皮萨罗让他的兄弟贡萨洛带领一支探险队穿越安第斯山脉，去探索内陆。美洲土著被西班牙人的暴力和贪婪吓坏了，为了满足他们对贵金属和香料的欲望，他们开始编造故事。其中最著名也是流传最久的大概就是关于黄金之国埃尔多拉多的传说了，它描述了一个无比富有的国王，他每天都要在皮肤上擦金粉和树脂以便穿衣。还有一个传说，说在安第斯山脉有一个地方盛产肉桂，这个传说没有那么出名，但可能更切合当时的任务。

1540年2月，贡萨洛·皮萨罗带着大约230名西班牙人、4000名印第安仆人、2000头猪和几百条狗出发了，准备震慑他的印第安奴隶和敌人。三月，奥雷拉纳带着一支拥有一群马和23个人的队伍加入了他们。探险队的第一项任务是穿越安第斯山脉，结果这任务险些让他们丧命。两个月以来，每天都在下雨。当他们爬上海拔4000米（13000英尺）的陡峭而茂密的森林山脉时，天气变得寒冷至极，并且还下起雪来。当他们到达东方平坦的土地时，3/4的印第安人和一半的西班牙人死亡或被抛弃。

探险队沿着古柯河顺流而下，但传说中的财富被证明是虚幻的。他们发现了肉桂，但数量并不丰富，难以从中获利。随着皮萨罗的手下向内陆挺进，森林变得越来越茂密，他们被迫用砍刀劈出一条路来。他们精疲力竭，饱受丛林热的折磨。巨大的降雨量意味着土壤常年浸水，不适合那些欧洲人当作食物的植物生长。他们也缺乏在雨林中狩猎的技能。一路上，他们吃完了携带的猪，然后把他们所有的马和狗都宰了吃肉，但他们仍然不知道如何才能靠这片土地生存下来。西班牙人甚至找不到任何可以掠夺的村庄。

古柯河一通航，皮萨罗就下令建造一艘船，摆渡那些恢复期的病人。他们砍倒了树木，熔化了马蹄铁，做成钉子，并用撕碎的衣服和树脂把刚砍下的木板的缝隙封住。令人惊讶的是，他们称之为“圣佩德罗号”的8米长（26

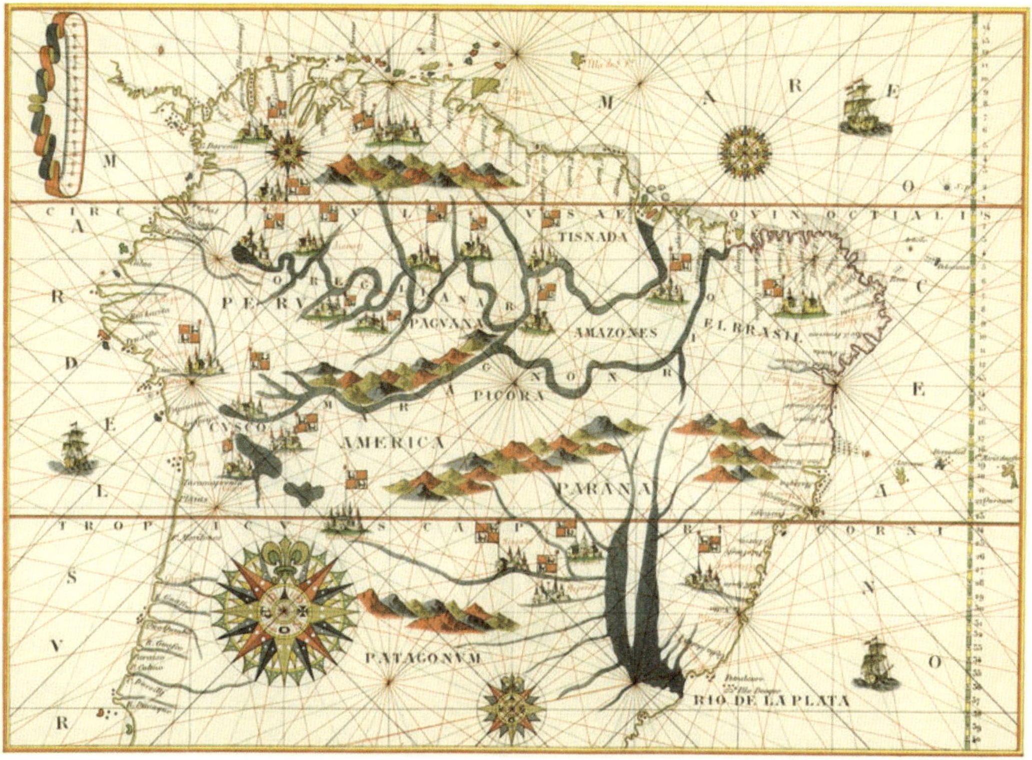

▲（古地图）南美地图，显示了秘鲁和亚马逊河的路线，出自 1582 年的西班牙地图集。（该地图上已标注出了美洲、亚马逊和普拉特河。）

英尺）的双桅船，居然真的可以航行，而且，事实证明，防漏水性能非常之好。

西班牙人开始沿着这条河前进，情况变得更糟了。当地的印第安人告诉皮萨罗，在前方的国度几乎找不到食物。于是皮萨罗的手下准备叛变了，在此情况下，皮萨罗首度认真考虑起了返航的选择。这时，奥雷拉纳主动提出去“圣佩德罗号”上寻找食物。他告诉皮萨罗，他将在 12 天内回来，并带来他的发现。随后，他与 53 人一起沿河而下。

在强大的水流的推动下，奥雷拉纳从古柯河进入了更大的纳波河，并向下游更远处驶去。在 8 天的时间里，他走了 800 多公里（500 英里），来到了一个有着食物的小村庄。他霸占了食物，问题是，如何把它们带回给皮萨罗。河水太汹涌了，“圣佩德罗号”无法逆流而上。

他派了一个三人小组向皮萨罗报告了他的发现，然后继续向下游航行。只有一个人成功回到了皮萨罗身边，皮萨罗已经等了将近一个月。他转而向基多而去，[1] 对奥雷拉纳无比愤怒，因为奥雷拉纳带走了他最好的手下和武器。在皮萨罗最初的 4000 名士兵中，最后只有不到 80 人返回。

奥雷拉纳带着部下，沿着纳波河继续向下游前行，村庄的状况越来越好，文明的迹象越来越常见。他们最终来到了亚马逊河，这条河太宽了，感觉就像进入了大海。加斯帕尔·德·卡瓦加勒修士所记述的他与奥雷拉纳的航行的记录得以保存。记录中说亚马逊河沿岸有很多村庄，他们与这些村落之间的距离从未超过十字弓的射程。那里的土壤非常肥沃，其中有一条流入亚马逊河的河水是黑色的。奥雷拉纳将之命名为里奥内格罗[2]。卡瓦加勒在记录中提及了庄稼、大如马匹的鱼，还有亚马逊文明生产的漂亮的陶器。据估计，当时亚马逊盆地的人口在 200 万至 300 万之间，虽然这一数字仍存在争议，但对于一群乘坐小船的迷路的西班牙人来说，这规模把他们吓坏了。

看到奥雷拉纳和他的部下，亚马逊人并不特别激动。尽管西班牙人尽可能地靠近河中央，但他们却经常遭到坐着独木舟的土著人的攻击，而且当水流将“圣佩德罗号”推得离岸边更近时，土著人还会从河岸上向他们发射弓箭。

---

[1] 基多，厄瓜多尔首都。——译注

[2] 位于巴西。——译注

他们沿着河走得越远，奥雷拉纳就越相信自己最终会到达大海。幸运的是，他们找到了一个由阿帕里亚酋长统治的友好村庄。阿帕里亚酋长为他们提供了一个安全的避风港，可以修复“圣佩德罗号”上腐烂的木板，并建造了一艘姊妹船“维多利亚号”，为之后寻找大海做准备。

1542 年 6 月 24 日，西班牙人遇到了一队女战士的特别激烈的抵抗，他们认为她们是希腊古代传说中的亚马逊女战士。这些战士身材高大、白皙、留着辫子，除了生殖器上的丁字裤外，全身赤裸。据卡瓦加勒说，有一个亚马逊人以一当十，两艘船遭到了箭雨的袭击，变得像豪猪一般。这些勇士与希腊神话中的战士唯一不同之处在于，她们没有砍下自己的右边乳房来提高自己的战斗能力。事后看来，这些辫子发型很可能是用来误导人的，在丁字裤后面藏着的，是阴茎。当然，卡瓦加勒有此误会是可以谅解的，因为其中一支箭使他失去了一只眼睛。

无论是男性还是女性，这些“亚马逊人”的格斗能力都给奥雷拉纳留下了深刻的印象，以至于他以他们的名字命名了这条河。

7 月，他们停下来为前往哥伦比亚的 2000 公里（1250 英里）海上之旅做准备。两艘船紧靠着海岸，但还是被一场猛烈的风暴吹向了大海，经过数周不稳定的航行，两艘船在委内瑞拉海岸外的古巴相遇。与皮萨罗灾难性的伤亡率相比，与奥雷拉纳一起出发的 53 名男子中只有 10 人死亡。船员们称他们的这次 8000 公里（5000 英里）的旅程是一次奇迹。

虽然奥雷拉纳得以在亚马逊地区幸存下来，但贡萨洛·皮萨罗指责他有叛国罪，如果他回到厄瓜多尔的话很可能会被杀。于是，奥雷拉纳从古巴回到了欧洲，他先后试图引起葡萄牙国王和西班牙国王的兴趣，以资助他在亚马逊建立殖民地。在西班牙期间，他爱上了一个名叫安娜·德·阿亚拉的少女。

▲在一段史诗般的旅程中，奥雷拉纳沿着纳波河航行至大西洋，贯穿了整条亚马逊河。

最终，他得到了西班牙国王的建立殖民地的许可，但财政和政治问题推迟了任务的完成，直到 1545 年，由 400 名新征服者驾驶的 4 艘船才从西班牙出发。

从一开始，这次航行就是一场灾难。在到达大西洋中部的佛得角群岛之前，有 1 艘船和 100 人失踪，到达目的地之后又有 50 人被遗弃了。另一艘载有 77 人的船只和 1 艘内河船在抵达巴西之前沉没。奥雷拉纳在亚马逊三角洲附近航行了 500 公里（300 英里），在那里，他的第 3 艘船被吹到了一个岛上。然后他从岛上出发，去寻找食物和亚马逊河的真正入口。其他的水手也许是还记得奥雷拉纳和皮萨罗之间发生的事情，当奥雷拉纳回到岛上的时候，水手们已经造了另一艘船去寻找他们曾经的首领。最终他们放弃了，回到了海岸，在靠近古巴的玛格丽塔岛上寻找港口。奥雷拉纳就没那么幸运了，在继续寻找亚马逊河主要航道的同时，他的船只遭到了印第安人的袭击，17名船员被杀。他的妻子安娜·德·阿亚拉说，他们花了将近一年的时间在亚马逊三角洲错综复杂的水道中徘徊，途中船员们一个接一个地死于发烧。奥雷拉纳似乎比一般征服者更敏感，他于1546年的某一个时刻死于病痛和悲伤的双重折磨。他年轻的妻子安娜则来到特立尼达，然后和她船队中的一个幸存者在巴拿马定居下来，在那里，她度过了余生。

佩德罗·德·瓦尔迪维亚（1497—1554年）

瓦尔迪维亚是西班牙征服者中较有天赋的一个，他事业的起步也相当晚。在1535年前往委内瑞拉后，他在秘鲁加入了弗朗西斯科·皮萨罗的队伍，并从那里开始了对智利的殖民。在此过程中，他面临着长途跋涉、饥饿、印第安人的敌意以及他的同胞们不断破坏他的领导地位的企图。他基本上都获胜了，直到在某次战斗中，他的傲慢占了上风，最终被印第安人俘虏并杀害。

死因：被智利图卡佩尔的马普切印第安人捉住、折磨并杀害

像许多想在新大陆碰碰运气的征服者一样，佩德罗·德·瓦尔迪维亚是一位穷困潦倒的西班牙贵族。他在西班牙发起的在意大利和佛兰德斯的战役中证明了自己的军事才能，然后娶了一个14岁的太太，回归乡村生活，经营起了一处小庄园。

当瓦尔迪维亚的同乡弗朗西斯科·皮萨罗回到西班牙，说服他的兄弟们陪他回到南美时，瓦尔迪维亚也被其所提供的财富所诱惑。1535年，他离开西班牙，在委内瑞拉待了一年，然后在秘鲁加入了皮萨罗的队伍。在与迭戈·德·阿尔玛格罗的内战中，他证明了自己是皮萨罗的重要支持者，捣毁了迭戈等人殖民智利的企图。作为回报，皮萨罗把肥沃的卡纳拉山谷和波尔

科的价值4万卡斯泰拉诺斯的一处银矿授予了瓦尔迪维亚。瓦尔迪维亚自此成了一个富人，他的地位本可以使他派人接来他的妻子，享受一个移居此地的西班牙贵族的生活。但世事无常。抵达南美洲后不久，瓦尔迪维亚遇到了年轻的寡妇伊内斯·苏亚雷斯，这个女人成了瓦尔迪维亚的情妇、顾问和灵魂伴侣。能与苏亚雷斯公开地通奸，成了瓦尔迪维亚渴望冒险的强大动力。当瓦尔迪维亚告诉皮萨罗，他希望放弃自己的舒适与富足，来交换殖民智利的机会时，皮萨罗深感惊讶，但他认为没有理由拒绝瓦尔迪维亚，因为他将从瓦尔迪维亚资产的再分配中获益，并且，如果殖民使命达成之后，他也能从中分一杯羹。

阿尔玛格罗探险失败后，他在记录中说，秘鲁南部的土地十分贫瘠，居民是充满敌意的印第安人，正因为如此，瓦尔迪维亚发现他的

▲ 征服者佩德罗·德·瓦尔迪维亚为西班牙人开拓了智利的殖民地，并创建了圣地亚哥城。

探险困难重重。1540 年 1 月，当瓦尔迪维亚从库斯科出发时，只有十几个西班牙人加入了他的队伍，其中一个还是他的情妇。他们的敌人则是大约 1000 名印第安人,他们带着食物、种子、工具和弹药,这些都是建立殖民地所必需的。

他们沿着提提卡湖的西岸穿过安第斯山脉，进入秘鲁的南部边界时，又有一些西班牙人加入了探险队。从那里他们必须穿过阿塔卡马沙漠，这是地球上最干燥的地方。印加人警告当地人，他们向西班牙人隐瞒了他们的食物和黄金，希望这能让西班牙人打道回府。瓦尔迪维亚的劲敌佩德罗·桑切斯·德·霍兹企图通过暗杀篡夺他的领导权，但瓦尔迪维亚逃过他的第一次暗杀。

途中，伊内斯·苏亚雷斯观察到，她的马在吃多刺的仙人球果肉，于是她近乎奇迹般地发现了地下泉水，这才使探险队免于在沙漠中渴死。当他们从沙漠中出来，正打算吃掉他们的马时，他们发现自己进了科皮亚波的绿色山谷，他们在那儿休息了几个月。霍兹发动了第二次政变，失败后，瓦尔迪维亚对背叛者表现出了对其过分的仁慈。

随着他们的南下，印第安人的抵抗变得越来越猛烈。当瓦尔迪维亚第一次看到马波乔山谷时，他决定在这里建立自己的殖民地。马波乔山谷有茂密的牧场、双臂河，以及可以作为屏障的山丘。他向当地酋长送去礼物，带去口信，告诉他们西班牙人是无敌的，并建议他们应该学学印加人，臣服于西班牙。

但印第安人不为所动。在米西马朗戈酋长的领导下，他们集结了一支庞大的军队，在马波乔山谷迎战西班牙人。尽管准殖民者们拥有枪支和马匹的优势，却被数量庞大的印第安人击败，尽管印第安人伤亡惨重，但还是不断地向他们逼近。最后，他们逼退了瓦尔迪维亚和他的手下。然而，正如瓦尔迪维亚所料，他在智利的冒险将以对土著人的大屠杀而告终，但令他惊讶的是，印第安人逃走了。后来，当他们审问俘虏时，才发现了原因。据印第安人说，他们正要赢得这场战斗时，一个骑着白马的人从天而降，开始用剑凶猛地攻击印第安人，迫使他们逃跑。这种集体幻觉，可能是吃了太多古柯叶的结果，不过这一情况却被西班牙人解释为西班牙军队的守护神圣伊戈的干预，而这也是智利首都圣地亚哥得名的原因。

瓦尔迪维亚于 1541 年 2 月 12 日为该城举行了落成典礼。很快，附近发现了一座金矿，圣地亚哥开始发展起来。事实证明，无论是在和平时期还是在战争时期，瓦尔迪维亚都是一位有能力的领导人。他激起了大多数人心中的忠诚，这帮助他挫败了霍兹为挑战其领导地位而策划的进一步阴谋。

米西马朗戈于 9 月份再次发起袭击，而瓦尔迪维亚当时恰好出城了，城里的人只能通过苏亚雷斯的行动阻止印第安人完全摧毁圣地亚哥，苏亚雷斯砍掉了 7 名酋长人质的头颅，并将他们扔向敌人，以此打击印第安人的士气。而到了 1543 年，圣地亚哥重建了，印第安人的威胁减少了。由于征服者天生的不安，瓦尔迪维亚决定开拓他的疆域，首先是北部的拉塞雷纳镇，然后在 1546 年向南部扩张。1548 年，他回到秘鲁，在那里他的战术军事知识对佩德罗·德·拉·加斯卡镇压贡萨洛·皮萨罗领导的叛乱起了重要作用。拉·加斯卡因此授予他智利总督的头衔。

对于瓦尔迪维亚来说，一切都顺风顺水，但还是发生了一个令人不快的小转折。他一回到智利，他的敌人就开始在拉·加斯卡耳边窃窃私语，说瓦尔迪维亚违背了他的命令，不把秘鲁印第安人带回智利。拉·加斯卡传唤瓦尔迪维亚回来接受审判。经过大量的秘密调查，瓦尔迪维亚被无罪释放，尽管有几个条件，但他的总督职位得到了确认。远比这个糟糕的是，作为一个已婚男人，他有六个月的时间无法和他的情妇苏亚雷斯姘居在一起。

为了获准留在智利，苏亚雷斯不得不做出结婚的选择。当瓦尔迪维亚于1549年6月返回圣地亚哥时，她已经嫁给了他最好的朋友之一。瓦尔迪维亚对他心爱的人的婚礼给予了祝福，但这也让他的成功失去了光彩，他的心碎可能是他做出导致垮台的轻率行径的一个原因。他计划南下探险以寻求安慰，但由于他从马上摔下来摔断了脚，探险推迟了。他的伤几乎让他送命，但是到了1550年1月，他正式宣布自己准备出发了，尽管那时他还得依靠别人将他抬到马背上。

此次任务笼罩在失去爱情的哀伤之中。他被迫把妻子从西班牙带出来，他知道他们不能住在他曾与苏亚雷斯生活过的同一座城市里。他把他所有的在圣地亚哥的财产都交给了苏亚雷斯所建的修道院，这个修道院是苏亚雷斯为了他们长达十年之久的爱情罪行赎罪而修建的，在这里，每个月都有人为他的灵魂祈祷一天。

他们一经过圣地亚哥区就遭到了印第安人的强烈抵抗。在康塞普西翁，瓦尔迪维亚修建了一座堡垒，3月初完工。九天以后，印第安人从四面八方向他们发起进攻。瓦尔迪维亚派出了50名骑兵去对付印第安人的侧翼，这次进攻非常成功，其他印第安人都逃走了。在他之前的征服行动中，曾因其仁慈而闻名，但他内心深处有一种冷酷的东西，于是这一次他下令砍下200名印第安囚犯的手和鼻子。这反过来又使马普切印第安人放弃了和平解决问题的想法（如果他们真对此感兴趣的话），并导致了阿劳卡尼亚战争，这场战争一直持续到19世纪。

在夏季剩下的时间里，瓦尔迪维亚在康塞普西翁过冬之前探索了周边地区，并建立了几座卫星城。到了春天，他继续往南走，沿途建立了一些城镇。

▲智利印第安人强烈反对西班牙人定居，尽管在这里，他们表现出了更放松的心情。

两年来，他重复着同样的模式。由于康塞普西翁处在黄金开采的狂欢中，开采规模太大，速度太快了，新堡垒和城镇的不断建立意味着对马普切印第安人的防御力量变得过于薄弱。

印第安酋长劳塔罗没有忽视这一情况，他曾在圣地亚哥当过瓦尔迪维亚的马夫，并且他没有像他的许多同胞那样，被西班人的马匹所吓倒。瓦尔迪维亚在图卡佩尔堡附近遇到了印第安人，劳塔罗在那里设了一个巧妙的埋伏，目的是把西班牙人吸引到沼泽地带，这样一来，他们的马就没有了优势。瓦尔迪维亚认为自己在与印第安人的战斗中是不可战胜的，轻率地拒绝撤退，于是他的部队陷入了泥沼。随后就是一场屠杀，瓦尔迪维亚被俘。

相传劳塔罗强迫瓦尔迪维亚喝下了一杯融化的黄金，杀死了他。这是西班牙人对黄金的贪婪的完美象征，尽管这事的可能性不大。应该说，瓦尔迪维亚并非被黄金所驱使，而是出于别的动机。他真正的死亡似乎要糟糕得多。有一种说法是马普切人用蚌壳将征服者身上的肉一块一块地割下来，然后在一旁烤着吃，让他眼睁睁地看着。还有人说马普切人花了三天时间才把他生吞活剥。最好的情况是，一位酋长听到瓦尔迪维亚为了自救而说出的绝望的话，使他的首领伙伴心中产生了怜悯，于是他决定用一根粗壮的棍棒击打瓦尔迪维亚以阻止他，这一击打碎了瓦尔迪维亚的头颅。

蒂莫菲耶维奇·耶尔马克（1540—1585年）

作为一个桀骜不驯且好战的哥萨克人，耶尔马克以海盗的身份在伏尔加河上掠夺沙皇的船只，并在富有的斯特罗加诺夫家族的手下当雇佣兵。他率领八百名哥萨克同胞征服了西西伯利亚的鞑靼人，并赢得了沙皇的感激。然而，五年后的一次伏击，库彻姆完成了复仇反攻。

死因：沙皇所赐的锁子甲虽然可以保护人不受刀剑和箭的伤害，但穿着它游泳却是致命的。

当许多西班牙征服者以上帝、黄金和国王的名义犯下暴行时，哥萨克领袖耶尔马克却因为被收买而开始征服西伯利亚。在早期的职业生涯中，耶尔马克是一个土匪，主要靠抢劫来往于伏尔加河的船只为生。然而，在1579年，斯特罗加诺夫家族（历史上为数不多的以他们的姓氏来命名牛肉菜肴的家族之一）以及富有的商人和工厂主，聘请了耶尔马克和他的雇佣兵团来对抗军阀库彻姆，即西伯利亚可汗，他威胁沙皇授予他西伯利亚土地的所有权。耶尔马克与其说是一名探险者，不如说是个唯利是图的人。尽管如此，在他不合时宜地结束生命之前，他还是在西伯利亚的一大片土地上开辟了自己的领地，让俄罗斯人得以定居。

在库彻姆之前，西伯利亚汗国与俄罗斯的关系基本上是和平的，它对俄

▲鞑靼人在蒂莫菲耶维奇·耶尔马克的尸体上乱戳，传说他死后，他的血奇迹般地流了好几个星期。

罗斯是有敬意的。然而，库彻姆是好战分子。到 1571 年，他在可汗的领地上击败了他的敌人。随后，他停止了对沙皇的朝贡，还将军队派往斯特罗加诺夫的领地，伊斯兰教对当地人的高压统治进一步激起了他们的反感。

传统的哥萨克形象是骑在马背上的，而16世纪的哥萨克同样以航海著称。他们不仅在伏尔加河上而且在黑海上从事海盗活动。他们是一个非常独立的民族，他们与俄罗斯达成协议，保证他们的自治和生活方式，以换取军事援助。

1581 年 9 月 1 日，耶尔马克率领一支由 840 人组成的分遣队乘船去与库彻姆较量。他们在 1582 年春天到达了西伯利亚的可汗领地。库彻姆有强大的人数优势与地理优势。然而，耶尔马克有武器的优势。耶尔马克的军队在额尔齐斯河上与敌人交战。决定性的战斗于 10 月 23 日打响，持续了三天。胜利的哥萨克人通过摧毁西比尔的首都卡什莱克进行庆祝，并建立了托博尔斯克城作为西伯利亚的第一个俄罗斯首都。库彻姆和他的残余军队撤退到中亚的大草原，在那里他们采取游击战术，舔舐伤口，恢复力量。

耶尔马克继续通过建造有人执守的堡垒，来遏制俄罗斯对土地的控制。哥萨克人打赢了这场战争，对当地人相当友善。当地人发现，情形唯一真正改变的是，他们曾经献给库彻姆的贡品，现在都归了俄国沙皇，大多数西伯利亚人对谁统治他们满不在乎，然而，当哥萨克人穿越乡村吞并下越来越多的土地时，开始面临着零星的叛乱。

沙皇对耶尔马克的成就感到高兴，并安排了另外 500 人去协助他镇压新界各地的抵抗。他还送了耶尔马克一套华丽的锁子甲。

随着哥萨克人深入西伯利亚，越走越东，他们的势力越来越薄弱。意识到这一点，库彻姆决定发动一次突袭。1585 年 8 月 6 日凌晨，在一片漆黑中，他从躲藏处出来，趁一小群哥萨克人睡觉时袭击了他们，耶尔马克也在其中。

大多数人未及反抗就被杀了。然而耶尔马克勇敢地击退了鞑靼人，尽管有沙皇赐的锁子甲，他还是受了伤。随着战斗的进行，耶尔马克清楚地意识到，他是在进行一场注定失败的战争。

他被逼退到瓦盖河岸边，试图游过河逃跑，但他发现自己的锁子甲太重了，无法游泳。不等他脱下锁子甲，河水就灌进了他的肺，他的身体沉入了河底。

对库彻姆来说，这是他最后一次获得击败俄罗斯的重大胜利。1586 年，他遭到攻击，被赶过厄提什河，之后又跑到东南方向继续抵抗，但未获成功，直到他的家人被绑架，他被迫流亡，而不是成为沙皇的附庸。

弗兰西斯·德雷克（1543—1596年）

德雷克是16世纪最伟大的水手之一，英国人视他为一位了不起的士兵，一位与西班牙无敌舰队较量的海军上将，而西班牙人却认为他是一个肮脏的海盗。不管怎样，他是第一个成功指挥环球航行的水手。然而，对于德雷克来说，探险从来都不是主要的目的，他的航海技能主要用于掠夺。

死因：在巴拿马附近的加勒比海埃斯库多岛附近他的船上，死于痢疾

弗兰西斯·德雷克，出生在16世纪盛产水手的英国德文郡，他是那里出生的十二名水手中最年长的一个。与吉尔伯特和戴维斯不同，他出身自耕农，而非贵族，他的父亲是家族的小儿子，住在家庭农场的小屋里，但可能以做水手为生。德雷克的父亲是一名坚定的新教徒，在天主教反对宗教改革运动期间，德雷克一家逃到了肯特，在那里他们住在一艘海船的残骸里，而德雷克的父亲则向水手布道。

德雷克没有被送去上学，而是师从一个小型海岸驳船师傅，在那里他学会了航海技巧。德雷克的师傅在死后立下遗嘱把自己的船交给他。但德雷克并不那么感性，他卖掉了船，加入了他的亲戚霍金斯家族，做起了从非洲航行到南美洲的苦差。

▲弗兰西斯·德雷克爵士，环球航行者和西班牙在旧大陆和新大陆的灾难。

不可否认，德雷克是个伟大的水手，但他唯一真正的探险工作始于1577年，当时伊丽莎白女王委托他（可能是非官方委托）在南美洲太平洋海岸掠夺西班牙的殖民地。1577年11月，德雷克乘“鹈鹕”号（后更名为“金鹿”号），率领6艘船和160人，从普利茅斯起航，其中包括鞋匠、药剂师、裁缝、音乐家、一些绅士冒险家和一名传教士。他们沿着非洲海岸航行，俘获了几艘西班牙和葡萄牙的小船。在佛得角群岛沿岸，他们劫持了经验丰富的航海家努诺·达·席尔瓦的船只，然后驶向巴西。他们向南进发，之后在圣朱利安港过冬，探险家费迪南德·麦哲伦正是在此地越冬后，成为第一个穿越海峡的欧洲人。在此处等待期间，德雷克像麦哲伦一样，面临着叛变的可能，这次的叛变是由绅士冒险家托马斯·道蒂领导的。与麦哲伦不同的是，德雷克无视这个叛变者优越的社会地位，逮捕了道蒂，搞了一场作秀式的审判，并处决了他。德雷克是一个有魅力的自大狂，他要求他的水手对他忠诚，本能上，他能理解他们，但对任何可能侵犯他权威的人都持怀疑态度。

最初的六艘船中只有三艘通过了麦哲伦海峡。这花费了他们两周的时间——麦哲伦所花时间的一半。然而，通过之后不久，“金盏花号”就在暴风雨中沉没了，而“伊丽莎白号”，则与“金鹿号”失散，返回了英国。德雷克形单影只，被吹向南纬56度，他发现南美洲南端的火地岛的尖端是一连串的岛屿。德雷克之前从未有人向南航行过这么远，他的纪录一直得以保持，直到1773年，探险家詹姆斯·库克向南航行，这一纪录才被打破。

只要天气允许，德雷克就沿着南美洲的太平洋海岸向北行进。

他在利马附近抢劫了一艘装满金银的西班牙船只，但真正的战利品是在巴拿马沿海，他在那里捕获了“卡卡富哥号”，船上装满了将近40公斤（90磅）的黄金和26吨的白银。德雷克和他的手下因此而一夜暴富。

“金鹿号”继续在西班牙人最北端的前哨阵地范围之外前进，最远至少到达了今天的加利福尼亚。1759年6月17日，德雷克找到了一个很好的港口，他将其命名为新阿尔比恩，并向伊丽莎白女王求赏。他在航海图上隐藏了那个港口的位置，其位置至今仍然是个谜。

德雷克从美洲出发，驶往摩鹿加群岛，他的船在那里搁浅在礁石上，他不得不丢弃一些战利品，以便让船浮起来。在经由非洲返回英国之前，他在货仓里装满了香料。1580年9月，他把船驶进了普利茅斯，他不确定自己会不会受到伊丽莎白女王的欢迎。伊丽莎白女王试图与西班牙保持民事关系，但却渴望得到德雷克的战利品。当得知西班牙的菲利普二世不会利用德雷克的掠夺行为宣战时，她在德雷克的船上册封他为爵士。德雷克在痛恨教皇的清教徒英格兰中成了备受欢迎的英雄，他的环球航行被称为“著名的航行”。1581 年他成为普利茅斯市长，1584 年成为下议院议员。

1585 年西班牙和英格兰爆发战争时，德雷克乘船前往美洲，洗劫了西班牙在圣多明戈和卡塔赫纳的殖民地。1588 年，当英国舰队击退西班牙无敌舰队时，他的职衔是海军中将。然而，他的事业最终以失败告终。1589 年，他违背了伊丽莎白女王击沉剩余的无敌舰队的命令。相反，他听从传闻，去追踪一艘虚无缥缈的宝藏船。1595 年，他试图通过对西班牙裔美国人的打击来恢复自己的声誉，但在几次失败的攻击后，最终死于痢疾。

威廉·巴伦支（1550—1597 年）

当荷兰宣布从西班牙霸主手中独立时，人们的兴趣转向了寻找传说中沿着俄罗斯北部海岸通往中国的东北航线。巴伦支是荷兰发起的三次北冰洋探险的领航员和非官方领导人，尽管失败了，但他在这一领域的知识还是得到了极大的扩展。现在的巴伦支海就是以他的名字命名的。

死因：为冰雪所逼，在寒冷的新地岛上过冬，死于坏血病和饥饿

1594 年，联合省（也就是后来的荷兰）拥有着世界上最大的海军商船，他们决定派遣三艘船，分别从阿姆斯特丹、泽兰和恩克怀森三座城市出发，寻找东北航道。威廉·巴伦支是从阿姆斯特丹出发的“信使号”的负责人，他是一名技术娴熟、经验丰富的航海家。那是一个温暖的冬天，当他们穿过白海进入现在被称为巴伦支海的地方时，没有受到浮冰太大的影响。从泽兰和恩克怀森出发的船只航行于新地岛和西伯利亚大陆之间的已知航线，深入 240 公里（15 英里）进入喀拉海，然后返回了家园。然而，巴伦支选择了一条更偏北的路线，到达了新地岛的北端，从那里他带回了海象和北极熊的标本，还有一条信息：绕着新地岛的北部到达中国是有可能的。

赞助者们认为他们的第一次航行是成功的，他们在第二年派出了规模更大的由七艘船组成的探险队，装载着打算与中国进行贸易的货物。这七艘船

需一起航行到新地岛南部，通过把威加赫岛和西伯利亚大陆分开的纳索海峡进入喀拉海，对此命令，巴伦支深感不快。尽管这是可能的最南端的路线，但夏天并不像去年那么暖和，而且还有浮冰的问题。在拿骚海峡耽搁了几个星期后，船长们一致同意承认失败，并返回家园。但是，巴伦支拥有许多失踪的探险者们所共同的特点：执念与感召力的奇怪组合。他不理会其他人，坚持穿过冰凌的海峡，进入喀啦海，在那里，目力所及之处是绵延无尽的冰川，一直远至东方，对此他感到深深的失望。

船只无法在冰面上前进，但探险者们遇到了当地的萨摩耶人，这燃起了他们的希望。萨摩耶人（错误地）告诉他们，如果向东北方向航行五天，他们就会登陆，一旦转向，他们就会进入延伸至东南的大海。这正是他们想要听到的，而无处不在的冰让他们无法验证消息真假。

探险队经常受到逆境的考验，最著名的一次是一群人上岸去寻找宝石。格里特·德·维尔是巴伦支探险队第二次和第三次探险时的木匠，他后来发表了自己的日记，记述了这样一件事。

两个人躺在地上正在掘金，这时：一只大大的瘦瘦的白熊突然走过来，抓住其中一个人的脖子，那个人不知道是什么抓住了他，大叫起来，说：“是谁在抓我脖子？”另外一个人躺得离他不远，抬起头看了看，发现原来是一只巨大的熊，就叫起来：“哦伙计，是只熊。”然后他爬起来跑掉了。[1]

他跑得很明智。他的同伴的末日来临了：“北极熊很快把他的头咬掉，吸干了他的血。”

[1] 原文很多拼写及语法错误，证明这位木匠受教育程度并不好。——译注

其余的船员聚集在一起为他们的同伴报仇。二十个人用长矛和毛瑟枪攻击那头嗜血的熊，这更激起了它的愤怒。熊把第一具尸体从牙间吐出来，然后朝他们冲了过去，瞬间抓住了另一个水手，把他撕成了碎片，其他的人都跑掉了。又有三十个人从船上赶来支援，但连火枪都没能阻止这只愤怒的野兽。据维尔说，船上的乘务长射中了熊的两眼之间，但熊继续地朝他们扑来，牙缝间还叼着第二个受害者晃来晃去。然而，一些子弹肯定是射入了熊的脑袋，它开始摇摇晃晃了，见此情景，事务长和一个有相当勇气的苏格兰人拔出了他们的弯刀，袭击了这头受伤的动物。熊力大无比，把两个人都摔了个稀巴烂。一名船员则幸运得多，他在熊的鼻子上重重地一击，把它打昏了过去，接着好几个人一拥而上，割断了它的喉咙。

由于北极熊四处觅食，冰面上也没有任何迹象表明他们能通过这片海域前往中国，探险队最终返回拿骚海峡，返回了家园。回到荷兰后，比之上次他们受到了更多的冷遇。这三个市的政府花了很多钱却没有收到回报，而且，尽管听说了东南海的故事，他们还是太过谨慎，不敢再公开资助另一次旅行。相反，他们做了许多现代政府在不愿意承担风险和责任时所做的事情，提供两万五千弗罗林作为成功开辟通道的奖励，以及对帮助实现这一目标的知识提供较少的奖励，通过这样的方式将搜索工作私有化。[1]

这项挑战是由阿姆斯特丹商人组成的财团提出的，他们任命巴伦支为两艘船中的一艘的船长，这两艘船名义上由儒将雅各布·冯·希姆斯克指挥。这两艘船于1596年5月起航。这一次，巴伦支决定尝试一条北线去喀拉海，这条线在新地岛的正上方。在此过程中，他发现了贝尔艾兰和斯匹次卑尔根

[1] 弗罗林，英国旧时所用的价值2先令的硬币。——译注

▲ 从格里特·德·维尔对巴伦支的最后一次航行的描述中可以得知，这艘船正驶向新地岛。（即图上正上方处。）

岛。[1] 他达到了北纬 80° 的：迄今为止，欧洲人向北航行的最远处。

对这两艘船来说，最大的问题还是找到一条穿过浮冰的路。巴伦支沿着斯匹次卑尔根岛的海岸线寻找冰隙，但搜寻是徒劳的。但他的坚持不懈令人难以置信。而由杰·科尼利厄斯·里杰指挥的第二艘，却误把斯匹次卑尔根岛当成了新地岛。由于被冰层弄得灰心丧气，最终巴伦支开始向东航行，踏上归途。错了反而比对了要好，在失踪的探险者的史册中，这种情况并不少见。巴伦支花了 17 天的时间才到达新地岛海岸。他向北航行，躲避冰块，为

[1] 贝尔艾兰在加拿大，斯匹次卑尔根岛在挪威。——译注

了保护自己，他一度将自己的船拴在冰山上，直到他绕过岛的北端并到达奥兰治群岛，这些贫瘠的露出地面的岩层至少提供了评估东边的海洋的好视角。眼前的景象并不令人鼓舞：目光所及之处依然是冰层。

唯一可能的通道是通往南方的一条狭窄通道，巴伦支怀着希望，巴望着气候稍暖之后，这条通道会打开。然而，新地岛的海岸向西延伸，远离巴伦支的目标，他们发现自己仅仅是为了生存而陷入了一场持续不断的与冰层的战斗之中。探险队的一艘船在被卡在船和侵蚀的浮冰之间时被压碎了，更糟糕的是，船舵被撞碎了。等到船修复好了的时候，已经是八月底。夏天过去了，探索北极圈水域的短期窗口正在迅速闭合。

巴伦支放弃了他的野心，决定前往拿骚海峡，这是探险队一年前待过的地方。然而，海峡中满是冰层，他们前进的速度非常慢，所以决定掉头往回走。有一段时间里，似乎他们可能仍然能在当年回到家，但是当他们到达新地岛东北海岸的一个名为冰港的地方时，东北风吹过，漂流冰层众多，这些浮冰聚成一股力量，将这艘船从海洋中抬了起来。

当大块浮冰像微型构造板块一样互相摩擦时，刮擦声、尖啸声和巨大的裂缝一定把荷兰人吓坏了。他们以为自己的船已毁，就从船上拿了补给品，把它们储存在剩下的两艘船上。他们想着如果能熬过冬天，就有望逃离。他们安营扎寨，并在离营地 6 公里（4 英里）的海滩上发现了大量的浮木，这有助于他们的行动。然而，浮木建小屋是不够的，所以他们把甲板从船上扯下来，建了一个有壁炉、烟囱和柴火储存间的小屋。

小屋周围经常有北极熊出没，毫无疑问，这是一场罕见的盛宴。奇怪的是，这种感觉并没有成真。虽然荷兰人能够猎杀北极熊，但他们主要是为了获得它们的皮毛和脂肪，用来点亮他们的灯。一只熊可以为他们提供 50 公斤

（110 磅）的脂肪。有一次，他们将北极熊的肝炖了吃，可这肝是有毒的。这让他们的胃很不舒服——考虑到这些人都近距离生活在一起，这可不是一件好事——他们“从头到脚”都在脱皮。因此，当他们杀死更多的北极熊后，一旦剥去了它们的皮，去掉了它们的脂肪，他们就把它们的尸体扔进大海。事实上，如果他们吃了几乎除了肝脏以外的任何其他部分，都是一个很好的营养来源，现在他们则只能忍饥挨饿。

到 11 月 4 日，太阳已经消失，直到 1 月 24 日他们才再次看到它。在这段时间的大部分时刻，小屋都被雪覆盖着，散发着熊的脂肪、体味和排泄物的臭味。虽然燃烧的火使他们不致冻死，但它并不能阻止其他东西结冰，小屋的墙壁在里层结了一层冰，因为水手们呼出的空气凝结在上面。暴风雪来了，常常把小屋掩埋了，他们不得不挖地道出去。有一次，他们决定烧海煤而不是浮木，火的热度使墙壁上的冰融化了。这种感觉太奢侈了，所以他们堵住了烟囱，好最大限度地保存热量，其中一人开门去上厕所，将他们从一氧化碳的烟雾中救了出来。他们好险逃过一劫，避免了与同行的开拓东北通道的休・威洛比爵士和他的手下相同的命运。

太阳消失的一个好处是北极熊进入了冬眠。仅存的野生动物是北极狐，他们将这些狐捕捉来，吃得津津有味，这种北极狐的味道让他们想起了兔子。但狐狸的数量并不充足，不能让他们免于饥饿。它们也不能提供足够的维生素 C 来阻止牙龈肿胀、牙齿松动（和脱落）、瘀伤和肌肉收缩的恶化症状，这些症状使他们蜷缩起来，像患关节炎的螃蟹一样缓慢而痛苦地爬行。

当太阳在一月份重新出现的时候，巴伦支和他的手下以为情形正在好转。然而，天气变得更糟了，有暴风雪、大范围的霜冻和诡异的冰块的鸣声。熊从冬眠中出来，渴望在捕鱼季节开始前捕食人类。最糟糕的是，荷兰人的木头用完了，这迫使他们不得不强撑着那得了坏血病的身体走了很长一段路，来到浮木所在的海滩，把浮木从雪中挖出来，切开，然后用雪橇拖回来。

直到 6 月，冰层才完全融化，才真正有了逃脱的可能性。到那时，巴伦支已经病得不能动弹了。他们修理和准备了两艘船，以进行前面漫长而危险的航行，但他们无法修理一艘依然陷在冰层里的船。

6 月 13 日，他们放弃了这艘船，向北航行，打算绕过新地岛的顶端，沿着它的西海岸返回。巴伦支于 6 月 20 日在该岛西北端的冰点附近死亡。剩下的人，在能导航的赫姆斯克尔克的领导下，驾驶着他们的小船航行了 1600 公里（1000 英里）。他们用熊脂肪炒辣根菜和海鸟蛋为食，当他们休息的时候，冰原裂开了，他们失去了所有的衣服、物品和金钱。尽管如此，他们还是逃到了西伯利亚大陆，在那里被俄罗斯渔民救起。探险队的另一艘船的船长里杰来寻找他们，他把船停靠在西伯利亚的科拉港，准备把他们带回家。

西博尔德·德·韦尔特（1567—1603年）

这位荷兰船长因在鹿特丹资助的一次失败的探险中所担纲的角色而出名，那次探险的目的是经由美洲航行到印度群岛。然而，他现在最为人所知的是他出使锡兰（斯里兰卡）面见康提国王时的失措，当时，他喝醉了酒，变得十分好战，最终付出了代价。[1]

死因：由于醉醺醺的好战行为加剧了对他族文化的麻木，而被康提国王的士兵所杀

西博尔德·德·韦尔特出生于安特卫普，是家中17个孩子中的第6个。16世纪初期的安特卫普是一个极其富有的、世界性的贸易城市，但由于1576年西班牙的暴行——当时西班牙军队由于缺乏薪金而洗劫了这座城市，屠杀了成千上万的平民——韦尔特一家逃到科隆，然后回到了荷兰，在那里他开始了航海生涯，成了一名航海家。

1598年，一个由来自西班牙安特卫普的难民组成的鹿特丹辛迪加组织计划经由麦哲伦海峡前往印度群岛。他们有五艘船，船名被翻译出来就是希望、信仰、仁慈、忠诚和佳音。它们既适合贸易又适合战争，船队计划是在前往印度群岛之前掠夺秘鲁和智利的西班牙殖民地。

[1] 康提是斯里兰卡中部城市，佛教圣地。——译注

1598年6月从鹿特丹出发后，第一位指挥官雅克·马胡在到达几内亚海岸之前去世了。“信仰号”原先的船长西蒙·德·科德斯升任新的总指挥官，韦尔特便成了“信仰号”的船长。这些船于1599年4月进入麦哲伦海峡，但由于科德斯固执地拒绝利用有利的风向，他们被迫在那里过冬，因此而饿死了一百多人。

船队一出海峡，就被风暴和大雾驱散了。“佳音号”被西班牙人捕获；“希望号”在太平洋上消失得无影无踪；“忠诚号”虽到达了印度群岛，却又被葡萄牙人虏获。“仁慈号”成功登陆日本，其领航员威廉·亚当斯留在日本当了武士。在这种背景下，韦尔特将“信仰号”掉转船头，驶向了欧洲。它是唯一一艘返航的船只。两年多后，他们的成果只是麦哲伦海峡增强型海图，并与一名受伤的巴塔哥尼亚巨人取得了联系。不出所料，辛迪加集团破产了。

1602年，韦尔特的第二个主要任务到来了，当时荷兰政府通过向荷兰东印度公司颁发为期21年的牌照，创立了世界上第一家跨国公司，负责荷兰在亚洲的所有事务。韦尔特是由17位荷兰东印度公司董事委任的首位指挥官。1602年3月31日，他带着三艘船，在前往苏门答腊岛之前，顺道前往锡兰。到达锡兰东海岸的拜蒂克洛时，他失望地发现此地没有有价值的货物。

然而，就在他要离开的时候，当地的王侯说，康提国王正在寻找对抗葡萄牙人的盟友，想和他谈谈。韦尔特认为这是一个不容拒绝的商机，于是命令他的两艘船前往苏门答腊岛，同时他还去拜访了国王若昂（葡萄牙语：约翰），这位国王虽然皈依了基督教，却憎恨葡萄牙人。

协议是，如果荷兰人能够封锁葡萄牙的加勒和科伦坡港口，若昂的军队就会从内陆入侵。如果这一策略成功，荷兰人将获得每年约5吨肉桂的永久礼物，以及香料的独家贸易权和葡萄牙堡垒的拥有权。签订了这一诱人的协议后，韦尔特去苏门答腊岛集合他的另外两艘船，发现来了另外三艘荷兰船，他的事业因此而得以拓展。

他们回到拜蒂克洛，在那里他们受到了新朋友的热烈欢迎。然而，荷兰水手们在等待康提国王的时候，屠杀神圣的牛以获取食物，然后又付钱买下这些牛，这引发了当地印度教的王侯的愤怒，但荷兰人为自己的错误辩解，康提国王也站在他们一边。康提国王在皈依基督教之前是一名佛教徒。

然而，没过多久，这种关系也陷入了麻烦。韦尔特在海岸附近虏获了四艘葡萄牙船只。由于人手只够配置其中的两艘船，他决定宽宏大量，让葡萄牙人驾驶着两艘船离开，而他并不知道国王的儿子还在船上做人质。尽管国王大怒，但荷兰人和僧伽罗人的会面还是按计划进行了。韦尔特和其他 25 人参加了巴特卡罗亚王侯举行的宴会，双方似乎都喝得酩酊大醉。席间，国王斥责韦尔特放跑了葡萄牙人。

喝醉了的韦尔特否认了这一指控，坚持请国王访问他的船，以示一种当务之急的礼遇。国王则怀疑这是一个俘虏他的计谋，因此拒绝了。韦尔特被激怒了，开始侮辱国王。国王遂命令他的士兵把他逮捕。韦尔特进行了抵抗，结果被僧伽罗士兵杀死，之后，僧伽罗士兵在岸上杀死了几乎所有的荷兰人。

约翰·戴维斯（1543—1605 年）

戴维斯是伊丽莎白时代最著名的北极探险家之一，他对航海的贡献也很大。他曾发起三次航行去寻找西北航道，由此发现了哈得逊湾的入口。在与西班牙无敌舰队作战后，他成了托马斯·卡文迪许手下第二艘船的船长，参与了其命运多舛的第二次任务。在职业生涯的最后阶段，戴维斯受雇成为荷兰和英国东印度公司在热带地区的领航员。

死因：在新加坡附近被日本海盗杀害

很大程度上，约翰·戴维斯能成为探险家和航海家，得益于这样一个事实：吉尔伯特兄弟、探险家汉弗莱和阿德里安以及他们同父异母的兄弟沃尔特·罗利曾是他的邻居。到他三十岁的时候，他的航海技术已经广为人知，在这些有钱有势的邻居的帮助下，他为三次北极探险都顺利筹得了资金。

在当时的英国圈子里，有一些人批评说，弗罗比舍和吉尔伯特（见前述）过于执着于寻找贵金属，导致探险活动偏离了寻找西北航道的初衷。1585 年，戴维斯从达特茅斯出发，作为领导，他带领着一支由伦敦和西部商人资助的探险队，去寻找一条通往中国和印度群岛的通道。探险队由两艘船组成："阳光号"和"月光号"，前者有 23 名成员（包括 4 名音乐家），后者有 19 名成员。他们沿着格陵兰岛西海岸航行（自从 13 世纪维京人试图在此定居失败后，欧洲人就再也没有造访过此地），然后向西南方向航行，在巴芬岛东海岸登陆，最后返回英格兰。戴维斯报告说，他已经大大缩小了西北通道的可能位置的范围。

这一消息足以吸引足够资金，使得他能够增加两艘船，来进行第二次探险。然而，这次探险并不那么幸运。两艘船在寻找通往冰岛和格陵兰东海岸之间的通往中国的航线时被海上的冰层逼退，其中一艘——重达10吨的船载艇“北星号”——甚至还被风暴击沉。当时戴维斯在“月光号”上，带着另外一艘重达120吨的货船“梅尔梅德号”，驶往格陵兰岛西部，向戴维斯海峡而去，途中因海面结冰而受阻。

回到英国后他们所受到的接待并不怎么热烈。一支由三艘船组成的小型探险队于1587年离开。其中两艘船致力于捕捞鳕鱼，而戴维斯则在格陵兰岛西海岸北纬72度处，乘着20吨的船载艇“海伦号”到达了桑德森角以北。在往南行驶的路上，他注意到了哈得逊海峡的入口，在那里，潮汐十分强烈，他将其描述为“狂怒之潮”。在此期间，他还探索了坎伯兰海峡，最初，他认为在这两个地方是最可能发现西北航道的。结果，他却在无意中发现了后来被称为哈得逊湾的入口。

由于西北航道仍未找到，英国的北极探险活动岌岌可危。

戴维斯在加入托马斯·卡文迪许的第二次环球之旅之前，曾与西班牙无敌舰队作战。卡文迪许死在了大西洋的某处，而戴维斯的船则继续航行。经过麦哲伦海峡后，戴维斯打算沿着美洲太平洋海岸向北航行，希望能找到西北航道的西侧入口。在发现福克兰群岛（马尔维纳斯群岛）后，他让手下杀死了数千只企鹅，储存在桶里，为之后向北的长途跋涉做准备。然而，随着船只进入热带地区，企鹅的肉变质了，他们没了补给，戴维斯被迫返航，而他的许多手下都因饥饿和坏血病而丧生。

在戴维斯探险生涯的最后一段，他成了荷兰和英国东印度公司的领航员。1604年12月，他在爱德华·迈克尔·伯恩爵士的指挥下，从怀特岛的考斯起航。他们绕过了好望角，在苏门答腊登陆。然后他们试图向北航行，但遇到了季风的阻力。在新加坡附近的班顿岛，他们遇到了一艘由日本海盗驾驶的平底帆船。因为日本海岛的残忍，当地的人们对这群人又恨又怕。根据迈克尔·伯恩的描述，戴维斯知道他们遭遇的是海盗，但还是想从他们那里收集关于贸

▲迪伊博士、约翰·戴维斯、弗朗西斯·沃尔辛厄姆爵士和阿德里安·吉尔伯特讨论了西北航道的位置。

易路线的有价值的信息。海盗们被禁止在岛上登陆，然而他们的船处于漏水状态，而这些海盗十分渴望回家，所以他们决定发动袭击。

虽然戴维斯是阅读图表和地图的专家，但他似乎有点缺乏看人的能力。根据迈克尔·伯恩的说法，这就是导致他最终死亡的原因：

> 我希望约翰·戴维斯船长在带着全体人员去搜寻粮食前，能先缴下他们的武器，并留下一人看守。我怀疑搜寻中，可能会发生一些令人不快的事，他们可能会突然袭击我们的人，就像后来发生的那样。但是，戴维斯船长被他们假装的谦卑所迷惑了，不愿意夺下他们的武器。

为此，戴维斯付出了惨痛的代价。日落时分，海盗发动袭击，戴维斯被捅了七刀，海盗们还试图用他当作人盾攻击他的同伴，在此过程中，戴维斯丢掉了他的性命。

艾蒂安·布吕勒（1592—1633年）

作为法裔加拿大人的第一个“森林奔跑者”，布吕勒在16岁时曾与休伦印第安人一起生活，他是土著民族和欧洲人之间的重要翻译。他几乎天生就有野外生活的能力，他可能也是第一个看到五大湖中的四个的欧洲人，他做了许多次旅行，最远到了切萨皮克湾和明尼苏达州的德卢斯。

死因：他的印度盟友视他为叛徒，将他杀死并吃掉

艾蒂安·布吕勒的早年岁月没有相关的记载资料，尽管在1608年见证魁北克成立的远征中，他似乎曾以契约仆役的身份陪同塞缪尔·德·尚普兰前往新法兰西。[1] 两年后，尚普兰萌生了与休伦人进行文化交流的新奇想法。

我身边有一个年轻人，他已经在魁北克度过了两个冬天，他想要到阿尔贡肯人中间去学习他们的语言……了解他们的国家，看看大湖，留心观察河流和傍河而居的人们；然后发现矿藏，以及关于这些地方和民族的最奇特的事情，当他回来时，我们便可以得到关于这些地方和民族的真实消息。

---

[1] 法国位于北美洲的殖民地。最初包括圣劳伦斯湾沿海地区，纽芬兰以及阿卡迪亚（新科斯舍）。后来逐步扩张，又包括大湖地区的大部分和阿巴拉契亚山以西的部分地区。最终形成北起哈得逊湾，南至墨西哥湾，包含圣劳伦斯河及密西西比河流域的广大地区，划分成加拿大、阿卡迪亚、哈得逊湾、纽芬兰、路易斯安那五个区域。——译注

尚普兰说的正是布吕勒。布吕勒和休伦人住在一起，尚普兰则带着一个印度青年去了法国。一年后，这两组人重逢了。布吕勒变化很大，精明的尚普兰对此印象深刻：

> 我还看到，我的这个法国男孩儿穿得像一个印第安人。他对自己从印第安人那里所受的待遇感到非常满意，这待遇是按照当地的风俗来的，他还向我解释了他在冬天所看到的一切，以及他从印第安人那里学到的东西……他的印第安语学得很好。

布吕勒实际上成了两个民族之间的联络官，其作用在建立毛皮贸易方面尤其重要，正是毛皮贸易维持了早期法属加拿大殖民地。1615 年，他和一伙休伦人一起旅行，这一伙人正在寻找盟友，打算与易洛魁部落开战。不幸的是，当他们好不容易说服一群萨斯奎汉纳印第安人加入他们时，一切已经太晚了。在休伦人被击败的两天后，援军才到达。布吕勒没有返回休伦领土，而是和萨斯奎汉纳人一起进入了他们的领地，然后向南一直探索，到达了切萨皮克湾，成为第一个踏上现在的宾夕法尼亚州土地的欧洲人。

在回去的路上，布吕勒被塞内卡印第安人俘获，塞内卡印第安人是易洛魁族的一个部落。虽然他们折磨了布吕勒，但布吕勒声称自己通过说服俘虏他的人逃跑了，因为他们虐待他时，意外地发生了一场雷雨，他就说这是来自神灵的信息，神灵在表达他的不满。和许多早期的拓荒者一样，布吕勒喜欢说大话，他更有可能是被释放的，因为他向对方承诺要在易洛魁人和法国人之间创造和平与贸易机会。获释后，他对曾经的绑架者毫无怨言，塞内卡印第安人也接纳他进入他们的村庄，允许他参加他们的盛宴。尽管如此，布吕勒还是回到了休伦族。1621 年，他从那里乘坐独木舟探险，发现了苏

▲ 北美印第安部落的领地，包括艾蒂安·布吕勒居住的休伦部落。（图上标出了主要的几个印第安部分所在地。）

必利尔湖。

回到文明社会后，布吕勒发现自己在尚普兰和耶稣会传教士那里遇到了麻烦，因为他变得太像一个印第安人了。尚普兰很生气，因为布吕勒把印第安人的毛皮交易置于他的帝国幻想之上，而且布吕勒还拒绝教耶稣会传教士印第安人的母语，这让他们很不满。他们认为，布吕勒已经退化成了野蛮人。从长远来看，布吕勒面临的更大问题是，他在 1629 年决定站在英国毛皮商和柯克兄弟一边，而不是魁北克殖民地商人的一边。结果，尚普兰指控他的前门徒叛国，布吕勒被迫放弃魁北克回到休伦族。

当一个人终身都斡旋在彼此怀疑的国家之间时，他很可能在某些时候被怀疑是双重间谍。在实际上失去了法国人的支持后，布吕勒在休伦族也失去了一些特权，休伦人很可能对他在塞内卡的逗留持怀疑态度。在布吕勒的个案中，这些怀疑以他被杀而告终，尽管没有确切的记录表明，他为什么会被与之一起生活了近二十年的休伦人杀死和吃掉。总而言之，这样做对休伦人都没有任何好处。当传教士布雷乌夫再次来到他们的村子时，他发现村子里已经空无一人。由于受到布吕勒亲戚的“复仇之魂”的惊吓，再加上欧洲瘟疫的肆虐，这个部落为了躲避杀害兄弟的诅咒而解散了。

雅克·马奎特（1637—1675 年）

马奎特和他的旅行伙伴路易斯·乔利特是第一批从北美北方到达密西西比河的欧洲人。他们乘坐独木舟达到阿肯色河，然后经过密歇根湖和芝加哥地区返回。这次航行影响了马奎特的健康，在回家的路上，他去世了。

死因：于密歇根湖和休伦湖之间创建麦基诺海峡路线的任务途中，死于痢疾。

雅克·马奎特是一位尊贵的法国贵族的小儿子，十七岁时加入了耶稣会，在那里，他萌生了成为传教士的念头。1666 年，他到达新法兰西，并立即开始学习当地的印第安语。到 1673 年，据说他已精通了六门语言，他是耶稣会士皈依印第安灵魂的梦想中最有价值的人。

马奎特越来越远离欧洲社会的轨道，他以此来实现对冒险的渴望。1668 年，他搬到耶稣会的渥太华传教会，从那里出发，开始在圣玛丽湖建立一个传教站，圣玛丽湖位于休伦湖和苏必利尔湖之间的海峡。一年后，他在苏必利尔湖（靠近威斯康星州的阿什兰）的西岸建立了一个任务站，在那里，他接触到了伊利诺伊印第安人，他们温和的举止给他留下了深刻的印象。当时伊利诺伊印第安人正与凶猛的苏族人交战，苏族人迫使他们撤退到了密歇根湖。

马奎特陪同他们一起撤退，并在休伦湖和密歇根湖之间的麦基纳克海峡北岸设立了圣伊格纳茨传教站。伊利诺伊印第安人告诉马奎特，南边有一条

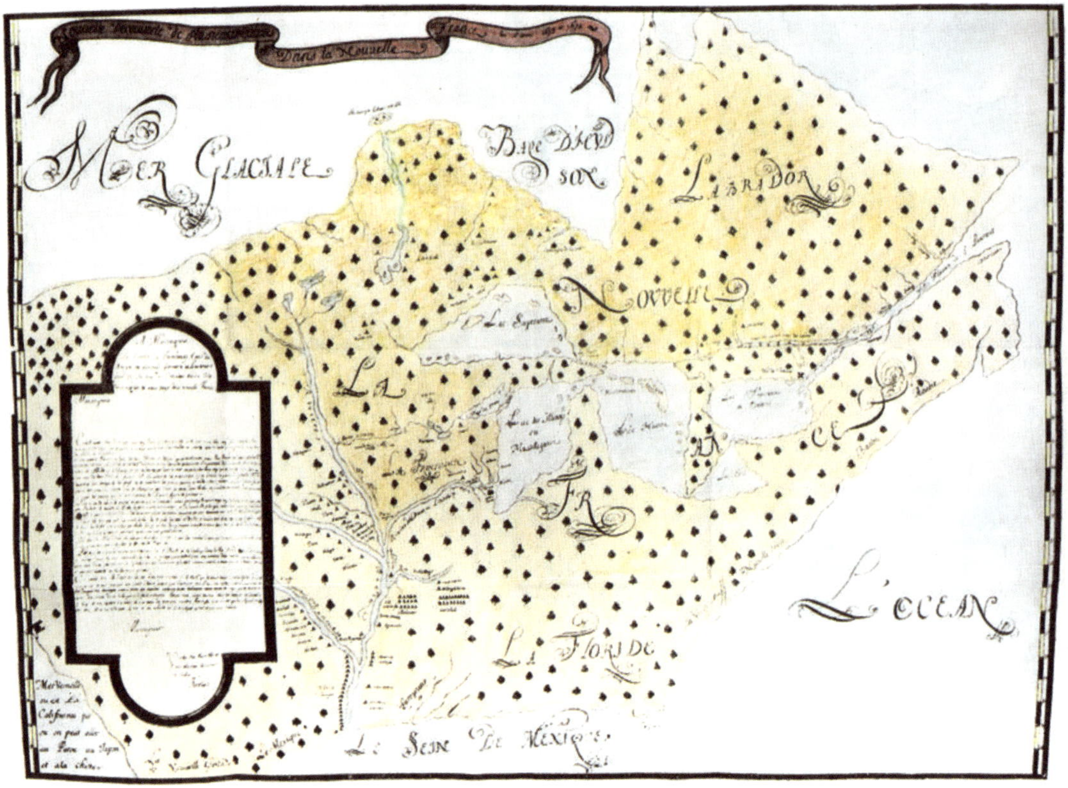

▲（古地图）路易斯·乔里埃特绘制的新法兰西地图，显示了他和马奎特沿着密西西比河上游探索的旅途。

大河。他们称其为密西西比河（意为“美丽的河流”），并说它一直流向大海。从 1660 年起，关于这条河的传言就在新法兰西流传开来。这个消息使马奎特很兴奋，因为人们普遍认为它可以通到太平洋，因此可以通到东方。他决定申请探险许可去探索它。

1672 年 12 月 8 日，路易斯·乔里埃特率领一支探险队，带着探险密西西比河的任务，抵达了圣伊格纳茨。他曾在耶稣会神学院受训，但在接受命令之前，他就离开了那里，成为一名毛皮商人。后来，他接到耶稣会发布的命令，让马奎特加入远征队当牧师。1673年5月中旬，马奎特和乔里埃特带着另外五个人离开了圣尼格纳斯。他们划着独木舟来到密歇根湖的格林湾，然后转到了福克斯河。他们沿着福克斯河一路前行，越过了现今威斯康星州柏林附近的已知领土界限，然后转向威斯康星河，经过一个月的航行，于6月17日到达密西西比河的一条支流。

和那些从南方进入密西西比河的其他探险者不一样，乔里埃特的探险队在马奎特的印第安语言知识的帮助下，与他们途中遇到的印第安人建立了友好关系。与大多数的北美内陆探险相比，这是一次愉快的太平洋之旅。探险队经过伊利诺伊河、密苏里河和俄亥俄河的河口，一直到达阿肯色河的河口，然后又折回。与许多探险家不同，马奎特和乔里埃特显然认为谨慎是很有必要的。他们（探险队）的存在让阿肯色的印第安人深感不安，法国人也注意到了这些西班牙人，这预示着冲突随时可能爆发，也让他们越发肯定了自己的观点，即河流是流入墨西哥湾的，而不是太平洋。此外，马奎特不会说阿肯色语，这使得情况更加令人担忧。

在回家的途中，他们得到了伊利诺伊印第安人的帮助，他们把伊利诺伊河作为返回密歇根湖的捷径。这是一次成功而明智的探索。然而，当他们用独木舟回到熟悉的世界时，马奎特患上了严重的痢疾。在威斯康星州德佩尔附近的一个耶稣会传教所疗养后，他于第二年夏天出发前往伊利诺伊州，但途中他的痢疾复发了，他的团队被迫在现在的芝加哥附近过冬。在伊利诺伊河上，马奎特向两千名好奇的（可能还没有皈依的）印第安人宣讲复活节仪式，然后试图返回圣伊格纳茨传教会。最后，他死了在河口，现在，此河口以他的名字命名。

勒内－罗伯特·卡瓦勒尔，德·拉·萨勒阁下

（1643—1687 年）

德·拉·萨勒，一个堕落的耶稣会士，是第一个探索北美内陆的欧洲人。在他最著名的探险经历中，他划着独木舟沿密西西比河顺流而下，到达了墨西哥湾，并宣称路易斯安那州（密西西比河一路流经此州）是法国的属地。随后，在密西西比河河口建立殖民地的灾难性远征中，他死于自己人手下。

死因：被手下射中头部

德·拉·萨勒阁下，一个拥有冷酷而执着的心，以及躁动的智慧的人，野心勃勃到了疯狂的地步，有着超强的忍耐力和惊人的狡诈，他在与土著人打交道时很残忍，他的部下十分惧怕他，他的口才足以说服一个国王，他的梦想是如此的宏伟，鼓舞着他走向荒野中去实现它。

从很多方面来说，拉·萨勒都是典型的探险家。

拉·萨勒的父亲是一个富有的男子服饰经销商，拥有很多地产。然而，他的儿子发誓要过贫穷的生活，并追随他哥哥的脚步成了一名牧师，这个职业与他的性格并不相合。在宣誓七年后，他因“道德有缺”而被解除了任命。不幸的是，他的父亲在他担任牧师期间去世了，拉·萨勒无法继承父亲那可

观的遗产。于是他落入身无分文的境地，跟随他依然担任牧师一职的哥哥去了新法兰西的蒙特利尔。他于 1667 年到达目的地，凭着暗箱操作，他获得了蒙特利尔岛上的一处地产。

务农是有耐心的人的职业，而拉·萨勒显然并不是那种可以骄傲地看着自己的玉米长大的人。他听说有一条大河可能流入加利福尼亚湾，于是卖掉了自己的土地，请求新法兰西的总督允许他去验证这个假设。

1669 年，他带着由 9 只独木舟组成的船队从蒙特利尔出发。一开始很艰难，因为拉·萨勒和他的同伴都不知道他们在做什么。尽管拉·萨勒曾把自己流利的易洛魁语作为发起这次探险的基础，但事实似乎并非如此。根据他的探险队的联合领导人布雷昂·德·加里尼的说法，拉·萨勒其实是一个能力有限的牧师：

德·拉·萨勒先生说他非常了解易洛魁人，并且，由于他对易洛魁语的完美认识，而从他们那里学到了所有知识，实际上他一无所知，他几乎是盲目地发起了这次航行，不知道要去哪里。

他们花了一个月的时间才到达安大略湖的岸边，在那里他们遇见了路易斯（密西西比河的发现者之一）的兄弟亚当·乔里埃特，他提到西部有一个未传福音的部落，名叫波托沃托米斯，这吸引了拉·萨勒团队中的牧师们，因为加里尼能听懂波托沃托米斯人的语言。拉·萨勒讨厌他人为他做决定，于是假装生病，告诉加里尼他打算等康复后再返回蒙特利尔。牧师们离开后，拉·萨勒继续他的探险，尽管人们常说他是从俄亥俄河出发，一直到了肯塔基州的路易斯维尔，但关于这次旅行的证据至今仍然不确定。

1671 年，拉·萨勒身无分文地回到了蒙特利尔。他手下的大多数人都弃他而去，此时，他声称自己有所发现，但遭到了嘲笑。幸运的是，他尚与新法兰西的新任总督路易斯·德·鲍德·弗隆蒂纳克伯爵关系密切。

拉·萨勒去法国的时候曾对太阳王路易十四提到了弗隆蒂纳克，他说他是“一个聪明和有能力的人，比我在这里认识的任何人都更有能力完成各种事业和发现”。路易十四本就是一个放荡不羁的人，他对拉·萨勒那异想天开的关于动员印第安人对抗西班牙的言论并不反感。

拉·萨勒以贵族身份回到了美国，获得了一项为期5年的探索密西西比河的许可，并且，在同样长的时间内，他垄断了水牛皮交易。这为他后来的远征筹集到了足够的费用。

弗隆蒂纳克提出要在安大略湖与圣劳伦斯河交汇处建造一座贸易堡垒。拉·萨勒用他的皇家许可做抵押，贷了一笔款，因为当时他还没有抓到任何水牛，至1677年，拉·萨勒才完成了这项工作。同年拉·萨勒回到法国，并获得了建造另外两座贸易堡垒的资格：一座在伊利湖入口处，另一座在密歇根湖南端（接近现在的芝加哥）。

拉·萨勒的批评者将他视作堂吉诃德，“精神病院的后备军”，尽管如此，他还是组建起了一支团队，其中包括勇敢的传教士路易斯·亨内平神父，以及他的两个朋友，多米尼克·拉·莫特·德·卢西尔和亨利·托尼船长。托尼船长在西西里岛不小心引爆了一枚手榴弹，因此他有一只手是铁制的。1678年9月15日，拉·萨勒率领大约30人从魁北克出发，其中包括工匠、绅士和水手。

拉·萨勒和亨内平领导的先遣队于11月18日离开弗隆蒂纳克堡，途中发现了尼亚加拉瀑布，并在河的上游修筑了一座被他们称为“方圆十公里”的堡垒。他们还建造了一座船厂，在那里建造了一艘45吨重、配备7门加农炮的小船，名为“格里芬号”（以拉·萨勒的新贵族家族徽章命名）。这艘船于 1679 年 8 月 7 日起航，经过三周艰难的航行，抵达了休伦湖和密歇根湖之间的海峡。从那里，他们继续航行到了格林湾，尽管国王指示不要擅自进行海狸毛皮贸易，可拉·萨勒还是把毛皮装上“格里芬号”，送回了尼亚加拉，然后带着 14 个人乘坐 4 艘独木舟继续向荒野进发。

到了 11 月，他们来到了密歇根湖和圣约瑟夫河的交汇处，拉·萨勒希望这条河能直接通往密西西比河。他们在那里建了一座堡垒，然后派人回“格里芬号”去取补给。但“格里芬号”一去不返。

探险队被迫把所有东西从陆路运到伊利诺伊河，并在河岸边缘四处探索。拉·莫特因为健康原因离开了。亨内平被派去执行侦察任务，他设法发现了伊利诺河和密西西比河的交汇处，但后来他被印第安人虏获。其他的人逐渐意识到，探险队被一个疯子控制着，于是开始相继逃离团队。拉·萨勒被迫返回弗隆蒂纳克堡，途中经过了他在尼亚加拉修建的堡垒的废墟。

在弗隆蒂纳克堡，他得知一艘从法国来给他运送补给的船在途中沉没了。随后他又去了蒙特利尔，发现有人正密谋揭发他非法买卖海狸皮毛的事。一个理智的人会及时止损，于是拉·萨勒征募了 23 个法国人和 18 个印第安人，把独木舟和食物从雪地上拖到密西西比河岸边。

在路上，他遭遇了决心要杀死他的逃兵，并路过了他在伊利诺伊州修建的堡垒的废墟。

探险队于 1682 年 2 月到达密西西比河，打算等待冰层充分融化后再划桨起航。随后，他们经过密苏里河和俄亥俄河的河口，在孟菲斯建立了堡垒，然后到达阿肯色河的河口。到了四月，他们到达了墨西哥湾。拉·萨勒当时身穿鲜红色镶着金饰边的衣服，挤在独木舟里。他在赞美诗的吟颂声和火枪的轰鸣声中宣布他们走过的地区为法国所有，并将其命名为路易斯安那。

回程中，拉·萨勒在芝加哥以西120公里的饥饿岩建立了一座堡垒，在那里，他将土地分给他的手下，并以野牛皮作为交易品，向当地人索要贡品。然而，这项成功的事业却被接替弗隆蒂纳克总督的拉·费夫尔·德·拉·巴雷毁掉了。拉·费夫尔把拉·萨勒看作他的竞争对手，因此急于破坏他的事业。

路易斯安那在大多数人看来是一片蛮荒之地，但在拉·萨勒看来则是一个正待被打造的私人帝国。于是他又坐船前去法国寻求支持，希望在密西西比河沿岸建立几个殖民地。他不知道国王已经写下这样一句话："我相信拉·萨勒的发现毫无用处，将来应该阻止这种事情的发生。"然而，在一位诡计多端的牧师阿布·克劳德·伯努（一位具有帝国思想的传教士）的帮助下，拉·萨勒设法说服了国王为其在墨西哥湾建立殖民地的计划提供资金，称他们可以在那里威胁到西班牙的殖民脚步。在拉·萨勒的计划中，他有意建立一座基地，从南方一直向上游发展到美国内陆。

1684年7月24日，拉·萨勒从法国出发，其时，共有280人在他的指挥之下，其中包括了一些妇女和儿童。路易斯不仅免除了他的债务，而且还为他提供了一艘护卫舰、一艘储藏船、一艘双桅船、二百名士兵和水手，以及一间配有黄金器具的图书馆。

当队伍到达海地时，事情开始出错。双桅帆船被西班牙人夺走，而由于发烧症状的蔓延，他们一直到第二年1月才返回大陆。当他们到达之际，却找不到密西西比河了。拉·萨勒自欺欺人地认为，这条河距离西班牙所属墨西哥比实际距离近800公里，之后他们穿过这条河，进入了墨西哥湾。就这样，拉·萨勒选择了得克萨斯州的马塔戈达湾作为他的登陆点。

这是一个不易航行的区域，拉·萨勒所指挥的船在进入时遇到了棘手的浅滩。当印第安人来掠夺散布在海湾的补给时，冲突爆发了。殖民地建立两个月后，路易斯借给探险队的水手们陆续返程，而殖民者们则开始用沉船的残骸建造堡垒，以保护自己不受当时正包围他们的印第安人的攻击。

拉·萨勒所选的地点有很多沼泽，到处都是携带病菌的蚊子，既没有新鲜的淡水，卫生条件也很差，再加上缺乏食物，这就意味着移民中很快就会出现疾病和营养不良的现象。拉·萨勒便把定居点搬到了西北方向一个稍微好一点的地方。1685 年万圣节，拉·萨勒乘坐独木舟离开这个定居点去探索海湾，徒劳地希望他们是在密西西比河某个遥远的支流上。在路上，他们遗弃了一个人，皮埃尔·杜豪特，一个绅士志愿者，皮埃尔设法回到了定居点，由此怀恨在心。

3 月份，拉·萨勒结束了他

▲ 拉·萨勒站在一张北美地图前，上面显示了他声称属于法国的密西西比地区。

的无利可图的探险，回来了。这些孤立的殖民者的北面是一望无垠的得克萨斯大草原而不是密西西比河。在执行任务的过程中，拉·萨勒还失去了6名最好的手下，他们被印第安人杀死了。殖民地居民的困境随着他们唯一剩下的一艘三桅帆船“贝尔号”的消失而加剧。他们严重缺乏材料，没法建造另一艘船，对于他们的境地还有一种猜想，即他们实际上是被陆地包围了，这个猜测十分接近事实。

在别无选择之下，拉·萨勒带着20个人一起出发，试图徒步到达密西西比河。最后，只有8个人回来了：4个人被遗弃了，其他的人要么迷路了，要么被印第安人杀死了，还有一个人成了鳄鱼的美餐。特别需要提及的是皮埃尔·杜豪特的弟弟多米尼克的死，他死于拉·萨勒之后。因为拉·萨勒一如既往地冷酷无情，为了达成目标，把他送回了堡垒，理由是他行动太慢。

直到1687年1月，拉·萨勒因疝气而倒在了堡垒里，探索行动于是进一步受阻。在登陆的180人中，只剩下了42人（包括7名女性）。拉·萨勒很快又带着17个人出发了，并把最弱的人留在了堡垒里。路上，拉·萨勒和他的兄弟吉恩，还有他的侄子莫朗吉特，很快就收到了同路人的敌意，因为他们霸占了所有马匹来携带路易斯赠给他们的珍贵物品，而让其他人自己驮着装备在大雨、沼泽和泛滥的河流中跋涉。

在旅途中的某一时刻，皮埃尔·杜豪特——留下来射杀野牛的五个人之一——被说服自愿为拉·萨勒的愚蠢行为服务，这让他感到痛苦，更糟糕的是，拉·萨勒把他的兄弟遗弃在了荒野中。

猎队的人都说莫朗吉特是个讨厌的傻瓜，此人骑着马来征收猎队打到的猎物。当他发现猎队把珍贵的骨髓留给了他们自己时，勃然大怒，要求他们立刻交出来。此时，杜豪特觉得，他已经受够了那些只会带来灾难的命令。

他和他的猎友们一起策划了一个叛变计划，以对付拉·萨勒。夜间，猎队的人将莫朗吉特和他的两个仆人用斧头砍死了。不久，拉·萨勒骑马返回，想弄清是什么事让他们耽搁了，而此时，杜豪特正埋伏着，手执火枪等着他。拉·萨勒到达时，发现杜豪特的仆人在那里迎接他。他问起他侄子的下落，仆人幸灾乐祸地回答说莫朗吉特的尸体正顺着一条小溪漂流而下。拉·萨勒怒不可遏，想要攻击仆人，就在这时，杜豪特朝他两眼中间开了一枪。据说，当时杜豪特用法语喊道："完蛋了，伟大的帕夏，你完蛋了。"拉·萨勒瘫倒在地上，之后，他的尸体被剥光衣服，留在了荒野中，最后被野兽吃掉了。[1]

几个月后，杜豪特带领探险队去寻找密西西比河，以寻求救援，后来，他的优柔寡断激怒了他的一个同事，他也被杀死了。最后只有7个人到达密西西比河并获救。拉·萨勒所建的堡垒后来被一位西班牙船长发现，但很快又被遗弃了。拉·萨勒组织的这一次探险，只有几个逃兵和5个孩子被印第安人收留了，得以幸存下来。

[1] 帕夏，旧时奥斯曼帝国和北非高级文武官的称号，置于姓名后。——译注

维特斯·白令（1681—1741年）

白令是一位受雇于俄罗斯海军的丹麦水手，他的任务是弄清亚洲和美洲之间是否有大陆桥。在与种族歧视、俄罗斯官僚机构的笨拙、穿越西伯利亚的长途跋涉以及严酷的北极气候等各种不利因素做斗争的过程中，他最终发现了白令海峡。

死因：死于寒冷和饥饿以及坏血病加剧

1702年，维特斯·白令在阿姆斯特丹商船海军学校接受军官训练，并被授予刚刚起步的俄罗斯海军的副少尉军衔，以在北方大战中帮助对抗瑞典，那时，他无法想象，他的命运会指向北极海洋和太平洋之间。战争期间，他大部分时间都在波罗的海附近驾驶运输船，但在1711年，他拯救了一艘被奥斯曼帝国困在亚速海中的俄罗斯船只，随后他在土耳其人的眼皮底下航行，穿过黑海，穿过达达尼尔海峡，然后通过地中海和大西洋回到波罗的海，此事引起了彼得大帝的注意。

彼得对俄国和美洲之间是否有大陆桥很感兴趣。如果有的话，他就可以继续扩张，就像俄罗斯一直扩张到太平洋一样。如果没有，俄罗斯就得控制东北通道，以便直接在欧洲和中国之间进行贸易。1724年，他委托白令开启这次旅行，主要是为了发现这些可能的情况中哪一个是真实的。

白令于1725年从圣彼得堡出发，花了三年时间从陆路穿越乌拉尔山脉，穿过西伯利亚，到达西伯利亚南部海岸的鄂霍次克。旅行是极其艰苦的。探险队不得不跋涉在巨大的沼泽中，跋涉在似乎没有尽头的森林和可怕的延伸出去的冻土带中，同时还要在夏天击退大量的蚊子，忍受三个令人难以置信的寒冷冬天。当白令的探险队在8月到达时，在次年1月，乘船去西伯利亚的河流探险的另一半人马因为被冻伤，只能靠吃掉白令留下的马活着。在鄂霍次克，探险队造了一艘船，开到堪察加半岛的西海岸，然后把补给拖到了对岸。

到达堪察加半岛东海岸时，他们又造了一艘船，长十八米，宽六米，名叫“大天使加百列号”。

它于1728年7月中旬起航，一直持续到短暂的北方夏季。它沿着西伯利亚东北海岸航行，然后进入了白令海峡（五十年后詹姆斯·库克为了纪念白令而命名）。当白令发现海岸线开始向西延伸时，他确信自己身处俄罗斯人所说的“冰海”中，因此两大洲之间的确有海洋。随着季节的变化，他又回来了。他航行到离美洲大陆不到85公里（53英里）的地方，但因为被雾笼罩而没有看到它。同年9月，他抵达堪察加半岛，在前往鄂霍次克之前，这支探险队忍受了第四个冬天。船只停泊在那里，而白令则回到了圣彼得堡。

虽然他确信自己已经证明了亚洲和美洲之间的海峡的存在，但是帝国科学院—— 一个充满平庸官僚的傲慢的机构——审议了他的调查结果，之后确认他并没有发现这一存在。为了对抗他们，白令提出了另一个计划，目标是绘制北美海岸线，并与土著人建立贸易关系，然后航行到日本，并如法炮制，接着派一支船队，通过勒拿河，向北探索西伯利亚北部海岸。 为了找出通往太平洋的东北通道，根据政府的进一步规定，白令必须建造铸铁厂和造船厂，建立邮政服务，并在途中建起养牛业，这使得这次探险变成一个艰巨的任务，几乎不可能完成。

1733 年 3 月，白令带着 600 人从圣彼得堡再次出发，成员中包括他们的妻子、孩子和一些喋喋不休一路抱怨不停的科学家。为了实现他的目标，他花了近三年时间，在雅库茨克的冻土上建造了一座小镇，那里 1 月平均最低温度低于 –40 ℃。作为小镇的镇长，他对探索的渴望被不断发生的琐事所冲淡。由于这些麻烦，沙皇皇后安娜对这次探险费用的激增感到愤怒，遂将他的薪水削减了一半。

直到 1739 年，白令才最终抵达堪察加半岛。这时的他已经精疲力竭，也不再愤恨了，他不仅被西伯利亚所累，还被他的手下们的唠叨所累，而且，他年近六十，在那个时代，已经是一个老人了。到达鄂霍次克后，他派一支探险队的中尉去日本，然后开始建造两艘船，都是长 27 米（88 英尺），宽 7 米（23 英尺），重达 100 吨。当雅库茨克的补给品无法到达时，他的手下不得不花大部分的时间去打猎以维持生存。直到 1740 年 6 月，“圣彼得号”和“圣保罗号”两艘船才准备好。他们于 9 月 4 日驶往堪察加半岛东海岸，10 月 6 日抵达目的地，并在阿瓦恰湾过冬。在那里，他们以这两艘船的名字建立了现在名为彼得罗帕夫洛夫斯克的定居点。

6 月 4 日，在远征开始七年多之后，白令驾驶“圣彼得号”再次起航，上次探险队的副手亚历山大 · 奇里科夫这次依然与他同行。虽然最初从圣彼得堡出发的大多数科学家早已回到他们的实验室，但探险队这次又增加了两位，法国天文学家路易斯 · 德利尔 · 德 · 拉 · 克罗伊埃雷，他曾和奇里科夫一起航行，还有德国博物学家乔治 · 斯特拉，他被分配在白令的船上，提供了一些愤怒的、自我中心的评论，并在最后幸存了下来。

斯特拉从一开始就怒气不断，因为他误以为自己在东南部看到了美洲，结果被白令忽视了。当水手们真的看到陆地时，白令和他的军官们亦没有理会他们。不久之后，两艘船被一场风暴分开了，白令认为“圣保罗号”要么沉没，要么返回了堪察加。可他又错了。奇里科夫的船驶向了阿拉斯加，在那里的一个属于亚历山大群岛的岛屿上，派出的两支登陆队伍先后被当地人杀死。之后，他与一队因坏血病而苦苦挣扎的船员回到了堪察加半岛。

白令的情况更糟。“圣彼得号”停泊在卡亚克岛附近，从那里他们可以看到阿拉斯加海岸。

他们补充了船上的淡水，而斯特拉在与白令发生争执后，自己到岛上去探险，在那里，他发现了制作熏鲑鱼的资源。尽管他想进一步探索，但白令威胁他，如果他不回到船上，他将被放逐。之后，探险队南下到达阿留申群岛，在那里，死了第一个船员。包括白令在内的许多人都表现出坏血病的症状。在纳盖岛上，他们停下来寻找水源，斯特拉负责辨识、收集治疗坏血病的草药，以此证明自己还是有些用处的。船上的关系如此恶劣，水手们都不相信这些草药能帮助他们。矛盾的是，白令确实相信，而后他身体恢复了一些，于是可以暂时离开病床，重新有效地指挥这艘船。

在纳盖基地，探险队遇到了此地第一批美洲土著。他们对欧洲人和他们的小玩意儿非常着迷，以至于当白令为了赶在海面结冰之前赶回家而起锚时，他们竟试图把船拖回岸边，于是船员们不得不用火枪劝阻他们。

如果白令决定在美洲过冬，情况可能会好一些。风从西方不断吹来，几乎不可能航行，白令的行程取消了。船员们得了坏血病，病得越来越重，随着斯特拉的药草供应的断绝，白令的病情也在恶化。他们遭遇了一场猛烈的风暴，船被毁了。水手们的坏血病越来越严重，只剩下四个人还有力气能够撑住船帆。虽然白令相信他还在美洲海岸附近，但其实他是在日本北端的千岛群岛附近。他的意图是向东航行，在美洲大陆上停泊。如果不是风暴迫使他们北上，他的船员很可能已经全军覆没。11月5日，他们看到了一片陆地，误以为那是堪察加半岛，他们在前往这个如今以白令的名字命名的荒岛之前就开始庆祝了。幸运的是，岛上有丰富的猎物：海獭、海牛和海豹，所有这些都不害怕人类，很容易被杀死。事实证明，北极狐是一种令人讨厌的动物，它们与人类争夺食物，啃咬伤者和死者的尸体，甚至会咬断他们冻伤的手指，当成零食吃。探险队的人为他们生病的指挥官做了一个临时住所，但毫无用处。12月8日，白令死了，他毕生的使命并未完成。用斯特拉的话来说，他死于“饥饿、寒冷、口渴、有害动物和悲伤”。剩下的船员们用“圣彼得号”的残骸建造了一艘船，于第二年的春天，带着他们的冒险故事返回了堪察加半岛。

马克 - 约瑟夫 · 马里恩 · 杜 · 弗伦（1724—1772 年）

杜 · 弗伦作为一名职业水手，主要与东印度公司合作，1769 年，公司倒闭，此时，杜 · 弗伦开始执行任务——将一名塔希提土著送回家乡，并寻找未知的南部大陆。在他的探险生涯中他发现了克罗泽特群岛，访问了塔斯马尼亚岛，然后乘船去了新西兰。

死因：他的行为冒犯了毛利人，之后，被杀害并吃掉

马克 - 约瑟夫 · 马里恩 · 杜 · 弗伦加入了一支有十一年历史的海军商船队，当时他在布尔戈涅公爵号上担任中尉，这艘船隶属法国，相当于英国的东印度公司。他是一位出色的年轻私掠船船员，1746 年在奥地利王位继承战争期间，他帮助从苏格兰西海岸救出了邦尼 · 查尔斯王子，1747 年，他做了几个月英国人的战俘。在七年战争期间，他在法国海军服役，后来又坐回东印度公司船长的位置。[1]

1769 年，公司倒闭，杜 · 弗伦发现自己失业了。为了解决困境，他联系了法兰西岛（毛里求斯）的行政长官皮埃尔 · 普瓦夫尔，计划进行一次探索未

[1] 七年战争，发生在 1754 年至 1763 年，这场战争由欧洲列强之间的对抗所驱动。英国与法兰西和西班牙在贸易与殖民地上相互竞争。——译注

知的南部大陆的探险。另外他还有一个动机——他答应要送阿胡托鲁回家，阿胡托鲁是塔希提人，和布干维尔一起去过巴黎。普瓦夫尔同意为两艘船提供一些资金，而杜·弗伦的富商家人提供了其余的资金。1771 年 10 月，“马斯卡林号”在杜·弗伦的指挥下，由配有十六门炮舰的“卡斯特里侯爵号”陪同，从法国起航。他们绕过了好望角，但不久，阿胡托鲁染上天花并死于马达加斯加。

随后，杜·弗伦扬帆穿过南印度洋，误将爱德华王子群岛认作南极大陆，其后又发现了克罗泽特群岛，群岛是以他的副手的名字命名的。他们跟随着咆哮西风带穿越了南大洋，接着，他们在塔斯马尼亚登陆，杜·弗伦是第一个在澳大利亚登陆的法国人。[1] 他们试图寻找水和木材来解渴和取代受损的桅杆，结果遭到了当地土著的愤怒反抗，石块和斧头如雨点般向法国人袭去，这造成了一些伤害。好在土著人的武器还不够先进，不足以构成严重威胁，期间，杜·弗伦毫不在意地打了几枪，并发射了几枚加农炮弹。

六天之后，探险队启程前往新西兰，在群岛湾登陆，起初，他们受到了热烈的欢迎。杜·弗伦编纂了一本关于阿胡托鲁一族的塔希提语（它与毛利语是同源的）的初级词典，这有助于两个民族关系的改善。尽管阿胡托鲁已经死了，但双方在一定程度上能够沟通。在这种良好关系的支持下，探险队的人在村长的家里享受着盛宴，和他们一起去内陆村庄，补充必需品也毫无困难。坏血病患者还被安置在岛上疗养。

“蜜月期”持续了一个月，直到杜·弗伦驾驶着他的小帆船，在现在被称为马纳沃拉湾的地方钓鱼为止。当时，他和他的十二个手下遭到了毛利人

---

[1] 咆哮西风带，即大西洋上的咆哮西风带，位于南纬 40° 。——译注

的袭击。在人数上，毛利人以六比一的优势胜出，他们被按倒在地，后脑勺被毛利人的石斧狠狠击得粉碎。另外十四名前往岸上收集木材的人也遭遇了类似的命运。他们中只有一人得以幸存。

在杜·弗伦的副手克罗泽特的描述中，“三十三天里，他们对我们殷勤款待，到了第三十四天，他们打算把我们吃掉”。但是毛利人态度突然转变的原因可能更为复杂：法国人钓鱼的那个海湾似乎有一个禁忌，因为，从前村里的一些人曾淹死在这个海湾，尸体被冲上了岸。这种特别的禁忌是排外的，杜·弗伦和他的手下无意中亵渎了它。正是由于这个原因，毛利人认为必须惩罚他们，即使做了同样事情的毛利人也会遭到同样对待。不仅如此，如果犯忌者没有受到惩罚，而邻近部落听说了这一疏忽，那么当地的毛利人很可能会受到攻击。杜·弗伦的遗体后来被发现在酋长的房子里，并且被肢解了。他的遗体部分是生的，另一部分则是被炙烤过的，上面还有新鲜的牙印。

当然，长期以来，欧洲人凭着精良武器进行杀戮，很少受到报应。作为报复，探险队剩下的人用毛瑟枪射击，并发射炮弹，屠杀了至少二百五十名毛利人，并将他们的村庄夷为平地。然后他们扬帆而去，并将海湾命名为“暗杀湾”。

詹姆斯·库克（1728—1779年）

库克是英国海军中为数不多的通过晋升而非委任成为军官的人之一，可以说是英国最伟大的探险家。在三次重大的航行中，他比他之前的任何人都往南航行得更远，甚至到了地球的另一端，距离传说中的西北航道不到80公里（50英里）。然而，他最令人难忘的成就是，发现了澳大利亚东海岸以及新西兰是由两座岛屿组成的，还有他在塔希提岛、汤加岛和夏威夷的经历。

死因：被夏威夷土著杀死并吃掉，土著们认为他是神

詹姆斯·库克成为船长本身就是一项了不起的壮举。库克的父亲是一名苏格兰散工，后来移居约克郡，升任为农场的执行官。库克在父亲的资助下接受了基础教育，然后在斯泰塞斯镇当了一名杂货商的学徒，但将独来独往的个性并不适合这项工作。幸运的是，他的老板了解他的个性，并将他介绍给了惠特比一家船运公司的老板约翰·沃克。库克被聘为一名学徒水手，但沃克看到了这个年轻人的潜力，就安排他学习指挥一艘船所必需的数学、天文学和航海知识。

库克三年的学徒生涯中大部分时间都在沿着英国海岸驾驶煤炭船。当他结束了学徒生涯后，开始在波罗的海商船上工作。1752年，他成了一艘煤炭船的

大副，1755 年，沃克让库克指挥他的第一艘船。一个月后，库克离开商船队加入了英国海军。库克的决定只是出于他的野心，因为当时商船船员的薪水比军事船员高得多，在船上的伙食也更好，航程通常较短，也不太可能遭到枪击。此外，库克放弃了船长的位置，重新回到了行伍。更糟糕的是，海军中的水手通常是社会的渣滓，经常在喝醉时被强迫服役。因此，海军的严厉纪律、鞭打和龙骨拖曳，与沃克（曾是贵格会成员）所拥有的商船的文明社会截然不同。[1]

很难知道库克的真实动机是什么。他的感情通常被苏格兰和约克郡所特有的令人畏惧的沉默所掩盖。

尽管他很可能有一种命运感，但他不太可能会想要指挥海军舰艇做环球航行。然而，他做出这一决定的原因之一，肯定是他承诺要长途航行到异国和未知之地。

作为一名经验丰富的水手，库克在海军中的晋升速度很快。不到两年，他就成了船上的大副，这是他的社会背景所能达到的最高级别。然而，在 1759 年魁北克被围攻期间，库克得到了他的上级的注意，原因是，乌尔夫将军发起了对法国的出其不意的袭击，并获得了成功，库克在制图方面的技能在其中起了关键作用。战争结束后，库克得到了回报，获得了他作为探险家的第一次任务：勘察纽芬兰海岸。虽然他仍然只是一名船长，但他被授予了一艘船的指挥权。从 1763 年到 1767 年，整个航行季节都在描绘这片浓雾弥漫、经常被暴风雨笼罩的海岸。他的抱负已经成型，就像他后来在日记中写到的那样，在这段时间里，库克决心要“比我之前的任何人都走得更远，就我所

[1] 龙骨拖曳，是一种针对海盗的酷刑，后来行刑范围不断扩大。受刑者被绑在绳子和滑轮上，在船底来回拉拽：绳子通过船底从右舷拉到左舷，使其受到来自龙骨的摩擦。 龙骨深深刺入他们的肉中，此时，对于受刑人来说，淹死也许更好受一些。——译注

认为的人类可能去的范围而言，走得更远”。

当库克完成了对纽芬兰海岸的考察时，他已经具备了英国海军中任何一个人都无法企及的技能。通常，在为任何项目选择指挥时，这都是无关紧要的，领导联合海军部和皇家学会观测金星凌日的任务将由海军的一名服役军官承担，他们中有许多人自七年战争结束以来一直处于失业状态。然而，库克的天赋和低下的社会地位被英国皇家学会的约瑟夫·班克斯认为是巨大的优势，尽管他们对航行一无所知，但他们依然拿出了1万英镑，决心控制这次探险。

库克被提升为这次航行的中尉，并选择了一艘惠特比煤炭船作为他的航船，命名为“奋进号”。虽然行动缓慢，但“奋进号”在广阔的海面上航行得很顽强，而且吃水浅，这是一个优点，因为绘制海图需要船能沿岸航行，以便更好地找到港口。另外，它的大货舱能够装载足够的储备进行长途航行，包括每人每天一加仑啤酒的配给量。

1768年8月25日，库克带着94名船员离开英格兰，开始横渡大西洋，途中他们在马德拉停留，最后抵达了里约热内卢，在那里，他实际上是被葡萄牙籍总督当作敌人对待的。然后，库克在火地岛周围继续航行，班克斯对他发现的植物欣喜若狂，库克发现火地岛人“和现在大陆上的人一样悲惨”。

接下来的停靠港是塔希提岛，在那里，水手们为当地妇女的美丽而倾倒，并且为优惠的性交易的代价而欢欣鼓舞。不同的是，库克则在他的所有航行中都很谨慎并且忠于他的妻子。在塔希提岛，探险队观测到了金星凌日，他们希望以此推断出地球与太阳的距离。库克随后打开了第二套命令，上面写着让他去寻找未知的南极大陆。

在库克时代，太平洋是很繁忙的，但地图上，它被遗漏了很多块。例如，阿贝尔·塔斯曼曾发现了新西兰东海岸，但库克最先绕过了新西兰，并穿过了两座主要岛屿间的海峡，而这个海峡现在以他的名字命名。然后他驶向“范迪门斯地”，但被强劲的南风吹向北方，结果发现了澳大利亚的东海岸。之后，他继续向北航行，并绘制了海岸图，而班克斯则采集了标本。“奋进号”随后在大堡礁搁浅，接着绕过约克角和托雷斯海峡，在巴达维亚停留。那时，库克已经绘制了超过8000公里（5000英里）的海岸图。还有，他的船上几乎完全没有人得坏血病。虽则身有洁癖，他也意识到饮食在预防坏血病中的作用。除了新鲜的香草和蔬菜，水手们的食谱还包括酸菜和麦芽。“奋进号”的机组人员是在巴达维亚这个低洼的热带港口城市上岸后，才开始死于登革热、疟疾和斑疹伤寒等疾病的。

1771年7月，“奋进号”返回故里，班克斯和他的同行、博物学家丹尼尔·索兰德获得了这次航行的大部分荣誉，成了国家英雄。尽管如此，库克还是被提升为指挥官，拜见了国王乔治三世。1772年，库克受命进行另一次航行，目标是寻找他认为不存在的南极大陆。

这次探险从一开始就引起了争议。班克斯为自己定制的豪华客舱、他的动植物标本以及随从都被取消了，因为这些使得“决议号”（一艘400吨惠特比煤炭船）变得不适合海运。为此，班克斯大发雷霆。后来班克斯和索兰德作为自然学家的位置被约翰和乔治·福斯特父子取代。在库克领导下的“决议号”和弗努斯中尉领导下的“冒险号”，沿着非洲大西洋海岸航行，在开普敦停了下来，向东南行驶，进入咆哮西风带，然后再向南驶向南大洋，那里波涛汹涌，船帆都被冻住了。

1773年1月17日，“决议号”历史上第一次穿越南极圈。库克实现了他的目标，到达了以前没有人去过的地方。那天，他们发现了38座冰山。再往南驶，则是冰面，越来越多的冰面，这令库克很失望。他只好转回新西兰，在夏洛特女王湾，他与弗努斯会合了。

为了进一步验证南极大陆的存在，库克来到距南极洲大陆 50 公里（30 英里）的地方，然后便乘船前往塔希提岛补充补给。在返回英国的途中，他还登陆了一些岛屿，包括瓦努阿图、新喀里多尼亚、汤加岛和复活节岛。

当库克第二次航行归来时，他成了民族英雄，他是第一个在南纬高纬度地区做环球航行并进入南极圈的人。他在预防坏血病方面的实验让他进入了皇家学会，之后他被提升为上尉，并在 1775 年被任命为格林尼治医院的陆军上尉，这是一家为贫困海军军官服务的养老院。

库克有充分的理由满足于自己获得的荣誉，享受自己的名声，和家人共享天伦。但是，就像许多失踪探险者一样，他不得不去探险。他的赞助人——海军部第一大臣桑威奇勋爵和海军审计长休·帕里泽爵士邀请他共进晚餐，讨论前往北太平洋寻找西北航道的探险队的候选人，库克忍不住毛遂自荐。“决议号”在库克的指挥下，于 1776 年 7 月 12 日从普利茅斯起航，而它的姊妹船“发现号”由于船长查尔斯·克莱克被关在债务人监狱而推迟了出发。从一开始，航行中就弥漫着一种不同的气氛。名气已经冲昏了库克的头脑。例如，他太专注于他的新社交圈子了，试图完成他的第二次探险日记，并对海军臭名昭著的低效船坞进行适当监督。这艘船几乎从离开普利茅斯的那一刻起就开始漏水。库克身上一些水手的技能仿佛也消失了。在塔斯马尼亚海岸附近，狂风刮倒了“决议号”的三根桅杆中的两根，部分原因是这艘船的帆太多了。看起来，库克是一个急着去探索也急于回归家园的人。

库克在塔斯马尼亚的冒险湾停泊了四天，在修理桅杆期间，他航行到了新西兰的夏洛特皇后海峡，然后到达汤加岛和塔希提岛。库克曾赢得并保持了手下的尊重，他对人很宽容，但这次与以往的航行不同，这一次，他与船员们的关系较为紧张，他仿佛陶醉在自己的社会地位中，试图抹去自己曾经是他们中的一员的事实。

因为有人偷了一些肉，库克就把水手们的口粮减少了三分之一，水手们绝食以示抗议。当船到达汤加时，这种新的严格的纪律被强加于那些试图从船上偷东西的汤加人。根据海军规定，惩罚水手们时只能打 12 鞭，而汤加人一次要被鞭打 72 鞭。在下一站塔希提岛，他又割掉了一个偷山羊的土著人的耳朵。

库克从塔希提岛向北进发，主要发现了桑威奇群岛，即现在的夏威夷群岛。从那里，他发现了美国的西北海岸，随后穿过白令海峡，进入阿拉斯加附近的北冰洋，寻找西北航道。因为冰层的缘故，他到达了离入口大约 80 公里（50 英里）的地方，然后返回，就像他在南极时那样。

当天气变得太冷，无法继续探索北极时，库克回到了夏威夷，并遭遇了失败的命运。他于 1779 年 1 月 17 日到达夏威夷主岛的凯阿拉凯

▲ 詹姆斯・库克，英国最伟大的探险家和地图制作者，探索了从南极到北极的太平洋。

夸湾，当时夏威夷人正在庆祝马卡希基节，这是一个献祭他们的洛诺神的节日，结果库克被误认为是神。正如库克在日记中最后一篇文章中所写的那样：

> 我不知道在这海的什么地方，能看见这么多人聚集在一处，除了那些划独木舟的人以外，海湾沿岸到处都是人，数百人像鱼群一样在船周围游来游去。

与这个神圣的日子相匹配的是，直到1779年2月4日船只离开时，夏威夷人都是很友好的，尽管英国人的存在给他们赖以生存的经济资源带来了压力。毕竟，如果陌生人是洛诺和他在尘世间的帮手，那么侮辱他们将是愚蠢的。一周后，当库克因为前桅破裂而返回时，所受到的接待就冷淡多了——洛诺神不该这么快就再度返回，不管怎么说，他回岛是个错误的举措。库克打破了古老的传说，夏威夷人对宗教的崇敬被深深的怀疑所取代。

也许可以理解的是，夏威夷人会从他们如此慷慨相待的人那里偷窃，是因为他们曾认为这些人是神。然而，英国人并不这么认为，尤其是库克。随着旅行的进行，他变得越来越苛刻，很可能是由于肠子里有蛔虫导致维生素B缺乏而造成的。在一系列的违规行为中，最严重的是船上的小艇被盗，库克召集了一个武装登陆队，抓获了当地的最高首领，并把他作为人质带回了船，直到小艇被归还为止。

起初，事情还很顺利。酋长对小艇的事一无所知，很乐意和库克一起走，但他的几个妻子却不那么乐观，开始大吵大闹。气氛改变了，不久，几千名夏威夷人就包围了登陆队伍。当英国人撤退到他们的船上时，库克被人执匕首胁迫，并放下了他的霰弹枪。 土著人开始扔石头。库克叫船来接他们，但正如麦哲伦的遭遇一样，威廉姆森中尉拒绝驾船来接应，尽管可能更多的是出于懦弱而不是野心。当库克再次转身绝望地向威廉姆森挥手时，他被人从后面用棍子打中了，随后他跪倒在水里。夏威夷人一拥而上，在一场疯狂的杀戮中，杀死了他们曾经的神。

那天晚上，库克被放在一个装满热石头的坑里烹饪。岛上最有权势的四位首领分享了他的心脏。他的骨头作为护身符在岛上各处分发。只有他头骨的一部分，以及他的双手（用盐腌制以防腐）和大腿骨被归还。后来，库克的手和腿骨被装进一个小棺材，经过短暂的仪式后，在“决议号”上被抛入太平洋。

▲库克死于夏威夷凯阿拉凯夸湾的海滩上。后来他被夏威夷人煮食了。

约瑟夫－安托万·雷蒙德·布鲁尼·德·恩特勒卡斯托（1739—1793年）

德·恩特勒卡斯托发现了经由摩鹿加群岛和巽他海峡通往中国的季风路线，他曾任毛里求斯的总督，后来被选中指挥一支探险队去寻找失踪的探险家拉·佩鲁斯伯爵。他从布列斯特出发，探索了澳大利亚、新几内亚和太平洋上一些岛屿的海岸，差一点儿就找到了拉·佩鲁斯。然而，由于法国大革命引起的骚动，加上坏血病和痢疾，他的远征失败了。

死因：因坏血病和痢疾死于美拉尼西亚隐士群岛附近

在耶稣会士的教育下，有证据表明，如果不是因为父亲的介入，约瑟夫－安托万·雷蒙德·德·恩特勒卡斯托可能更愿意成为一名牧师，他父亲是普罗旺斯议会的一名议员，在他年轻的时候就给他报名参加了海军。一进入海军，他就证明了自己是一名出色的水手。就像探险家库克和拉·佩鲁斯一样，他在七年战争期间服役。服完兵役之后，他成了一名出色的水文学家。当他在东印度指挥一个中队时，发现了一条通往中国的路线，途经巽他海峡和摩鹿加群岛，这条路线可以在东南季风的风力条件下使用。大多数探险家，当他们被困在办公桌上时，他们不安分的脾气常常会引起麻烦，可德·恩特勒卡斯托不同，他同时也是一位出色的管理者，正如他在1787年至1791年担任毛里求斯（法兰西岛）总督期间所证明的那样。

当恩特勒卡斯托接受寻找拉·佩鲁斯的任务时，他已经五十二岁了，这个年纪在太平洋上游荡已经太老了，库克也是一样。更糟糕的是，他被安排了两只缓慢而难以驾驭的三桅大帆船，分别是“搜索号”和“希望号”，后者由胡恩·德·克马德克负责。

探险队于 1791 年 9 月 29 日从布列斯特起航，任务是寻找拉·佩鲁斯，并检查现有的南印度洋和南太平洋海图的准确性，以及执行一系列的科学任务。当到达好望角时，德·恩特勒卡斯托收到消息说，有人看见有土著人在巴布亚新几内亚以北的阿德米勒尔蒂群岛[1]附近穿着法国服装，于是决定径直向太平洋进发。

恩特勒卡斯托沿着咆哮西风带航行，在“范迪门斯地”登陆，在那里他们发现了布吕尼岛，并绘制了一些航海图，这些航海图使得英国人在该岛定居时选择霍巴特作为首都。

在“范迪门斯地”，保皇派官员与主要支持革命的科学家和水手之间开始发生争论。德·恩特勒卡斯托用了所有的外交技巧来管理他的船只。他们于 1792 年 5 月 28 日离开该岛，向北航行，在新喀里多尼亚、所罗门群岛和新爱尔兰停留。之后的阿德米勒尔蒂群岛之旅一无所获，于是他们前往位于摩鹿加群岛的荷兰安布罗纳港（安汶岛）。

这时，痢疾和其他热带病已经在船上占据了一席之地。水手们的饼干口粮里满是蛆虫，而蟑螂像瘟疫似的，正在吞噬着从食物到钢笔墨水等一切东西。10 月，探险队回到澳大利亚，沿着西海岸航行，然后绕着卢因角和大澳大利

[1] 俾斯麦群岛的一部分，在巴布亚新几内亚北部。——译注

▲德·恩特勒卡斯托的两艘笨重的船——“搜索号”和“希望号”。

亚湾航行。如果不是因为长期缺水和风力微弱，德·恩特勒卡斯托就会在环游澳大利亚时，分去弗林德斯和巴斯的荣耀，不过事实正相反，他驶往了“范迪门斯地”补充补给，然后乘船去了新西兰、汤加岛、忠诚岛和新喀里多尼亚，德·克马德克在那里因病去世。他们的下一站是圣克鲁斯群岛，在那里，他们命名了一个新发现的岛屿为“搜索岛”，但他们没有尝试去拜访这座岛。这是一件非常遗憾的事，因为这是万尼科罗群岛，拉·佩鲁斯的任务在万尼科罗群岛失败了，那里可能还有一些幸存者。

尽管德·恩特勒卡斯托和他的船员们开始受到痢疾和坏血病的双重影响，

但他仍坚持继续考察南太平洋岛屿。他的海图是对太平洋那一地区现有知识的一大改进。1793 年 7 月 20 日，德·恩特勒卡斯托在前往爪哇岛的途中死于新几内亚海岸。他的二把手达·艾里博—— 一个狂热的保皇派——在到达爪哇岛后，发现路易十六已经被砍头，法国落入雅各宾派的统治下，他感到很痛苦。他没有让自己的船被用于革命政府的战争，而是将它们交给了荷兰人，虽然他有意回到法国去战斗，但他最终因病而死，并未返航。踏上寻找拉·佩鲁斯的征途的人中，有一半以上的人都面临着同样的命运。

弗里德里希·霍尼曼（1772—1801年）

霍尼曼是第一个成功穿越撒哈拉东北部的欧洲探险家。在1796年为非洲协会提供服务之后，他来到了开罗，然后（伪装成穆斯林朝圣者）加入了一个商队，从麦加返回非洲西北部的马哈格里布。他穿过撒哈拉沙漠到达马尔扎克，之后去的黎波里，然后返回马尔扎克，最终于马尔扎克和尼日利亚北部豪萨州之间的地区失踪。

死因：不明

当蒙哥·帕克忙于到达廷巴克图并从非洲西海岸发现尼日尔河的源头时，一个德国人和前神学院学生弗里德里希·霍尼曼从北方开始了征程，那里正是西蒙·卢卡斯和约翰·莱迪亚德的非洲联盟任务失败之处。当霍尼曼在1796年当志愿者时，协会把他送到哥廷根大学学习阿拉伯语，然后又送到开罗，在那里他得到了拿破仑·波拿巴的赞助，而拿破仑在1798年征服了埃及。

1798年9月5日，霍尼曼离开了开罗，打扮成穆斯林商人的样子，作为前往非洲西北沿海地区马格里布的商队的一部分，从累范特出发了。[1]尽管他受过训练，但当他出发的时候，他的阿拉伯语和土耳其语说得很一般。幸

[1] 累范特，地中海东部地区。——译注

运的是，他有约瑟夫·弗鲁登伯格的陪伴，弗鲁登伯格是一位皈依伊斯兰教的德国人，曾三次前往麦加朝圣，能说一口流利的阿拉伯语。霍尼曼的书面阿拉伯语能力远远超过了他的口语能力，而这一点也帮助他拯救了一些人的生命。霍尼曼的商队成员指责他是异教徒，因为他能够用阿拉伯语写出《古兰经》的大部分内容，而弗鲁登伯格显然能够背诵整本书。

队伍从西瓦和阿夫吉拉的绿洲出发，经过霍尼曼所说的“黑色岩石沙漠”，于 1798 年 11 月抵达马尔扎克。与之前的帕克和霍顿之行不同，他们没有遇到任何来自摩尔人的问题。

在经历了第一次挑战的恐怖时刻后，霍尼曼作为穆斯林的伪装得到了巩固。他声称自己是马穆鲁克人，以此来解释自己不同寻常的长相。[1] 这些土耳其奴隶士兵的后裔从 13 世纪开始就加入了埃及军队，随后又经历了两个埃及王朝。他一到马尔扎克，就一直在那里待到了第二年的 6 月，他在那里每天都写日记，等待一个前往廷巴克图和尼日尔的商队。在此期间，对霍尼曼的成功至关重要的弗鲁登伯格因发烧而死。于是霍尼曼只好逃到了的黎波里，在那里，他委托特拉法加的霍雷肖·纳尔逊把他的日记送到非洲协会，这份日记对该地区的文化和地理有着丰富的观察。一个典型的例子是其中对 19 世纪撒哈拉中部“迪斯科舞厅”的描述：

费赞的女人非常喜欢跳舞和各种娱乐，还有放荡不羁的举止和公共自由，虽然伊斯兰教允许这样，却使到伊斯兰地区的旅行者大为惊讶。他们不仅在白天，

[1] 马穆鲁克是中世纪服务于阿拉伯哈里发的奴隶兵，主要效命于埃及的阿尤布王朝。后来，随着哈里发的式微和阿尤布王朝的解体，他们逐渐成为强大的军事统治集团，并建立了自己的王朝，统治埃及达三百年之久。——译注

甚至在日落之后，都在镇上的露天场所公开跳舞。两个或三个人拿着铃鼓站在一起；女人们立刻围成一个圈；男人们打着拍子，圆圈里的人和着拍子，唱着歌，拍着手；然后一个女孩舞蹈着，靠近鼓手；当她走近时，男人们加入舞蹈中，向她挤过去；她往后退了几步，身子和四肢僵直地往后倒去；在她离地面还有一指距离的时候，后面的女人接住她，将她扔向空中，最后她双脚落地。然后，男子们重新站在中间，另一名女舞蹈演员重复这些动作。圈子里的每一个活泼的姑娘都会一个接一个地参与到这样的舞蹈中来。

霍尼曼在把日记交到可靠的人手中之后，回到了马尔扎克，打算前往尼日利亚北部的豪萨地区，抵达尼日尔河。他的第二次探险没有留下任何记录，直到 1819 年，有关霍尼曼命运的相关消息才被披露出来。他似乎成功地加入了前往尼日尔的商队。在途中，他成为第一个看到乍得湖的欧洲人，他经过了现在尼日利亚北部的卡齐纳镇，后又进入了豪萨领地。根据一份报告，他在尼日利亚的博卡尼村死于痢疾，离他想发现的尼日尔河仅 30 公里（20 英里）的距离。

蒙哥·帕克（1771—1806 年）

帕克是第一个看到尼日尔河的欧洲人，他在 19 个月的非洲冒险旅程中扩大了探险家丹尼尔·霍顿的发现，当时他只有 25 岁。然而，由于他沉默寡言的态度，他不善于应付伦敦上流社会随之而来的关注。他拒绝了前往澳大利亚探险的邀请，退休后在苏格兰做起了乡村医生，过着婚后的生活。直到后来，冒险的躁动压倒了他，于是他开始了第二次非洲之旅，延续了第一次的发现。这次探险他发现了新的领土，但以灾难告终。

死因：乘着独木舟在尼日河上的巴斯萨瀑布被约里土著袭击，最后淹死了

蒙哥·帕克是伟大的探险家之一，仅凭他的名字，就为英国的非洲探险家的痴迷、冷酷、勇敢和纯粹的疯狂树立了标杆。他是一个苏格兰佃农所生的 13 个孩子中的第 7 个，他设法在一所文法学校获得了教育，就像另一位探险家乔治·巴斯一样，他成了海军外科医生的助手。他的妹夫詹姆斯·迪克森，是一个由约瑟夫·班克斯爵士赞助的园丁和科芬园种子商人，他将帕克介绍给了非洲协会一个有影响力的圈子。[1] 帕克为他们提供服务，前往廷巴克图，

[1] 科芬园在中古时期原为修道院花园，15 世纪时重建为适合绅士居住的高级住宅区，同时造就了伦敦第一个广场，后来成为蔬果市场，目前以街头艺人和购物街区著称。——译注

▲一幅浪漫风格的蒙哥·帕克的画像，他在非洲死于一场非常不浪漫的战争，当时他的弹药耗尽了。

并确定尼日尔河的源头。他写道，丹尼尔·霍顿不幸去世的消息“非但没有阻止我的决心，反而激励我以更大的关怀坚持提供服务”。毫不意外的是，非洲协会那些纸上谈兵的探索者们接受了他。

之后，帕克便开始收拾行装，就好像要去法国度假一样，1795 年 5 月 22 日，他乘坐“奋进号”（这艘船往来于英国和非洲之间从事蜂蜡和象牙贸易）从朴次茅斯起航，并于一个月后抵达冈比亚河。然后，他向上游行驶了 300 公里（200 英里），来到了皮萨尼亚的贸易前哨，他在曼丁果接受了约翰·莱德利博士的培训，这位奴隶贩子也是霍顿最后一封信的收信人。

1795 年 12 月，帕克从皮萨尼亚出发。在适应非洲文化的过程中，他最初的行程显得相对平静。他喜欢喝浓郁的非洲啤酒，这种酒让他想起苏格兰啤酒，他也为非洲妇女的淫荡舞蹈和主动求爱而脸红。所有早期的非洲探险者面临的一个关键问题是，每一块领土的国王都要求通过他的领土的人给他奉上贡品。另一个问题是，探险家们通常被怀疑是奴隶贩子。当帕克受到邦杜国王的友好款待时，他那“新手的好运”才刚刚开始。帕克呈上的礼物和他作为外科医生的技术表现取悦了邦杜国王。但当帕克从邦杜进入卡加加王国时，他的运气就消失了，他不得不用邦杜送给他的黄金收买了一群用枪威胁他的骑兵。

帕克被邻国卡索的一个政党从困境中解救了出来，卡索邀请帕克成为国王的客人。然而，当他到达那里时，他被禁止离开，直到他把大部分的贸易货物交给国王。在旅程的每一个阶段，帕克都被警告要提防邻国，而每次他都无视警告，以致被骗走更多的财物。当他离开卡索时，他进入了卢达玛，距离冈比亚 1200 公里（750 英里），而冈比亚是摩尔人的王国，霍顿曾在那里遭遇了不幸的结局。一段时间以来，帕克的命运似乎都是一样的。国王阿里轻蔑地对待他，帕克不断受到诸如处决、失明或失去右手的威胁。他还经常处于饥饿状态，阿里的后宫里的女人偶尔也会慷慨解囊，她们好奇地想知道他是否受过割礼。

帕克从 2 月起就忍受了卢达玛的恶劣对待之苦，1796 年 7 月，他决定逃跑。他收拾好剩余的财产，在黎明前骑着一匹偷来的马悄悄溜走，不料途中被 3 个摩尔人追杀，他们抢走了他所有的东西。而当时，他已经进入了富拉尼人的王国。从那以后，他就听任自然因素和富拉尼人偶然的善良行为的支配了。

在塞古，帕克发现了尼日尔河和当地一位仁慈的国王曼松，曼松想要帮助他，但又害怕伊斯兰奴隶贩子的报复，他们非常乐意杀死一个迷路的欧洲人，以维持他们在市场上的垄断地位。

后来帕克又从塞古出发前往廷巴克图，但显而易见，即使是对于帕克而言，继续下去也无异于自杀。于是在 7 月 30 日，他转身返回了。此时正值雨季，他不得不与饥饿和成群结队的蚊子作斗争，在到达卡玛利亚之前，他花费了 6 周的时间进行艰苦跋涉，途中他不得不渡过满是鳄鱼的河流，直到遇见一位友善的奴隶贩子卡夫・塔罗，对方表示愿意带他回到皮萨尼亚，这段 800 公里（500 英里）的旅程又花了 8 周时间。随后，他在西印度群岛的安提瓜和巴布达发现了一艘漏水的奴隶船，由此他找到了回家的方法，他乘坐这艘船于 1797 年 12 月回到了英国。

当帕克回到伦敦后，他成了名人，德文郡公爵夫人甚至为他写了一首流行的民谣。不幸的是，他在社交方面很笨拙，沉默寡言。帕克的支持者，如约瑟夫・班克斯爵士，对无法将帕克塑造成一个社交明星而感到沮丧。帕克在伦敦颇不得志，退休后，便在苏格兰边境做起了乡村医生，受他的新婚妻子（他最好的朋友的妹妹，他曾经当过学徒的外科医生的女儿）的影响，他拒绝了班克斯远征澳大利亚的要求，这惹恼了班克斯。

对于帕克而言，不幸的是，他从未成功地将他的生活与非洲解绑。当他还在苏格兰的时候，他写信给他的朋友，小说家沃尔特・斯科特，信中说，他“宁愿勇敢地面对非洲及其所有的恐怖，也不愿在寒冷、孤独的荒原和阴郁的山丘上长途跋涉，耗尽生命”。1803 年，当非洲协会找到他，让他进行一次探险并绘制尼日尔河的完整路线时，帕克便开始学习起了阿拉伯语，同时努力地与妻子的强烈反对意见斗争着。

这次探险规模比前一次大得多。前一次探险开始时只有三个人，结束时只有一个人。这次陪伴帕克一起探险的是他最好的朋友兼姐夫亚历山大・安德森和乔治・斯科特（也是苏格兰人）。他的远征队的其他成员则都是从英国社会的渣滓中挖来的：四名木匠，是从停泊在朴次茅斯的监狱船上被释放的；

两名水手，在报社签了双薪和赔偿协议；还有来自非洲皇家兵团的35名士兵，以前驻扎在戈雷，这支兵团只有英国军队的成员加入，以避免因其他兵团的违规行为而受罚。他们由一个总是喝得酩酊大醉的、名叫马丁的爱尔兰中尉率领。

行期的延迟意味着在雨季来临之前，帕克这支乌合之众组成的队伍只有3周的探险时间。明智的做法应该是等待雨季过去，但帕克并没有这样做。5月4日，探险队过于匆忙地走进了丛林。雨季开始之后不久，帕克的手下开始因发烧而死亡，主要是死于由携带寄生虫的采采蝇引起的可怕的昏睡病。探险队在无尽的泥沼中艰难前行，在涨满水的、鳄鱼出没的溪流里涉水而行。与此同时，当地人也尾随着帕克这群邋邋遢遢的人，一心想要抢夺他们的财物。晚上，帕克和他的人还受到狮子和成群的野狗的骚扰，它们都对探险队的驴子很感兴趣。

当探险队在8月底到达尼日尔河时，45名欧洲人中只有12人还活着。帕克与曼松恢复了友谊，曼松是塞古的统治者，他对打破摩尔人的贸易垄断很感兴趣。他为帕克等人提供了两艘独木舟，帮助他们顺着河水漂流到了尼日尔河口。其后，独木舟腐烂了，4个木匠死了，但帕克并没有被吓倒，在幸存者的帮助下，他将2艘独木舟合起来打造成了一艘平底船，并装上风帆和牛皮篛，以保护他们不受图阿雷格人的弓箭所伤，因为这条河正要把他们带到图阿雷格人的王国去。

11月出发时，帕克、马丁中尉和三名士兵是队伍中仅存的欧洲人。其间，两名奴隶加入了他们的队伍：一个叫阿马迪的向导和另一个帕克在半途中购买的奴隶。探险队从图阿雷格人的零星袭击中幸存下来，停泊在卡巴拉的沼泽，廷巴克图港（今天在马里），但无法进入该镇。最终他们抵达了豪萨地区（在尼日利亚北部），这里的河有的地方几乎有两公里宽。当帕克驾驶着他那简陋的船顺流而下时，许多土著人都看到了他。当时的他，身材高大，蓄着浓密的胡子，戴着草帽，穿了件长外套，戴着齐双肘的皮手套，穿着白色裤子和红色皮靴。

踏上豪萨的土地后，阿马迪离开了这艘愚人之船，但很显然，在此之前就已经出了一些问题，一位酋长昧下了探险队原本希望让他转交给国王的礼物，并声称欧洲人什么也没给，于是国王派人顺流而下追赶探险队。接下来发生了什么无法确切地知道，但根据当地目击者的描述，国王的手下在帕克的船通过布萨瀑布海峡的时候追上了他，接着伏击了他。英国人曾挡住了非洲人一段时间，用枪打死了许多非洲人。然后他们的弹药用完了。面对即将到来的被俘、酷刑和几乎必然的死亡，帕克和他的战友们只好纵身跳进了河里，最终溺水而亡。

威廉·莫尔克罗夫特（1770—1825年）

莫尔克罗夫特是一名外科医生，他喜欢马胜过人类。1808年，他被任命为英国东印度公司旗下孟加拉种马公司的负责人。他在中亚之旅中患上了传染病，当时他正在用土耳其马为他的马配种。他的行程目标是去布哈拉，他是第一个描述开伯尔山口的欧洲人，还把羊绒披肩介绍给了西方世界。

死因：在阿富汗喝下了脏水，染上了病，可能是霍乱，最后死于发烧

威廉·莫尔克罗夫特出生于兰开夏郡，在决定成为一名兽医之前，他曾在利物浦学习外科。由于当时英国没有兽医学校，他只能去法国学习，然后回到英国，在那里他赚了很多钱，然后投资了一个失败的企业，生产铸铁马蹄铁。他被东印度公司从破产的边缘解救出来，该公司提出让他担任孟加拉军马的负责人，并在1808年抵达加尔各答。

莫尔克罗夫特在孟加拉接手的马是二流的阿拉伯血统。他以为，如果这些马能与英国或土耳其的马杂交，它们后代的血统就会得到改进。当从英国乘船进口种马的计划失败后，他决定走陆路去寻找他想要的马，与此同时，他的第二目标是建立贸易，尤其是英国纺织品贸易。

1812年5月，莫尔克罗夫特开始了他的第一次探险。他和威廉·赫西一

起在尼提山口越过喜马拉雅山，进入西藏，发现了世界上海拔最高的淡水湖马纳萨洛瓦湖。他途经不丹时被尼泊尔廓尔喀人扣留了一段时间，最后于同年 11 月返回孟加拉。

这次旅行似乎激起了莫尔克罗夫特的探险欲望，到 1819 年，他组织了一次更加雄心勃勃的探险，目标是到达布哈拉（即现在的乌兹别克斯坦）。东印度公司同意了他的申请，但拒绝给他任何官方认证。这种姿态与该地区地缘政治阴谋相一致，探险家亚瑟·康诺利在创造了“大博弈”这个词后不久就因地缘政治阴谋而下台。为了买马和建立贸易，莫尔克罗夫特带上了价值 3000 英镑的货物，是由两家加尔各答商人（主要是布料和五金器具）交给他寄售的，另外还有价值 2000 英镑的珊瑚和珍珠。据一位同时代的人说，他随身携带大量的物品是不明智的：“许多灾难，许多耽搁，包括最终他的死亡可能都归因于他沉重的货物；身处一条不实际的道路，身处那些比有组织的强盗好不了多少的人中间，他们欢迎这个陌生的商人到他们出没之地，仅仅是因为他们可以以掠夺他的财物为乐。”

在乔治·特雷贝克、几个孟加拉人和 12 个廓尔喀人的陪同下，莫尔克罗夫特于 1819 年 10 月出发了。他用大象和骆驼把货物运到喜马拉雅山脉的山麓丘陵，在那里，又换用搬运工和牦牛运货。因为季节已经晚了，当他们到达乔西莫斯时，关隘进入了关闭状态。他们转而去了斯利那加。当年 2 月，他们开始向拉达克进发，发现了旁遮普省内两条主要河流——双鱼河和奇纳布河的源头。1820 年 9 月，距离斯利那加 400 公里（250 英里）的拉达克的首府列城，尽管未经批准，莫尔克罗夫特还是与国王签署了一项商业条约。他在那里待了将近两年，因为中国人拒绝让他进入雅尔坎德，加上他的远征经费也有困难。当他的财政问题得到解决后，探险队出发前往克什米尔首府，

▲1812 年，威廉·莫尔克罗夫特和威廉·赫西假扮成印度圣人穿越西藏西部。

在那里又停留了10个月，然后他成为第一个越过比尔本贾尔山脉进入旁遮普的欧洲人。之后，他们从那里经白沙瓦前往喀布尔，但途中经常遭到抢劫，并被迫用他们所携带的商品进贡。

1824年6月，莫尔克罗夫特和特雷贝克抵达喀布尔，并卷入了政治阴谋。他们最终在1825年2月到达了布哈拉，途中，他们成为第一批在巴米扬看到巴米扬石窟雕刻的欧洲人，这些雕像后来被摧毁。[1]在布哈拉，莫尔克罗夫特与埃米尔的交易条件很差，但他还是能买到一些土耳其马。[2]他在布哈拉待了近五个月，然后穿越传说中的阿姆河回到阿富汗。8月下旬，在阿富汗北部城镇安德胡伊，莫尔克罗夫特发烧死亡。尽管有传言说他是被毒死的，还有传言说他幸存了下来，并在拉萨至少住到了1835年，但没有理由怀疑他的命运，因为安德胡伊一直以水质差而闻名。

---

[1] 巴米扬石窟是位于阿富汗兴都库斯山中的佛教遗迹，是公元3—7世纪开凿的佛教石窟。2001年3月，被阿富汗塔利班军方摧毁。——译注

[2] 埃米尔，对穆斯林统治者的尊称。——译注

亚历山大·戈登·莱茵（1793—1826年）

莱茵是又一个疯狂的、在非洲丧生的苏格兰探险者。他是塞拉利昂周边地区的一位成功的探险者，曾勇敢地与阿沙丁军团作战，之后他被巴瑟斯特勋爵任命从的黎波里出发去考察尼日尔河的源头。他成功穿越了撒哈拉沙漠，成为第一个访问廷巴克图的欧洲人，但不久后他就被谋杀了。

死因：在廷巴克图附近被图阿雷格人勒死，喉咙被切开

这是探险史册上的一个悖论，那些穿越炎热的沙漠和热气腾腾的丛林，将非洲展现在欧洲面前的人，都来自不列颠群岛最北端和最寒冷的边缘。追溯其源，是因为，如果他们回到自己的土地上，从事单一麦芽威士忌和哈吉斯的生产的话[1]，他们也就不会在探险史上留名了。

亚历山大·莱茵的父亲是爱丁堡一所古典学院的创始人，在爱丁堡大学学习后，莱茵15岁时，就在父亲的学院担任了老师之职。然而，教育学并不适合他不安分的天性和他对自己的高度评价。他违背了父母的意愿，参了军，并被派往西印度群岛，由于肝脏问题，他最终被迫离开。1822年，他来到塞拉利昂，在那里，他的傲慢和智慧使他很不受其他军官的欢迎。

[1] 哈吉斯，将羊的心、肺、肝等内脏和燕麦粉煮成的食物。——译注

莱茵作为一名探险家的职业生涯开始于他自愿前往内陆的坎布里亚和曼丁国，以考察他们的统治者是否有兴趣与英国建立贸易关系。他用贝壳、珊瑚珠、红色手帕和一枚乔治四世的勋章等物品赢得了索利马王的心。

国王甚至允许莱茵为他的一些臣民接种天花疫苗。然而，当时索利马正与邻近的基西人部落交战，这使得莱茵不可能继续他的第二目标：发现尼日尔河的源头。

莱茵没有留在塞拉利昂，而是回到英国，书写有关西非的蒂曼尼、科伦科和索利马等国家的游记。在他逗留期间，他被英国殖民大臣巴瑟斯特勋爵召到伦敦，并被邀请从北部的的黎波里前往廷巴克图和尼日尔河的源头。莱茵同意了，不久就乘船去了利比亚。在那里，他遇到了嗜酒成性、性格古怪的贵族领事汉默·沃林顿。当莱茵这位苏格兰教师的儿子向沃林顿的女儿爱玛求婚时，沃林顿感到非常震惊。爱玛坚持要嫁，沃林顿也让步了，同意了婚事，条件是，要得到英国国教牧师的祝福，否则这段婚姻就无效，换句话说，得莱茵能从危险的旅途中回来才行。

婚礼两天后，莱茵伪装成穆斯林，和一个叫巴巴尼的酋长一起前往撒哈拉沙漠。与之前的霍尼曼不同，至少可以说，他的伪装技巧和对阿拉伯语、古兰经的知识是有限的。巴巴尼在途中去世后，突然之间，莱茵在一个非常陌生的地方变得孤立无援。不久之后，阿哈加图阿雷格人袭击了他，在他睡觉的时候向他开枪，他起来抵抗，他们又用剑砍他。经过一番疯狂的攻击，他们认为他已经死了。然而，一个路过的摩尔人因为怜悯他，把他带到了廷巴克图。于是莱茵成为第一个进入这座传说中的城市的现代欧洲人，那时，他很可能处于昏迷不醒的状态。他后来在信中向沃林顿详细描述了自己的伤势：

总计为二十四处伤，其中18处非常严重。我头上中了五刀，左边太阳穴挨了三刀，都骨折了，很多骨头都露出来了。还有个伤在我的左脸颊上，导致下颌骨骨折，耳朵撕裂，形成了一个非常难看的伤口。在右太阳穴上方有一个伤口，脖子后面有一道可怕的口子……

莱茵于1826年8月18日抵达廷巴克图，在那里休养了一个月，在此期间，他可以在城里自由走动。然而，他并不受欢迎，因为他被怀疑是一名间谍，当然还有蒙哥·帕克的原因，此人在非洲逗留期间因无谓的屠杀而出名。

考虑到自己的伤势，莱茵放弃了对尼日尔河源头的搜寻，并在9月26日加入了一个向北行驶的商队，这并不奇怪。然而，商队在扎瓦特沙漠被一个比拉比赫酋长拦下，莱茵被缠头巾勒死，然后被斩首。他的文章被焚毁，那充满魔力的描写再也不能展示在世人面前，莱茵对廷巴克图的观察资料也永远消失在了世人的视线中。

▲亚历山大·戈登·莱茵是第一个访问廷巴克图的现代欧洲人，但他并没有活下来讲述这个故事。

休·克拉珀顿（1788—1827年）

克拉珀顿的第一次探险（1822—1825年）在距尼日尔250公里（150英里）的富拉尼首都索科托结束。但他的勇气并不能抵御非洲的微生物，他的第二次远征（1825—1827年）的大多数成员都死了，之后，他也死去了，他的仆人理查德·兰德把他的日记带回了家。

死因：在尼日利亚西北部的前富拉尼首府索科托死于痢疾和疟疾

他是家中21个孩子之一，很少有比这更糟糕的事情，能让一个人在踏上有可能断绝基因的疯狂冒险之旅时感到自己是正确的。既然这就是休·克拉珀顿出生时所处的困境，那么他成为一名探险家似乎是合乎逻辑的。

克拉珀顿是他的苏格兰外科医生父亲的第一任妻子的小儿子，13岁时，他在一艘从利物浦到美国的船上当跟班。拿破仑战争期间，他是海军的一员，在地中海、东印度群岛和加拿大服役。他那引人注目的勇气使他晋升为中尉，指挥着他自己的纵帆船，在船上，他也表现得泰然自若。

战争结束后，克拉珀顿回到苏格兰，在那里他遇到了沃尔特·奥德尼。奥德尼是新任命的英国驻博尔努（现代尼日利亚的一部分）的领事，他说服克拉珀顿加入他的探险队去寻找尼日尔河的源头。

克拉珀顿和奥德尼与陆军少校迪克森·德纳姆在的黎波里会合，后者粗

▲博尔努苏丹的保镖。休·克拉珀顿在试图抵达乍得西南的博尔努地区时死亡。

鲁的举止和优越感立刻引起了他们的反感。当他们在 1822 年 3 月离开的黎波里时，他们把德纳姆丢下了。

克拉珀顿和奥德尼去了迈尔祖格，在那里，他们因为发烧而耽搁了 6 个月，德纳姆得以有时间追上了他们，并对他们恶言相向。这之前，德纳姆还回了一趟欧洲。迈尔祖格以南 200 公里（125 英里）的塔哈希沙漠，是一幅噩梦般的景象，荒凉无边的平原上散落着奴隶的头骨和骨架，他们是在去市场的半途中被遗弃的。克拉珀顿和德纳姆之间的冲突变得很激烈，德纳姆开始散布谣言，说克拉珀顿喜欢侵犯他的仆人们。

当这三个人到达乍得湖并进入库卡王国时，他们互不理睬了。在返回的黎波里之前，德纳姆加入了一系列阿拉伯奴隶针对富拉尼人的突袭行动。克拉珀顿和奥德尼则去了富拉尼人的镇子卡诺，卡诺是西非的贸易中心。1824 年 1 月 12 日，奥德尼因发烧死于默墨。克拉珀顿一个人来到了卡诺镇，这是一个有 4 万人口的镇子，他住在一个阴暗的棚子里，旁边是一片沼泽地。虽然镇子本身很脏，但他很喜欢那里的市场，从英国的雨伞到奴隶，各种商品都有卖，有耍蛇人娱乐表演，当地甚至还组织了一场拳击比赛。从卡诺出发，克拉珀顿前往富拉尼首府索科托，在那里，他与富拉尼国王穆罕默德·贝罗签署了一项贸易协定，国王阻止了他走完最后 250 公里（155 英里）的旅程前往尼日尔，理由是他正在与邻国部落交战。

之后，克拉珀顿从的黎波里返回伦敦。他于 1825 年 6 月到达，但两个月后他作为另一个任务的负责人回到了非洲，这次任务从贝宁湾出发，以找到尼日尔河的源头。他的团队包括他 20 岁的仆人、后来失踪的探险家理查德·兰德；另一位海军军官皮尔斯上尉；迪克森医生和莫里森医生；一个西印度黑白混血儿，名叫哥伦布；还有一个叫帕斯科的流氓豪萨人导游。

他们于1825年12月7日乘独木舟离开巴达里，船头上安置着小加农炮。虽然当地人很友好，但非洲的疾病是致命的。到1月底，只有克拉珀顿、兰德和帕斯科还活着。克拉珀顿也许是幸运的，因为兰德在发烧谵妄中袭击了他的主人。在没有生病的情况下，两个欧洲人不得不想法在不引发冒犯的前提下避免与酋长的女儿和富有的阿拉伯寡妇结婚。他们在返回索科托和卡诺的路上经过了巴斯，那里是蒙哥·帕克受到惩罚的地方。晚上，他们在路上抽着雪茄，兰德则用他的号角吹奏起了苏格兰曲调。

索科托是克拉珀顿所到最远之地。曾一直患病的兰德于12月21日重新加入了他的队伍，而帕斯科在第三次盗窃之后被解雇，并改头换面成了鼻烟壶商人。克拉珀顿和兰德被穆罕默德·贝罗扣留在索科托，贝罗当时正在与博尔努人交战，他对他们所携带的给博尔努苏丹的介绍信和送给这位苏丹的礼物感到愤怒。然而，最终，他允许他们沿着尼日尔河顺流而下向大海航行。在他们准备离开的时候，已经得了疟疾的克拉珀顿染上了严重的痢疾，在五周的幻觉折磨和对家乡的狂热怀念中，他死了，留下兰德独自一人去完成探险。

杰德迪亚·史密斯（1798—1831年）

史密斯一手步枪，一手《圣经》，在开拓美国西部白人聚居地方面发挥了重要作用。然而，作为最著名的“山民”之一，他最大的成就是穿越莫哈维沙漠，成为第一个从美洲东部进入加利福尼亚的欧洲人。在随后的探险中，他的许多部下被印第安人杀死。1831年，在圣达菲，他加入了他们的死亡行列。

死因：被科曼奇印第安人杀死在西马伦河

杰德迪亚·史密斯于1798年出生在纽约萨斯奎哈纳河旁的杰里科（现在的班布里奇），早年是一名拓荒者。1822年，他成为最初的“阿什利百人”之一，这是威廉·阿什利雇来的一群捕兽者。阿什利成立了落基山毛皮公司，以开发密苏里州地区丰富的海狸资源。虽然史密斯是一个虔诚的人，他不喜欢讲故事，不喜欢抽烟草，也不喜欢参加皮货商联谊会的滥饮，但他是一个出色的户外运动爱好者，当然他也并非一个懦夫。有一次，他被一头灰熊咬伤，这头灰熊撕下了他的头皮。而最终，史密斯杀死了这头熊，随后一个猎人用针和线缝合了他的头皮。

1824年，史密斯发现了南方路线，这条路线穿过落基山脉，将西北太平洋地区和怀俄明州连接了起来。1826年，他的金主阿什利决定专注于政治，于是，史密斯和他的两个同事买下了落基山毛皮公司。

那一年，史密斯带着 17 个人从犹他州的大盐湖出发，进行探索任务，寻找新的海狸栖息地。他们从西南方向穿过犹他州，沿着维尔京河来到与科罗拉多河汇合处。他们从莫哈维族的村落出发，[1] 向西穿过莫哈维沙漠的干燥荒地，成为第一批从陆路到达加利福尼亚的欧洲人，当时加利福尼亚是西班牙控制下墨西哥的一部分。该地总督对史密斯持怀疑态度，阻止了他北上俄勒冈州的计划。于是，史密斯把他手下的一些人留下了，回到了内华达山脉对面的盐湖城。他有效地开辟了道路，由此“狂野西部”计划将取得成功。

1827 年 7 月 13 日，在返回盐湖十天之后，史密斯开始与他在加利福尼亚州留下的人会合。然而，这一次，他就没那么幸运了。在他之前的一次探险中，莫哈维印第安人表现得很友好，然而最近他们与一群墨西哥捕兽者发生了冲突，他们决定不再接受欧洲人在他们的地盘上活动。他们一直等到史密斯和他的 18 名船员用木筏把他们的马送过科罗拉多河，然后伏击了他们。10 名船员立即被杀，剩下的 9 人只有 5 支枪，只好撤退到一片杨树林，准备与 100 多名印第安人决一死战，最后他们的神枪手的出色远程射击救了他们，神枪手出色的枪法吓退了莫哈维印第安人。

幸存者们穿越了沙漠，但他们不得不依靠加利福尼亚总督的慷慨解囊，而此人认为史密斯是个间谍。经过与当局的一些争论，加上上次的探险队的队员加入了他们，使他们人数大涨，史密斯得以沿着加利福尼亚海岸继续向北进发，在内华达山脉寻找突破口。当他们在俄勒冈的安普夸河上寻找渡河的路线时，库什印第安人来到捕兽者的营地，假装进行贸易，并发起了攻击。

---

[1] 莫哈维，北美印第安人的一个分支。——译注

15 人被杀。史密斯和另外两个人逃到了温哥华堡，那里属于他们的英属加拿大竞争对手哈德逊湾公司。

史密斯的对手对他很慷慨，在 1829 年，他穿越落基山脉，克服了乌足族印第安人的反感（乌足族印第安人杀死了探险家乔治·德鲁亚尔），获得了价值 84000 美元的毛皮。1830 年，他卖掉了落基山毛皮公司，在圣路易斯买了一个农场，但到了 1831 年，他又坐不住了。春天，他开始探索圣路易斯和墨西哥圣达菲之间的领土。在阿肯色河的南边，他和他的部下沿着西马隆河前进，这条河由于干旱而变得枯竭。他们度过了三天没有水的日子，情况变得很糟。这些人分成两队去找水。史密斯和另一个叫菲茨帕特里克的人发现了一个本来有水的坑，但已经干涸了。史密斯离开菲茨帕特里克去挖水，继续往南走，从此再也没人见过他。

一段时间后，史密斯的命运明朗了，他的货物被发现了，是一个墨西哥商人从科曼奇印第安人手中买下的。当时，科曼奇印第安人正在西马伦河上的一个水坑旁等着水牛，然后，他们看到史密斯走近，便埋伏了起来，直到他没有机会逃走为止。当史密斯看到他们的时候，他试图虚张声势地走出去，向他们靠拢，示意和平。科曼奇印第安人全不理会，他们包围了史密斯，史密斯被一支滑膛枪击中了背部。随后，他向科曼奇酋长开了枪，当场击毙了他，但他还没来得及装子弹或使用手枪，科曼奇印第安人就冲了过去，用长矛刺穿了他。

理查德·莱蒙·兰德（1804—1834年）

作为失踪的探险家休·克拉珀顿的仆人，兰德开启了他的探险事业，他也是1825年那次致命的探险中，唯一幸存下来的欧洲人。1830年，他和他的兄弟约翰一起追寻尼日尔河，成功地从布萨追踪到大西洋。然而，他的第三次探险就没那么幸运了。他受雇于一个辛迪加组织，要在尼日尔河和贝努埃河的汇合处建立一个贸易站。他的探险队中的大部分成员因发烧而丧生。之后他在乘坐独木舟逆流而上的途中遭到了袭击。

死因：死于大腿上的火枪枪伤

英国的许多非洲探险家都是苏格兰人，而理查德·兰德则来自康沃尔，那里是不列颠群岛中唯一能找到棕榈树的地方。他的父亲是特鲁罗的一个客栈老板，在被休·克拉珀顿聘用之前，他已经有了在非洲生活的经验，那时他是一位英国驻南非殖民地调查专员的仆人。

当克拉珀顿在索科托去世时，兰德被留下，把他主人的日记带回了英国。在死前，克拉珀顿曾建议兰德往东南去卡诺，然后再向北走，穿过撒哈拉沙漠。尽管兰德对商队里的阿拉伯商人极度不信任，但他还是穿过了戈壁灌木林，前往卡诺，而当地人拒绝给他水喝，巴不得他死。在卡诺，他被一个阿拉伯人骗了，结果他再也付不起商队旅行的费用，于是他转而向西前往尼日尔河。

▲ 理查德和约翰·兰德在 1830—1831 年的探险中拜访了巴达格里的统治者，此次探险是为了寻找尼日尔河的源头。[1]

在扎里亚，当酋长给他一个漂亮的奴隶作为妻子时，兰德记录了这一切：“一听到妻子的声音，我几乎吓得要死，但我还是尽可能以最大的优雅接受了她，不仅是为了避免冒犯（酋长），同时我也希望，如果我能到达海岸，至少能

[1] 巴达格里，在今尼日利亚。——译注

让这可怜的小东西获得自由，我就心满意足了。”在接下来的旅程中，她每天晚上在他太阳穴上用酸橙汁按摩，给他洗脚，给他扇风让他安睡。除了少数例外，这次海岸之行没有遇上敌意。在詹纳，他们听说了托马斯·帕克的死讯。帕克是第二代探险家，他来这里是为了寻找他的父亲蒙哥，但后来融入了土著人中，死于中暑。

1827 年底，兰德到达了海岸上的巴达格里。从城镇的神明之树上挂着的腐烂的身体部位可以看出，这是一个残忍的地方。葡萄牙奴隶贩子诬告他密谋反对酋长，之后，兰德被召到镇上的神明之屋，这是地方正义得到伸张之处。他被迫喝下一杯毒药，但镇定自若地走回自己的小屋，使用了催吐剂，这不仅救了他的命，而且证明了他的清白。在巴达格里待了两个月后，他联系了一艘英国船只，并违背奴隶们的意愿释放了他们，然后返回了英国。

1830 年，兰德和他的兄弟约翰一起回到巴达格里。殖民地办公室以低廉的价格雇用了他们，以便一劳永逸地解决尼日尔河的源头问题。他们于 6 月 7 日抵达布萨，三周后进入雅罗的伊斯兰领土，在那里埃米尔（见前注）想把他们关起来，直到布萨一位友好的首领出面调解。在布萨被困了几个月后，兄弟俩偷了两条漏水的独木舟顺流而下。由于漏水和频繁的雷暴，或遭到鳄鱼和河马的袭击，他们没有把船捆好，这种情形之下，他们经过的酋长领地还不断地向他们索要礼物和贡金，他们不得不通过外交手段来处理这些问题。

1830 年 10 月 25 日，他们的努力得到了回报。他们成为第一批到达尼日尔河和贝努埃河交汇处的欧洲人。随着河水越来越宽，他们的苦难似乎就要结束了。但实际上没有，他们的独木舟被海盗击沉了，在他们的三角旗旁，闹着玩儿似的挂着联合王国的国旗。这两个姓兰德的人游上岸后，却被告知他们成了伊博国王的俘虏。幸运的是，伊博国王喜欢白人，因此，只要他们支付大约等于 20 个奴隶的赎金，就可以免于一死。一艘英国船在布拉斯河外等着他们，船长承诺会支付等值现金，之后他们没有付钱就逃到了船上。

在最终确定尼日尔河流入大西洋的几内亚湾后，两位姓兰德的人回到了英国。与社会地位更高的探险者们不同，他们得到的回报很少。然而，在 1832 年，一个由利物浦商人组成的财团聘请理查德·兰德担任一个特派团团长，在尼日尔河和贝努埃河汇合处建立一个贸易站。这次探险是一场灾难。旅途中大多数白人都死于发烧。兰德设法将一艘蒸汽船开到了距离贝努埃河 150 公里（95 英里）的地方，但由于导航问题和补给不足而被迫返回。第二次尝试时，引擎出了故障。这艘船被修好了，并在外科医生的指挥下沿尼日尔河而上。兰德乘坐一艘独木舟跟在后面，这艘船上被持弗林特洛克手枪武装的土著人攻击了。在长达 5 个小时的战斗中，兰德手下 3 名士兵被杀，他也受了伤，他们撤退到几内亚湾的费尔南多·波（比奥科）。几天后，也就是 1834 年 2 月 2 日，兰德尔的大腿上火枪子弹射伤的地方严重感染，最终死在了那里。

托马斯·辛普森（1808—1840年）

在一系列大胆的穿越北美大陆顶部的旅行中，辛普森这位毛皮商人和探险家探索了加拿大未被发现的海岸的大部分。辛普森是一个不讨人喜欢的人，他很可能是两极的极地探险家。他所涉足的领域很多，他的自我意识也同样强大。他通过陆路从美国前往英国，途中，他忽然变得偏执起来，认为他的旅伴试图窃取他的发现日记，他开枪打死了其中两人，之后饮弹自尽。

死因：用猎枪把自己爆头

托马斯·辛普森出生在苏格兰高地，他的父亲是当地的一名校长和地方官。辛普森在阿伯丁大学的学习成绩优异，但他决定不从事医疗或文书工作：第一是因为他不喜欢，第二是因为他怀疑自己对上帝的信仰。幸运的是，他的表弟乔治是哈德逊湾公司美国属地的总督，他得到了一个私人秘书的职位，后来又成了盖里堡（即温尼伯，在加拿大中部）的会计。然而，哈德逊湾公司的海外贸易许可证即将到期，为了确定其续期的机会，该公司决定资助一支考察北极海岸的探险队。

辛普森被选为了探险队的一员，尽管这个年轻人以令人发指的傲慢而著称，在公司里也不受欢迎。乔治·辛普森不相信他表弟的领导能力，他任命了他的主要代理人彼得·沃伦·迪斯为探险队的领导人。辛普森的主要职责是进行测量。

1836年至1837年的冬天，辛普森离开了盖里堡，徒步行走了近2000公里（1250英里）来到阿萨巴斯卡湖，在那里他遇到了迪斯。在湖上过冬后，他们驾驶着敞篷船沿着麦肯齐河往下航行，驶向北冰洋。在那里，他们的第一项任务是沿海岸扩大对失踪探险家约翰·富兰克林和约翰·理查森的调查。他们从返回礁（富兰克林曾在那里返航）向西驶往太平洋上的巴罗岬。当冰层挡住了他们的去路时，辛普森步行上岸去完成这项工作。后来，面对开阔的水面，他又设法借了一艘爱斯基摩人所用的木架蒙皮船（一种有海豹皮外壳的敞篷船只），并把船划到了巴罗角，从而完成了从麦肯齐到太平洋的北极海岸的勘察。

之后，辛普森和迪斯在大熊湖过冬，然后沿着科波明河向北极海岸进发，向东前往背鱼河（今天的背河），途中被冰层所阻住。然而，在1839年，海洋变得更加开阔，他们穿越了背鱼河回到布西亚地峡，填上了北美拼图的另一大块。他们回到麦肯齐河，在辛普森堡露营。河水结冰后，辛普森用狗拉雪橇，开始了3000公里（1875英里）的旅程，返回盖里堡。他以惊人的61天时间完成了这一壮举。

辛普森和迪斯的成就令人敬畏，但辛普森坚信所有的功劳仅归他一人。他在给弟弟的信中写道："有我才有胜利。" "迪斯是一个没有价值的、懒惰的人，是个文盲。" 当辛普森回到盖里堡时，他沮丧地发现没有人回应他的提议——绘制背鱼河以东最后的海岸线。

事实上，伦敦总部已经批准了这项任务，但他的表哥乔治截下了他的邮件。在同一个邮件里，有一些英国皇家地理学会的来信，通知他，他第一年的努力已经为他赢得了一枚金牌以及 100 法郎的年度养老金。

在没有进一步探索的许可的情况下，辛普森决定回到伦敦，以照顾他的后代。他带着四名混血儿公司员工，从圣保罗出发前往纽约，以保护自己免受苏族印第安人的袭击。他们沿着红河来到美洲大草原，在此地，辛普森认为他的旅伴正试图杀死他，获得他的手稿。他声称他病了，想返程。当他的手下提出带他去前哨接受治疗时，他说这种病不是医生能治好的。

一天晚上，当团队中两个人正在搭建帐篷时，辛普森朝他们背后开了枪。另外两个人逃到不远处的一辆马车上。当他们带着增援部队返回营地时，他们发现辛普森已经把他自己的脑袋轰飞了。

辛普森的弟弟、传记作者亚历山大拒绝相信辛普森可能是自杀，这与那两人的说法相悖。这很可能是因为辛普森的尸骨被埋在了一块不神圣的土地上，这是一种耻辱。辛普森行为的一个可能解释是，他患有双相情感障碍或躁狂抑郁症。他令人难以置信的耐力壮举可能发生在躁狂期间，而导致谋杀的偏执也可能是躁狂的产物。乔治·辛普森曾阻止他的堂兄获得再度探险的机会，也许想保护他不受他的傲慢和不稳定的性格的影响。如果真是如此，那么他失败了。

亚历山大·伯恩斯（1805—1841年）

众所周知，“布哈拉”[1]的伯恩斯是中亚“大博弈”的早期参与者。他绘制的阿富汗地图使他成为第四位英国皇家地理学会金牌获得者。他与多斯特·穆罕默德·汗是朋友，他对中亚地区政治的洞见是精明的，但被高层忽略了。在被授予骑士爵位并晋升为上校后，伯恩斯领导了一场运动，推翻了他曾经的朋友，转而支持一名英国傀儡，这一行为让他付出了生命的代价。

死因：在喀布尔，被一群愤怒的暴徒撕成碎片

亚历山大·伯恩斯是另一位在19世纪的历史上留下印记的失踪的苏格兰探险家，他是苏格兰东海岸蒙特罗斯郡市长（苏格兰市长）之子。16岁时，他以军校学员的身份加入了东印度公司的军队。他对语言很有兴趣。1822年，在只学习了一年印地语和波斯语之后，他成了一名军队翻译。

伯恩斯是英国探险史上最古怪的人之一。他的偶像是亚历山大大帝，他认为吃洋葱是适应不同文化和气候的关键因素。尽管性格古怪，但无论作为

[1] 布哈拉，中亚苏联南部，萨曼堪德以西的一个城市，是亚洲最古老的文化和贸易中心之一，从16世纪到19世纪是前布哈拉酋长国的首都。——译注

一名军人还是一名外交官，他都令人敬畏。他所指挥的第一个任务，是巧妙地把五匹马送到旁遮普邦的王公手中。送出这一礼物的真正原因，是英国人想要绘制印度河的地图，并确认它的通航能力。他们告诉王公，马不能走陆路，于是得到了他的许可和保护，得以坐船把马带到印度河上。一到拉合尔，伯恩斯就证明了他在外交上的专长，他赢得了印度王公润吉特·辛格的好感，而辛格后来又允许英国人进入印度河航运。

伯恩斯在这段旅程中获得了名声以及一个绰号，这段旅程与失踪的探险家亚瑟·科诺利的旅程正相反。伯恩斯从德里出发，前往拉合尔，在那里他对王公有了新的认识。他穿过旁遮普省到达印度河，然后通过开伯尔山口和贾拉拉巴德进入阿富汗，他说这是“地球上最肮脏的地方”，然后，他前往喀布尔。他发现，拥有河流和果园的喀布尔，相对而言比较和谐，它的统治者多斯特·穆罕默德·汗受到了中亚暴君的标准的启发。伯恩斯从喀布尔爬上了兴都库什山，海拔超过 7000 米（23000 英尺），在那里，他们几乎被雪地上的反光弄瞎。

穿过兴都库什山脉的领土被乌兹别克人所控制，他们比他们的阿富汗邻居更虔诚地信奉伊斯兰教。伯恩斯对伊斯兰礼仪的观察，比如睡觉时不把脚指向麦加的方向，以及他故意装穷的举动，使得他得以生存下来。穿过兴都库什山脉后，他进入了鞑靼平原，然后前往昆都士，在那里他被迫扮演一位亚美尼亚钟表匠，以避免像他的前任威廉·穆尔克罗夫特那样被敲诈。1832 年 6 月 27 日，他从昆都士出发，前往巴尔赫（亚历山大大帝时代称为巴克特里亚）然后把马换成骆驼，穿越沙漠和奥克苏斯河，抵达布哈拉。在布哈拉待了两个月后，他前往阿特拉巴德，然后穿过里海进入波斯，在德黑兰被引见给国王，然后返回印度。

▲亚历山大·伯恩斯穿着布哈拉的服装。

伯恩斯回到英国，将旅行日记写成了书，畅销一时。1835年，他回到印度，开始了成功的外交使命，并前往海德拉巴，以防止与斯辛德王公发生战争。然而，在随后前往喀布尔寻求与多斯特·穆罕默德签订商业条约时，他失败了。多斯特·穆罕默德听从了俄罗斯人反对英国的建议。由于这一原因，英方决定用沙阿·舒亚取代多斯·穆罕默德，伯恩斯并不赞同这一决定。然而，在骑士勋爵和晋升为中校的诱惑下，伯恩斯参加了这场战斗，当多斯特逃离喀布尔时，伯恩斯作为英国特使威廉·麦克诺顿的助手搬到了那里。

随着14000名英军士兵驻扎在阿富汗，伯恩斯和麦克诺顿都陷入了一种虚假的安全感之中，这种安全感在 1841 年 11 月 2 日上午 9 点受到了致命的毁灭，一群愤怒的阿富汗人包围了伯恩斯的房子，并放火烧屋。所有的居民，包括伯恩斯、他的兄弟和一些妇女和儿童，都被屠杀。这是一场起义的开始，之后，英军将被击败，代价是 26000 多人的生命。

埃德蒙·肯尼迪（1818—1848年）

肯尼迪作为托马斯·米切尔寻找一条通往卡奔塔利亚湾的陆路路线的探险队的副手而引起了人们的注意。然后他组织了自己的探险队，去查明米切尔发现的维多利亚河是否流入波斯湾。他的最后一次探险是沿着约克角海岸进行的，因为对地形准备不足，尽管肯尼迪尽了最大努力，但还是只有3人幸存。

死因：被昆士兰北部约克角半岛的土著居民用矛刺死

埃德蒙·肯尼迪是一位绅士探险家。他的父亲是英国陆军上校，祖父曾任伦敦市长。他是一个精力充沛的年轻人，外表英俊，魅力十足，歌声优美。1840年，他作为一名助理勘测员来到澳大利亚，并被送往维多利亚西部的波特兰湾殖民地。在那里，他与当地官员发生了冲突，并与一名爱尔兰女孩有了私生子。

1843年，肯尼迪发现自己在悉尼无所事事。土地销售的下降意味着勘测员的工作很少。1845年，他被任命为勘测总监托马斯·米切尔远征队的副手，寻找一条通往卡奔塔利亚湾的陆路路线，由此，他被从消沉中救出。肯尼迪的任务是在米切尔进行探索的4个月里维持好基地。

探险队从未到达卡奔塔利亚湾。然而，米切尔认为他发现了一条流入卡奔塔利亚湾的河流（他称之为维多利亚河），肯尼迪不能苟同。他认为这条河向西南方向奔流，流入了库珀溪，并主动提出承担一个任务，以追踪维多利亚河的路线。1847 年 3 月，他从悉尼出发，带着 8 个人、1 个土著男孩、驮马和三轮弹簧手推车，证明了维多利亚河（他重新命名为巴库河）是向西南方向流的，直到它与汤姆森河汇合，形成了库珀溪。

1848 年 2 月，肯尼迪通过瓦雷戈河和库尔果加河返回悉尼。

▲ 肯尼迪被土著居民用矛刺穿后背，当时他和杰基·杰基正试图沿着逃逸河逃离到安全地带。

仅仅两个月后，他又一次领导了一次更加雄心勃勃的探险。他航行到昆士兰州北部欣钦布鲁克岛附近的罗金汉湾，和其他12个人，包括一个叫杰基·杰基的土著向导一起，开始沿着海岸航行，打算到达约克角的顶端，然后绘制好望角西海岸的地图。

"我情况很不好，杰基。"我告诉他，澳洲土人被矛刺中这儿（后背）就会死，他说："我筋疲力尽了，杰基。"我问他："肯尼迪先生，你要离开我了吗？"他说："是的，我的孩子，我要离开你了。"他说："我情况很不好，杰基，你带着这些书去找船长，杰基，但不要带那些大东西，为这些书，总督什么都会给你的。"然后，我把那些文件都捆扎起来。他说："杰基，给我纸，我要写点儿东西。"我就把纸和笔递给他，他想写点儿什么，但是，他向后倒去，死去了。他往后倒的时候我接住他，抱着他，然后，我转过脸去，哭了起来。

杰基·杰基的陈述

事实证明，这项任务比预期的要困难得多。罗金汉湾周围的地区特别湿软，犹如沼泽，还有错综复杂的红树林、咸水小溪和雨林。他们不是在陷到深至膝盖的泥巴里，就是在茂密的植被中开辟道路。在2个月的时间里，他们只在内陆走了20公里（12海里半）。

马和牲畜很难穿过泥沼和丛林，而大车只能作为临时的木筏，用来在涨水的鳄鱼出没的小溪上运送动物。探险队花了5个月的时间才到达夏洛特公主湾。到这时，本来应该提供支援的皇家海军舰艇"兰伯勒号"已经起航回家了。肯尼迪曾希望用丛林食物来补充他们的粮食供应，但他们的枪法太差，还选择了糟糕的植物，这常常让他们生病。

肯尼迪将他十二个助手中的八个留在了韦茅斯湾，因为他们病得很重，无法继续行程。在谢尔本湾，又有两个人认为他们不能再继续走下去了。肯尼迪让他们等着，他和他的土著仆人杰基·杰基继续走到好望角的顶端，他希望那里会有一艘船在等着他。他们的路线并没有变得更容易。肯尼迪一度陷入泥中，泥一直到了他的肩膀处，杰基·杰基不得不把他拖出来。他们的给养都吃完了，肯尼迪的脚肿得很厉害，寸步难行。杰基·杰基不得不连续背着他好几个小时。

最终，他们看到了奥尔巴尼港，于是沿着逃逸河向海岸进发。然而，一群土著人跟随探险队已经有一段时间了，他们开始发出威胁的声音。他们知道这两个人有多疲弱。肯尼迪认为他们很友好，就给了他们一把刀和鱼钩，杰基·杰基对他们则有所怀疑。那天晚上，他们安营扎寨，却没有生火，他们枪支在侧，随时准备着。杰基·杰基想步行躲避土著人，但肯尼迪身体虚弱，无法行走。他们骑在马上，杰基·杰基警告肯尼迪要多加小心，但他只能待在他的马上。

越来越多的土著开始尾随他们。他们袭击了这两个人，肯尼迪背后被矛刺中。杰基·杰基开枪打死了一个人，但肯尼迪的枪没响，随后，他们被长矛淹没了。肯尼迪死在了杰基·杰基的怀里。杰基·杰基从鳄鱼泛滥的河涉水而过，只有头露出水面上。他找到了补给船，但当他去接其他人时，只有两个人幸存了下来。

亚历山卓拉·廷恩（1835—1869年）

作为荷兰最富有的女继承人之一，廷恩成为少有的非洲女探险家之一。19岁时，她在埃及旅行时染上了探险的瘾，并成功地考察了尼罗河。她的最后一项使命是成为穿越撒哈拉沙漠的第一位欧洲女性，可她被她的导游出卖，并被利比亚的图阿雷格游牧民杀害，她的使命以悲剧告终。

死因：她的一只手被牧民砍断，致使她流血而死

亚历山卓拉·廷恩十岁时，她富有、开明的荷兰商人父亲去世了，此时，她成了欧洲最富有的女继承人之一。在她于伦敦和巴黎的派对季节进入上流社会之前，她的生活被导师和学业包围着。她这个阶层的大多数女孩发现自己是贵族或财阀时，都会安于家庭生活，但廷恩十九岁时去埃及、圣地和大马士革度假的经历，彻底改变了她的人生轨迹。

1857年，廷恩回到埃及，打算探索尼罗河。她和母亲沿着尼罗河出发，抵达了阿布辛贝尔的拉美西斯二世神庙，然后被努比亚第二大的瀑布的石块和急流逼退。三年后，她带着母亲、姑姑和一堆设备回来了：有三十二个箱子，里面有桌子、椅子、碗柜、镜子和油画，还有四十个水箱、许多枪支和一艘汽船。

这次她成功得多了。当他们到达苏丹南部的冈多科罗时，他们在尼罗河

下游走得比他们之前的任何欧洲人都要远。探险队最远到达了贾巴尔丁卡，后来由于缺乏补给而被迫停下来。廷恩没有放弃这次探险，而是等着她的母亲——一位著名的荷兰海军中将的女儿——亨丽埃特把汽船驶回喀土穆，带回新的补给。然后他们继续逆流而上，与蚊子的叮咬在脸上所留下的肿块做斗争。他们最远到达了朱巴，在那里，由失踪的探险家大卫·利文斯通的同胞为廷恩题写的纪念碑至今仍在。发烧迫使他们在希卢克族人中间逗留了一个月。他们发现尼罗河南部的大瀑布无法航行，于是返回喀土穆，在那里他们策划了下一个勘探计划。

廷恩的下一个旅程更加雄心勃勃。在两位科学家的帮助下，她计划探索尼罗河支流加扎勒河（羚羊河），以确定它的源头是否在乍得湖，以及从那里是否能找到壮阔的刚果河的源头。他们在白尼罗河上游行进了500公里（300英里），但是加扎勒河泥泞的浅滩无法通行，他们转而向陆路进发。雨季使露营变得寒冷和不那么愉快，普通的发烧变得严重，而他们为自保而雇佣的士兵则在口粮问题上争吵不休。尽管如此，在灾难发生前，他们还是到达了苏丹西南部的赞德部落。一位科学家因发烧而病倒，然后是廷恩最喜欢的女仆，最后，她的母亲也去世了。由她的姑姑阿德里亚娜率领的救援团在尤尔河上的沃镇遇到了探险队的幸存者，他们挣扎着回到了喀土穆。1864 年 7 月，阿德里亚娜死于发烧，当时他们已经回来 7 周了。

廷恩悲痛欲绝，这是可以理解的。作为这些探险活动的发起者，她感到非常内疚，决定再也不回欧洲社会。此后，她住在突尼斯、开罗和阿尔及利亚，积极反对奴隶贸易，还曾经为被解放的奴隶建立了避难所。

1869 年 1 月，她说服了两个荷兰水手加入她的队伍，乘坐阿拉伯车队离开的黎波里，穿越沙漠前往乍得湖。向南第一个 800 公里（500 英里）前往马

▲勇敢的荷兰探险家亚历山卓拉·廷恩离开马尔扎克，踏上了她那致命的远征之旅。

尔扎克的行程中没有发生事故。她到达了那里，一个导游说服她沿着加特方向穿过未开发的图阿雷格人领地。导游答应把她引荐给图阿雷格人酋长伊奇努臣。然而，就在他们离开了一个叫作瓦迪舍圭的小绿洲后不久，她的向导就消失了，队伍遇到了武装的图阿雷格部落。廷恩的阿拉伯仆人和图阿雷格人之间爆发了一场战斗。一名荷兰水手挺身而出，被人用矛刺死。当廷恩举起一只手试图制止屠杀时，其中一个图阿雷格人，也许误认为她拿着一把左轮手枪，把她的手砍了下来。之后，她被丢下，流血至死。

“荷兰的女士们没有男士同行……她们一定是疯了。一个年轻的女士独自与丁卡族对抗……她们真的是疯了。所有的土著人都像刚出生时那样赤裸着。”塞缪尔·贝克，阿尔贝湖的发现者，在听说廷恩在喀土穆的计划后给他的弟弟写的信中如是说。

查尔斯·法兰西斯·霍尔（1821—1871年）

这位经验丰富的北极探险家在说服美国政府资助他的第一次北极探险之后，带着25人踏上了北极之旅。他们一路往北走，比以前的任何一个欧洲人都走得更远，但船上的关系却陷入了困境。途中，霍尔坐着雪橇从户外旅行回来，喝了一杯咖啡后就生病了。他指控一些船员投毒。几天后，他就死了。

死因：很有可能被他的首席科学官埃米尔·贝塞尔博士以砒霜毒害

查尔斯·霍尔通往冰冷坟墓的道路与众不同。他出生于佛蒙特州，在1849年搬到俄亥俄州的辛辛那提之前，他在新罕布什尔州的罗切斯特当铁匠的学徒，开始了他的职业生涯。在那里，他创办了一家印刷刻章公司，这让他对出版产生了兴趣。他创办了两家报纸，其中最经久不衰的是《辛辛那提日报》。

霍尔对北极的兴趣源于他对失踪探险家约翰·富兰克林的搜寻。这很快就成了一种困扰。1860年，他卖掉了报纸，抛下怀孕的妻子和女儿，独自踏上了营救之旅，这是一项不切实际的尝试，因为众所周知，富兰克林探险队的成员无一人生存。而且，霍尔没有必要的北极生存技能。他不会航行，不会导航，不会捕鱼，也不会打猎。尽管如此，他还是买了一艘小帆船和一条捕鲸船的航道信息，前往冰冻的北方。四个月后，他的船在巴芬岛搁浅，被暴风雨摧毁。

霍尔被爱斯基摩人救了出来，和他们一起生活了3年，学习了当地的语言以及爱斯基摩人的捕鱼和狩猎技巧。他从爱斯基摩人那里听到的故事错误地使他相信富兰克林探险队的一些人可能还活着。在1862年短暂回归文明之后，1864年他又进行了第二次单独的北极探险。这次他前往哈德逊湾，在那里他乘坐雪橇前往威廉国王岛，发现了富兰克林手下的遗物和人类遗骸。

1869年霍尔回到美国时，前往北极的竞赛正式开始。他认为，美国应该首先将国旗插在这片土地上，并说服美国国会给他5万美元，让他进行尝试。格兰特总统允许他使用一艘重达393吨的海军炮艇，并将其更名为“北极星号”。

“北极星号”于1871年7月3日从康涅狄格州起航。

虽然霍尔是正式的领导者，但他并不真正会航海，实际的权力掌握在两个经验丰富的船长手中：西德尼·波丁顿是捕鲸船队的老将，罗伯特·泰森则是助理领航员。船上还有一支由德国人组成的科学队伍，由博物学家和内科医生埃米尔·贝塞尔博士领导。

航行很顺利。他们在格陵兰岛的迪斯科湾停了下来，准备最后的补给，然后向北极进发。然而，在船上，事情并没有那么美好。虽然波丁顿对霍尔不屑一顾，但主要的问题出在德国科学家的队伍上，他们以俾斯麦式的精确性操纵着自己的科学荣耀。贝塞尔试图削弱霍尔的权威，不让他按航行前达成的协议那样担任气象学家的秘书。霍尔坚持，德国人便威胁要放弃远征。为了让探险队继续前进，霍尔妥协了，但这样做失去了船员们的尊重，使他们变得更加强硬，认为他们的指挥官软弱可欺。

尽管如此，他们还是越过了82°纬线，比他们之前的任何探险者都走得更远，并继续前行了80公里（50英里）。一天下午，霍尔坐着雪橇完成侦察

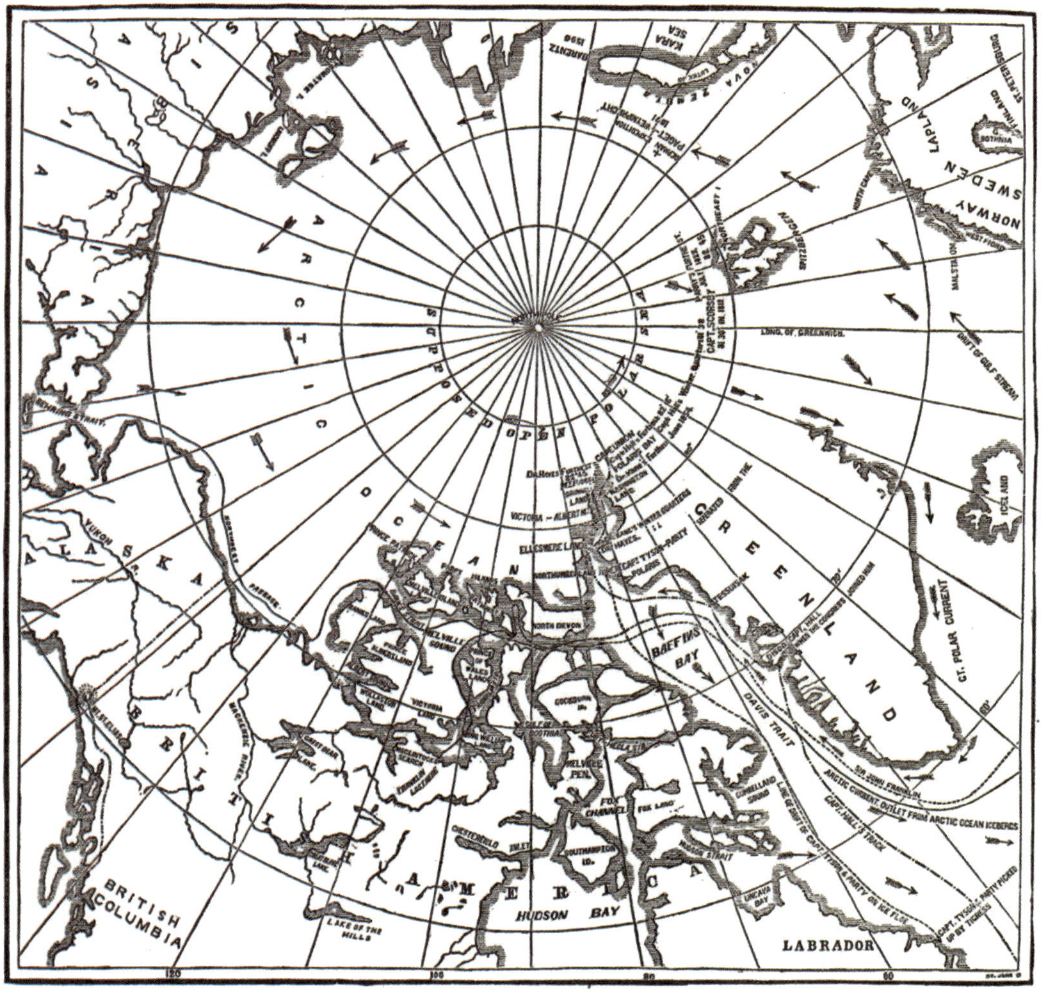

▲霍尔 1871 年北极星探险队所采取的路线，后来有一半的人被困在浮冰上。

任务回来，喝了一杯咖啡，马上就病倒了。他指控贝塞尔对他下毒，一周内，他拒绝让医生给他治疗。他开始恢复，但随后，又莫名其妙地默许了治疗，两天后就死了。

之后，“北极星号”被困在冰层中，有一半的人发现自己被孤立在浮冰上，他们在浮冰上待了6个月，漂流近3000公里（2000英里），进入了拉布拉多附近的商业航线。奇迹般地，没有人死亡。其他人也平安返回，没有任何伤亡。

然而，事实证明，这项任务使政府极为难堪。他们进行了调查，但对霍尔的死涉及甚微。贝塞尔接受了医生的采访，他们一致认为霍尔的死亡是由中风引起的。然而，1968年，达特茅斯大学的昌西·鲁米斯教授进行了一次探险，在格陵兰永久冻土中发掘出了霍尔的遗体。对头发、皮肤和指甲样本的检测显示，霍尔最有可能是中了砷毒。

主要嫌疑人是贝塞尔博士。然而，他的动机究竟是出于科学上的荣耀、爱国主义的暗杀（德国人也在试图夺取北极），还是出于个人的反感，就不太可能为人所知了。

查尔斯·纽（1840—1875年）

攀登乞力马扎罗山再难不过了，我们知道《银河系漫游指南》的作者道格拉斯·亚当斯曾经穿着2米半（8英尺）长的橡胶犀牛服攀登过乞力马扎罗山。尽管如此，在1871年，纽成为第一个到达这座非洲最高山峰的雪线的人。在第二次登上峰顶的尝试中，他又成为第一个在雪地中穿越赤道的欧洲人，并发现了加拉火山口湖。与亚当斯不同的是，他从未登上过峰顶。在第三次尝试的时候，他遭遇了抢劫，之后不久就死了。

死因：死于发烧、痢疾和并发症

查尔斯·纽从卑微的环境中成长为爬上了非洲最高山峰的人。他出生在伦敦郊区富勒姆，他的父亲是一名马车司机，他在7个孩子中排行第5。他当过靴子制造商的学徒，但在20岁时，他进入了卫理公会教派。

1861年，卫理公会派了4名传教士到东非传教，但一年之后，只有托马斯·韦克菲尔德幸存了下来。1863年6月，纽来到蒙巴萨加入韦克菲尔德。他们的主要意图是将基督教传播给埃塞俄比亚和肯尼亚的奥罗莫人。在去那里的路上，纽遇到了德国探险家卡尔·克劳斯·冯·德肯，他在第二次远征乞力马扎罗山后刚刚返回桑给巴尔。德肯爬到了足足4000米（13000英尺）高，之后被恶劣的天气和不合作的搬运工逼得掉转方向下山。

这次会面无疑在纽的心中播下了一颗痴迷的种子。然而，他又花了 8 年的时间与东非复杂的部落政治沟通，以便在他开始自己的探险之前宣讲他的宗教。在前往乞力马扎罗山的途中，其他传教士发现政局越来越不稳定，纽不顾他们的劝告，于 1871 年 7 月启程。在乞力马扎罗山的山麓上，他与莫希的查加族首领林迪成为朋友。作为一位精明的政治家，林迪被夹在更强大的邻国之间，渴望与欧洲结盟。在林迪的允许下，纽带着忠实的仆人，穆斯林斯瓦希里人托菲基和 13 名搬运工出发前往乞力马扎罗山，他们都没有穿任何衣服（这也许可以解释德肯和他的手下之间的问题）。8 月 14 日，纽进行了首次尝试，却被恶劣的天气击退。两周后，他做得更成功了一些。只有他和托菲基到达了雪线，并带回了雪，这让搬运工很是吃惊，他们不相信“石头”可以融化或是由水做成的。在这次探险中，纽在无意中成了非洲第一个在雪线之上越过赤道的欧洲人。在返程中，他再次访问了林迪，林迪“对文明的美好品味”，以及查加人在之前的战争中为保护自己而建造的巨大堡垒的遗迹，给他留下了深刻的印象。

纽回去后，差一点儿被征召去进行一次探险，寻找迷路的探险家大卫·利文斯通。然而，亨利·莫顿·斯坦利抵达了桑给巴尔，他在乌吉吉遇到了利文斯通，把他从困境中解救了出来。纽选择了去度探亲假，书写他那受人瞩目的生活——《在东非漫游和劳动》一书，书中也包括了他的登山经历。

1874 年，在皇家地理学会的支持下，纽回到非洲，又一次尝试攀登乞力马扎罗山。毫无疑问，他从前的朋友林迪此次对他的接待让他惊讶无比。他的朋友掠夺了他所有的财产，拘留了他，然后把他送回了海岸。这是一个巨大的打击。一路上，由于没有礼物，他就无法在不断变化的政治版图中铺平

▲乞力马扎罗顶峰，正如查尔斯·纽在 1872 年所描绘的那样。1872 年，他首次试图登顶，但失败了。

道路，这条路就变得很艰难。他手下的大多数人都离开了，而纽的体力似乎已经衰退了。他最后一封信的日期是1875年2月13日。

> 亲爱的普莱斯先生：
>
> 我从查加回来，现在在杜卢马和拉拜边境的某个地方。我的身体非常虚弱，我想以最近的基督徒的身份来见你。是否能在安全的情况下走得更远，对此我表示怀疑。我知道如果我能找到你，你是不会拒绝我的。发烧、腹泻、痢疾和过度的呕吐，以及旅途中的极度困苦，都要置我于死地。路上来一瓶波尔图葡萄酒和一个帕兰金（注：原文palankin，这是一句印地语，无法查出其意）对我很有益，我还需要一些懂得如何搬运的人。我们将在下午12点到达。

但纽未能到达。当普莱斯派人来帮助他的时候，他们能做的最好的事就是用担架把他的尸体抬回基督教世界。背叛他的林迪后来与德国人签署了一项条约，之后，德国人出于其他原因决定绞死他。

艾明帕夏（1840—1892 年）

1878 年，作为一名医生、博物学家和政治家，艾明帕夏以戈登将军继任者的身份，成为埃及赤道省（现在苏丹最南端）的总督。[1] 在穆罕默德·艾哈迈德起义期间，赤道省被切断了与埃及的联系，亨利·斯坦利决定营救艾明，但艾明不认为自己需要营救。二人的意志发生了冲突，最终斯坦利占了上风。然而，到达桑给巴尔后，艾明决定返回非洲内陆，在那里，他被杀害了。

死因：遭遇背叛而被杀害

艾明帕夏是一个非常神秘的人物，有着你能想象到的最奇异的职业轨迹。他出生在奥珀伦，时属普鲁士（现属波兰）的西里西亚省，原名叫爱德加·卡尔·奥斯卡·特奥多尔·施尼策。

他在柏林大学受训成为一名医生，但后来被剥夺了在普鲁士执业的资格，于是前往奥斯曼帝国，在黑山行医，1870 年成为阿尔巴尼亚北部总督伊斯梅尔·哈基帕夏的手下。他跟随哈基在奥斯曼帝国四处活动，与他的一个妻子有染。当哈基死后，艾明回到了德国，那个女人冒充艾明的妻子一起随行。

[1] 帕夏，旧时奥斯曼帝国和北非高级文武官的称号，置于姓名后。——译注

然而，1875 年，他离开了欧洲，身无分文地回到开罗。然后他搬到了喀土穆，在那里，他自称是穆斯林，并以穆罕默德 · 艾明的名义把自己作为医生的身份搬了出来。在业余时间，他以博物学家的身份追求自己的兴趣，收集标本，其中许多被送往欧洲的博物馆。在喀土穆工作期间，他引起了当时赤道省总督查尔斯·戈登将军的注意，对方将他任命为埃及军队的一名医务官。艾明的空想人格，加上他令人敬畏的语言天赋，使他非常适合间谍和外交艺术。看到这些，戈登任命他领导一个外交使团去安抚乌干达国王。

当戈登在 1878 年被提升为苏丹总督时，艾明成为赤道省总督，更名为艾明 · 贝。最初，艾明 · 贝无所作为，他的手下只有几千名士兵，但他以其敏锐的外交手腕和无为而治，设法使一个非洲国家保持了相对和平的停火状态。在大量的业余时间里，艾明去丛林旅行，以增加他令人印象深刻的自然动植物收藏。他还引进了农业和制造业的现代工业，如制造酒精、肥皂和纺织品。

1881 年，自称是伊斯兰教的最后一位先知的穆罕默德·艾哈迈德发动起义，导致苏丹陷入危机。戈登被英国人抛弃，在 1885 年喀土穆被围困后被抓获并斩首。艾明和赤道省变得与世隔绝。

然而，一年后，欧洲人惊讶地从一个从乌干达逃出来的德国探险家那里听到，艾明和他的部队击退了马赫迪军，一切都很顺利。

尽管英国政府拒绝直接干预，但还是建立了艾明救济委员会，以弥补放弃戈登引发的国家内疚，该委员会任命亨利·斯坦利带领一支远征队拯救艾明·贝。

斯坦利决定走一条未经探索的路线，沿着刚果河前行，然后穿过异常茂密的伊图里森林。这次任务是灾难性的，当斯坦利到达目的地营救艾明时，他原来的七百多人的分遣队只剩下三分之一。斯坦利发现艾明没有真正的获

▲1890 年 1 月，艾明帕夏（左起二，坐者）在德国的东非公司工作。

救欲望，他并不感到惊讶。考虑到如果他没有和艾明一起返回，他的任务将被判失败，斯坦利尽其所能，包括煽动艾明的人发动叛乱，以确保他返回。

经过一年的拖延和辩论，随着他的军队分裂成不同的派别，以及马赫迪军的逼近，艾明勉强被说服在 1889 年年中与斯坦利一起离开赤道省。然而，当 1889 年 12 月他们到达位于印度洋海岸的巴加莫约时，艾明已经不想回欧洲了。相反，他被初出茅庐的德国东非公司聘用，在如今的刚果民主共和国附近进行探索。

1892年10月底，与艾明同行的阿拉伯奴隶贩子背叛了他。这一时刻被一个阿拉伯奴隶伊斯梅利亚记录了下来，后来，他因在谋杀案中所担任的角色（在其主人的命令之下）而被英国绞死：

艾明没有做任何抵抗的努力。他的头被往后扯，直到喉咙处的皮肤绷紧，曼巴用刀一挥，就把他的头砍了一半。血溅了我们一身，帕夏死了。我们拥抱了他一会儿，站起来，把尸首留在原处。后来曼巴把他的头从尸体上砍下来，基尼娜把它装在一个小盒子里，送到基邦吉去，表示他的命令得到了遵守。

莱奥尼达斯·哈伯德（1872—1903 年）

当世界上未被发现的部分越来越少时，这位寻求冒险的记者决定乘独木舟穿过拉布拉多，以前，从未有白人走过这条路。然而，在探险的第二天哈伯德拐错了弯，最后饿死了。他的探险队的同事狄龙·华莱士写了一本书，痛斥他死去的朋友在探险方面的技能，哈伯德的遗孀很生气，在华莱士出发探险的同一天，开始了完成她丈夫未竟工作的旅程。

死因：在加拿大荒野饿死

哈伯德出生于南密歇根农场，这农场是他的父亲在荒野中开辟出来的。当哈伯德准备在世界上开辟自己的道路时，美洲的边疆已经关闭，但这个梦想还在继续。他上了大学，成了一名记者，并娶了米娜·本森，后者在他患有伤寒并住在史泰登岛医院时曾照顾过他。

尽管哈伯德生活在纽约市，但他仍怀有雄心壮志，探索这片“仍在孕育神秘未知的迷人黄昏”的地区。1903 年夏天，哈伯德、他的朋友狄龙·华莱士和苏格兰 – 克里混血儿乔治·埃尔森乘坐独木舟从哈德逊湾公司的西北河站出发，进入了格兰德湖。哈伯德的意图是沿着纳斯考比河到米希卡莫湖（现在是斯莫尔伍德水库的一部分），然后通过陆路穿过未知的区域到达佐治亚河，这条河流入魁北克北部的昂加瓦湾。在途中，哈伯德希望写一些关于每年驯鹿迁徙和纳斯考比印第安人狩猎策略的文章。

如果不是因为他们在第二天犯了灾难性的错误，这次探险很可能是成功的。哈伯德看到一条小岩石河(苏珊河),误以为是纳斯考比河，就沿着河走了。苏珊河几乎是无法航行的，而且其上游航道是由许多艰难的运输路线组成的。

到9月中旬，他们还没能到达预期的中途站——米希卡莫湖。此外,他们的口粮快用完了,在此之前,他们主要以鸟类和鳟鱼为食，而即将来临的寒冷天气使他们更难以猎取这些食物。他们又饿又累，决定原路返回。食物的情况变得令人绝望，温度表显示温度持续下降。尽管哈伯德充满热情，但事实证明他是最虚弱的，到10月中旬，他发现自己无法继续下去了。华莱士去寻找他们外出旅行时埋藏的一袋面粉。他打算把它带回给哈伯德，这样他就能恢复，继续支撑下去。埃尔森

▲1903年7月15日，莱奥尼达斯·哈伯德从西北河的哈德逊湾公司哨所出发。

是这三个人中最强壮的一个，他向格兰德湖走去，他希望在那里工作的当地猎人能让他在他们的小屋里过冬。哈伯德留在帐篷里，等待救援的到来。在他最后一篇日记中，他写道：

> 今晚或明天，也许天气会好转，让我可以生一堆火，吃我剩下的鹿皮鞋和一些驯鹿骨汤。然后我可以煮我的皮带，油鞣制的鹿皮鞋和一双牛皮手套。这些东西可能有些帮助。我没有受苦。饥饿的剧烈疼痛已让位于冷漠。我困了。我认为死于饥饿并没有那么糟糕。但不要让任何人以为我甘之若饴。我准备好了。就这样吧。我想孩子们会在上帝的帮助下拯救我。

可惜，这是一厢情愿的想法。华莱士靠面粉支撑了下来，但由于发霉，面粉变得又黑又绿。埃尔森则熬过了这个季节的第一场暴风雪，来到了一个捕兽者的小屋。在那里，四个捕兽者喂他吃东西，让他养伤，然后他们出发去找另外两人。他们发现华莱士时，他已经神志不清，奄奄一息，而当他们找到哈伯德的营地时，他已经死了。

在西北河流驿站度过一个冬天后，华莱士和埃尔森带着哈伯德的尸体回到了纽约。华莱士写了一本书，把失败的责任推给了哈伯德，这激怒了哈伯德的妻子，她决定亲自完成丈夫的使命。1905 年，她雇用了埃尔森，开始了自己的探险之旅。有趣的是，她认为华莱士偷走了她丈夫的荣耀，而华莱士在同一天开始了他自己的探险，于是一场竞赛开始了。华莱士迷路了，于 10 月 16 日抵达昂加瓦湾，晚了米娜·哈伯德 6 个星期。在他们后来出版的旅行书籍中，他们的竞争仍在继续。

米娜·哈伯德后来嫁给了一位前英国内阁大臣的儿子，最终她自己也成了一名失踪的探险家。86 岁那年，她在萨里郡散步的下午，误入了一列火车的轨道。

欧内斯特·沙克尔顿（1874—1922年）

曾在斯科特的发现探险中几乎死亡，之后，沙克尔顿在1908年的尼姆罗德探险队中创下了到达最南端的纪录，然后在1914—1916年的“耐力号”探险中返回南极洲，目的是穿越南极洲大陆。途中他的船沉没了，这段旅程变成了全长2000公里（1250英里）奇迹般的求生之旅。1922年，他再次出发，这次的目标是环游南极洲，但他不幸在途中去世了。

死因：死于心脏病发作，原因是不听医生的劝告而过度劳累

欧内斯特·沙克尔顿是一位英籍爱尔兰医生的儿子，由于政治原因，他举家从爱尔兰搬到了英格兰。他是个聪明的孩子，但又是一名自私冷漠的学生，16岁时加入了商船队，而不是海军，因为他不需要购买委任状。他在商船队的工作帮助他培养了领导才能，这些品质很少强调等级，而更注重友情。沙克尔顿放松的态度与罗伯特·斯科特强硬的军事态度明显不同。1902年，斯科特的南极探险队，结果心脏和肺部的疾病几乎置他于死地。

1907年，沙克尔顿在1906年的选举中没能赢得议会席位，他带着15人再次出发，前往南极的尼姆罗德冰川。斯科特并没有这个权利但还是给他写了封信，请求他不要使用麦克默多海峡作为基地，因为他自己正计划一次新的探险，但沙克尔顿没能在爱德华七世的土地上立足，他面临着选择（南极洲）

麦克默多站或什么都不做，于是他选择了前者。

这是一个和谐的冬天，部分原因是因为斯科特为官兵们解决了争端，沙克尔顿的阵营有一种更平等的氛围。11 月初，沙克尔顿的团队出发，向南到达了南纬 88° 23′，距离极点 156 公里（97 英里）处。他们用耐寒的西伯利亚小马驹作为运输工具，路上还可以拿它们当作食物。然而，他们还没来得及吃，最后一匹小马就掉进了裂缝里，这让他们损失了 14 天的口粮。到达南极的路线很清楚，虽然沙克尔顿确信他们能到达，但他认为没有足够的食物让每个人都活着回来，所以他决定返回。

罗尔德·阿蒙森在 1911 年到达南极点，斯科特在 1912 年的尝试中丧生。沙克尔顿打出广告，招募一支穿越南极洲的探险队队员，从大西洋的威德尔海（大西洋侧），经南极点到达罗斯海（太平洋一侧），他收到了 5000 多份申请。从这些人中，他挑选了 56 人，作为 2 艘船的船员。沙克尔顿率领的“耐力号”是主要力量，而“奥罗拉号”的任务是为这次探险建立补给站，然后，它驶向了罗斯海。

运气从一开始就对他们不利。冰冻来得很早，1915 年 1 月 17 日（仲夏之季），“耐力号”就在南极海岸附近被冻住了。他们在船上过冬，等待下一个季节冰层融化。然而，当春天到来时，耐力号在两块浮冰之间被压碎，沉没了。沙克尔顿和他的人在浮冰上露营了两个月，巴望着浮冰能漂移靠近北方 400 公里（250 英里）处的保利特岛。在转移到另一块浮冰上之后，他们在 3 月 5 日接近了岛屿，但是他们无法通过其与海岸之间的冰块，于是继续向北漂移。

一个月后，天气转暖，他们的浮冰裂成了两半。沙克尔顿命令他的人上了“耐力号”的三艘救生艇。他们航行在波涛汹涌的海面上，到达了象岛，

▲1916年，欧内斯特·沙克尔顿（右）和弗兰克·赫尔利在威德尔海的小帐篷前。

这是南极洲海岸附近一块不适合居住的岩石。虽然有企鹅和海豹可以吃，但数量也并不丰富。更糟糕的是，岛附近根本没有任何航道。沙克尔顿意识到，如果他们留在那里，是不会有人来救他们的。他带上一艘救生艇和船员中最健康的人，向南乔治亚岛驶去，那里有一个捕鲸站。这是一次勇敢的行动。他们的船只有6.5米（21英尺）长，路程却有1300公里（800多英里），海浪通常超过（15米）50英尺高。14天后，他们看到了南乔治亚岛。在暴风雨中，他们花了9个小时登陆，然后徒步36个小时穿越了这个岛屿的山区，他们是首批这样做的人。沙克尔顿向智利政府借了一艘拖船，救出了那些被困在象岛上100多天的人。“耐力号”上的人奇迹般地无一死亡。

在斯科特的悲剧发生后，这被认为是有史以来最伟大的生存故事之一。然而，沙克尔顿已经耗尽了他的9条命。他在战争期间远征斯匹次卑尔根时第一次心脏病发作。如果他是个理智的人，他就会拿出烟斗和拖鞋，躺在自己的桂冠上休息。然而，尽管医生建议不要，1921年，他还是以船长的身份出发，乘船环游南极洲。抵达里约热内卢后，他又一次心脏病发作。探险队的医生让他回家，但他拒绝了。“远征号”继续向南行进。1922年1月5日，他的医生让他休息，遭到他的斥责，几分钟后，沙克尔顿第三次心脏病发作，这一次是致命的。

维吉尔·“格斯”·格里森（1926—1967年）

格里森是第二个进入太空的美国人，然后他执行了第一次载人双子星计划，之后被选中指挥三人小组进行第一次阿波罗计划的飞行。不幸的是，他永远未能离开地球。在佛罗里达州卡纳维拉尔角附近的肯尼迪航天中心进行发射前测试时，阿波罗号的设计缺陷导致发射台起火，机上三名人员全部遇难。

死因：在阿波罗指令舱中被烧成灰烬

维吉尔·“格斯”·格里森在印第安纳州的偏远地区长大，他的父亲在巴尔的摩和俄亥俄铁路公司工作。高中时，他加入了航空学院，毕业后，他加入了空军，立志成为一名战斗机飞行员。在他完成训练之前，第二次世界大战就结束了，所以格里森找到了一份在校车上安装车门的工作。后来，他渐渐厌倦了这一切，这是可以理解的，他得到了妻子贝蒂（他高中时的恋人）的支持，在学习机械工程的同时还兼职做煎汉堡。

格里森从未忘却成为飞行员的渴望。1950年，他重新加入空军，接受飞行员训练，并被派往朝鲜战场，在那里他执行了100次战斗任务。回到美国后，他以飞行员指导员和试飞员的身份工作，直到被告知他被邀请成为水星计划训练的110名飞行员之一。

▲宇航员（从左至右）格斯·格里森、埃德·怀特和罗杰·查菲在一个发射综合体模型前留影。

格里森因为花粉症差点被排除在计划之外，但他说服当局让他留了下来，理由是太空中不会有豚草花粉。1961 年 4 月，苏联在太空竞赛中取得了第一个重大突破，尤里·加加林进行了第一次轨道太空飞行。一个月后，艾伦·谢泼德在水星计划中完成了美国的第一次飞行，尽管它是亚轨道飞行。格里森被选中驾驶第二架水星计划载人飞船“自由钟号”，并于1961年7月21日升空。经过两次延误后，他在大西洋着陆，飞行没有出现任何故障。一架直升飞机正等着吊起“自由钟号”，但是，在它把着陆舱从海洋中抬起之前，舱门就爆炸了。格里森被降落伞绳缠住，差点淹死，当他的宇航服里灌满了水时，他又一次差点淹死。尽管“自由钟号”沉入了海底，他最终还是获救了。

关于舱门过早打开是否是格里森的错，有一些疑问，但经过调查，问题被澄清了，并且，他深入参与了双子星宇宙飞船的设计。1965年3月23日，他乘坐第一艘双子星宇宙飞船“莫莉·布朗号”起飞，成为第一个两次进入太空的美国人。他和他的引航员约翰·扬绕地球飞行了三圈，在溅落在大西洋之前，他们的航程超过了8万公里（5万英里）。格里森对此欣喜若狂。

在他关于这次探险的回忆录中，他写道：

> 我确切地知道，如果美国国家航空和宇宙航行局让我和约翰在溅落后的第二天把“莫莉·布朗”带回太空，我们会很乐意的。她像女王一样飞行，完成了我们的“莫莉号永不沉没之旅”，她的姐妹飞船也会有同样的表现，我们完全相信这点。

格里森随后被选中指挥第一艘阿波罗宇宙飞船，美国人希望用它来首次登陆月球。他的机组人员是高级飞行员埃德·怀特和飞行员罗杰·查菲。格里森喜欢“双子星号”，但他对“阿波罗号”的态度却大不相同，后者一直受到生产问题的困扰。有一段时间，他从自家后院里拿出一只柠檬，告诉妻子他要把它挂在“阿波罗号”上。

太空竞赛正处于紧要关头。情报显示，俄罗斯人已经在致力于将人类送上月球的计划，而美国人则决心在这件事上不能像在与尤里·加加林的较量

▲阿波罗 1 号的指挥舱在火灾发生一天后，显示了高热的飞灰的外部效果。

中那样功败垂成。尽管人们对阿波罗飞船的安全性仍存在严重怀疑，但它还是被从工厂运到了卡纳维拉尔角。虽然宇航员们很担心，但他们不愿意退出任务，因为退出将终结他们首次登上月球的机会。1966 年 9 月的测试显示出超过 152 个潜在问题。格里森对阿波罗计划越来越恼火，分包商越来越多地试图绕过他。在此期间，由于他暴躁的脾气，他赢得了“粗鲁的格斯”的绰号。

1 月 27 日，机组人员在卡纳维拉尔角集合，进行测试和飞行模拟。宇宙飞船通上了电，三名宇航员吃完早中餐后登上了阿波罗号。主要的问题是通信系统，但就在下午 6 点 30 分前，在飞船长达 50 公里（30 英里）的电线中的某处出现了火花。机舱里是 100% 的氧气，易燃的网状材料使得星星之火燃成了大火。下午 6 时 31 分，驾驶舱内的第一轮火焰变得明显。在纯氧环境中，宇航员几乎无计可施，地面工作人员只能通过电视屏幕无助地看着，火焰开始吞噬驾驶舱的墙壁。三名宇航员逐渐被烟雾遮蔽。他们本该是第一批登上月球的人，但最后牺牲了。

弗拉基米尔·科马洛夫（1927—1967 年）

这位俄罗斯宇航员兼飞行工程师是第一个两次进入太空的人，也是第一个从太空坠落而死的太空探险家。作为参加过沃克斯霍德[1]1 号首次多人宇宙空间旅行的资深老兵，科马洛夫被选中驾驶第一艘联盟号飞船。苏联宣传机器的要求压倒了操作上的顾虑，升空后，他花了大部分时间在轨道上，试图修复联盟号，然而，它的降落伞在返回地球后没有启动，最终，他坠落到地面。

死因：被烧死或死于从高处坠落的撞击

还是一个莫斯科小孩时，弗拉基米尔·科马洛夫常常爬到他公寓的屋顶，看着飞机飞过。他决定成为一名飞行员，但他不可能想到自己会成为第一批穿越地球大气层的人之一。与许多人不同的是，这种执着的决心在探险者中非常普遍，他坚持自己童年的梦想。15 岁时，他报名参加了空军学校，“二战”结束后不久，他加入了红军。到 1951 年，他已是高级战斗机飞行员。

1960 年，有超过 5000 人申请成为苏联第一批宇航员。20 人被选中，科马洛夫是其中之一。疝气的破裂让他落后于战友，但他被选为沃斯托克 4 号

[1] 沃克斯霍德，俄语中是“日出”之意。——译注

的后备飞行员，这是一项雄心勃勃的计划的一部分，该计划将同时把沃斯托克系列 3 艘飞船送入太空。然而，“冷战”时期苏联的太空计划受到苏联宣传机器的强烈影响，他们决定只用两艘飞船，因为其中一名飞行员将是首位进入太空的女性，当局认为这将为苏联在太空竞赛中赢得足够的优势。科马洛夫不得不等待。

沃斯托克项目在 1964 年被取消了，但是当苏联听说美国将要进行的双人双子星任务时，他们决定彻底检修一艘沃斯托克飞船，以容纳三名宇航员。这主要是以牺牲安全性和可操作性为代价的。科马洛夫被选为沃克斯霍德探险队的指挥官，该探险队取消了沃斯托克飞船上的弹射座椅，代以附加的降落伞。这样，宇航员将不得不在返回舱中等待救援。也没有足够的空间让他们穿上合适的太空服。不过，科马洛夫抓住了这个机会，很幸运。虽然因为船上的条件太狭窄，三名宇航员不能使用许多仪器进行研究，但这主要是一个宣传任务，并作为世界上第一个多人任务起飞，绕地球旋转几次，然后安全着陆，他们取得了比预期更多的成就。

当他们抵达太空时，苏联元首惯例性的祝贺被推迟了，因为当他们在轨道上时，赫鲁晓夫被勃列日涅夫废黜了。在沃克斯霍德的第二次成功任务中，阿列克谢·列昂诺夫成为第一个在太空行走的人。在科学家们致力于建造一艘新宇宙飞船的同时，苏联的太空竞赛仍处于休耕状态。

1967 年，科马洛夫被选为第一艘联盟号的飞行员。这个雄心勃勃的计划是，继科马洛夫的单人载人联盟 1 号之后，再发射三次载人联盟 2 号。当他们在轨道上时，两艘飞船会相遇，第二艘飞船的两名人员会在飞船之间行走，并与科马洛夫一起返回地球。如果任务成功了，那将是苏联的又一个首创。

科马洛夫于 1967 年 4 月 23 日从克里米亚起飞，成为第一个两次进入太空的人。虽然发射很成功，但很快就出了问题：为飞船提供动力的两个太阳能电池板未能接合，自动定向系统失灵，科马洛夫无法手动操纵飞船。联盟 2 号的对接被推迟，然后由于科马洛夫在飞船上苦撑而取消。这苦撑是徒劳的。在绕地球飞行了 27 个小时后，地面控制中心决定让他返回地球。第一次尝试失败了，因为他们不能正确地调整飞船以重新进入大气层。如果他试图在没有正确对接的情况下重新进入，其结果很可能飞船变为一个火球，坠到地球上。在绕了 19 圈之后，联盟号终于成功地调整了方向，看起来困难已经过去了。

要真是这样多好。科马洛夫重新进入大气层后，他会注意到自己并没有减速。启动主降落伞的阻力降落伞已经展开，但主降落伞没有跟上。没有问题。另有一个储备伞来弥补这种意外情况。储备伞打开了，但它被缠在阻力滑槽里，也未能奏效。当他的返回舱从他和地面之间的六公里（三又四分之三英里）飞驰而过时，科马洛夫必须要有时间考虑接下来会发生什么。

可他的时间不多了。在他以高速落地后不久，用来帮助他着陆的减速火箭就爆炸了。很有可能他死于撞击，随后被烧成了灰烬。

第三部分

空留余恨

休·威洛比（1500—1554年）

威洛比可能是第一位没什么资历的英国探险家，他于1553年以三船任务领导者的身份出发，该任务由神秘的商人和冒险家发起，目的是发现新的区域、领土、岛屿和未知的地方，寻找通过西伯利亚到达中国和印度的东北通道。威洛比和两艘船被卡在拉普兰附近的冰面上，所有的船员都遇难了。第二年，俄罗斯渔民发现了他们冰冻的遗骸，姿势奇特。

死因：他的船在寻找东北航道时被困在拉普兰附近的冰层中，导致他最终死亡

当休·威洛比被商人探险者公司选中，带领他们的探险队去探索经由西伯利亚到中国和印度群岛的东北航道时，他根本没有航海经验。更确切地说，他之所以被选中是因为他的身材和军人风度，尽管他留给这个世界的是不苟言笑的印象，与其说是性格使然，不如说是因为他那僵硬的遗体和冰块。

1553年5月10日，威洛比在塞巴斯蒂安·卡伯特的指示下沿着泰晤士河扬帆而下。卡伯特的父亲约翰在成为首批前往北美的欧洲人之一之后，在大西洋失踪。威洛比的任务是找到东北通道和英国呢绒市场。在他领导下，有三艘船，“波纳埃斯佩兰扎号”“波纳福迪塔号”和“爱德华波纳旺蒂尔号”。他的领航员和副手是布里斯托尔水手理查德·钱塞勒，他驾驶的是最后的那艘船。

▲休·威洛比和他的船员们探索拉普兰海岸，就像一个 19 世纪的插画家所想象的那样。

7 月 30 日，探险队在靠近挪威海岸的罗浮敦群岛北部遭遇猛烈风暴。黎明时分，威洛比再也见不到钱塞勒和他的船了。在船只分开的情况下，应急计划是驶向沃德豪斯（今天的瓦尔德，挪威东北的一个城镇），这是丹麦领土的最北端。因为有良好的导航系统，“爱德华波纳旺蒂尔号”到达了会合点。钱塞勒在那里等了七天，然后向南驶往俄罗斯的白海，在那里他进行了陆路旅行，在莫斯科拜见了伊凡大帝，并建立了两国之间的贸易。

威洛比和他的手下可没这么幸运。经过几个星期在海上漫无目的地向东北方向航行，然后再向东南方向寻找沃德豪斯，到 9 月他们靠近了它的东边，而北极漫长的冬天正在飞速来临。当他们在大陆的河口发现了一个安全的港口时，威洛比决定，在那里过冬并不一定是坏事，因为他们不知道要去哪里。尤其是当他的日记记录到：

> 这个港口向缅因州延伸了两法里，距布里德斯哈尔夫一法里。这个港口有许多海鱼和其他大型鱼，在缅因河上，我们看到了熊、鹿、狐狸，还有古罗语里说的奇怪的动物，还有其他一些我们不知道的同样很奇妙的东西。[1]

三支侦察队被派去寻找人类居住的迹象，结果空手而归。矛盾的是，钱塞勒发现，往西只有一天的航程。然而，威洛比和他的团队在船上安顿下来，度过了一个严冬。威洛比的最后一篇日记记录得很惨烈。

其中一名船员的书面遗嘱称，威洛比和他的大多数同伴在 1 月份的隆冬时节还活着。然而，第二年夏天，当他们在船上被俄罗斯渔民发现时，已经死亡了。

关于威洛比和他的船员们是如何死去的，有各种各样的说法。他们的死亡被归咎于饥饿、坏血病和感冒等熟悉的猜想。然而，当俄国人发现这些船只时，船上仍然有补给。威洛比关于当地动物群丰富的观察结果，也说明饥饿并非他们的死因。新鲜的肉类也可以减缓坏血病的发作。无论如何，尽管他们可能身受坏血病的折磨，但这段时间并不长，不至于让他们死于此病。船上还装有公司希望用于交易的羊毛服装，所以也不太可能将死亡原因归结于寒冻。

1555 年，在威尼斯驻伦敦大使乔瓦尼·米吉尔写给家人的一封信中，发

[1] 古罗语，古罗人使用的语言，古罗人是居住在象牙海岸邦达马河流域的民族。使用尼日 – 刚果语系的曼德语的支语言。——译注

现了他们死亡的可能原因的线索。在信中，他讨论了第二次航行中的水手们是如何被派去救威洛比的船的：

> 说到他们是如何被冻结的，有些奇怪事情：他们中间有几个坐着书写的人，手里拿着笔，面前铺着纸；其他人则手拿餐盘，嘴含汤匙；有的人打开储物柜；有的人则摆出各种姿势，像雕像一样，仿佛有人为他们调整了姿势，把他们摆成这样的。

有一种解释是，这些失踪的探险者在封锁船只以阻止新鲜空气进入后，在船上的炉子里燃烧海煤以取暖，结果一氧化碳中毒而死。

钱塞勒指挥的第二次航行，部分是为了收复威洛比的船只，但可能更多的是为了巩固与俄罗斯的贸易。这次航行也遭遇了坏运气。当（威洛比的）船只被发现并重新修复后，却都在试图进入挪威特隆赫姆附近的峡湾时沉没。而钱塞勒的船则在离苏格兰海岸不远的皮斯拉戈附近失事。他拯救了第一位来到英格兰的俄罗斯大使，让他免于溺水，自己却淹死了。

本托·德·格斯（1562—1607年）

为了确定利玛窦所说的中国是否和马可波罗传说中的中国是同一个地方，这名士兵转变为耶稣会会士，离开葡属印度，开始了为期五年的由陆路到中国的奥德修斯之旅（奥德修斯之旅见前注）。在旅途的大部分时间里，格斯伪装成一位亚美尼亚商人，加入了前往中国的丝绸之路商队。他冒着严寒，冒着遭遇土匪的危险以及当地人的怀疑，来到了位于中国汉长城旧址的肃州。他在那里逗留并死去，对中国政府禁止他前往北京感到失望。

死因：在等待拜访他身在北京的耶稣会弟兄的许可时死于疾病或中毒

本托·德·格斯26岁时，来到印度特拉凡科，即现在印度喀拉拉邦的一部分。虽然他是一位绅士，但也是一名正规军人，这在当时的年轻贵族中是很常见的，因为他们对异国情调（也包括色情）的冒险有着强烈的欲望。

葡萄牙人以暴行著称，作为一名士兵，格斯至少参与了暴行。有一天，当他走进特拉凡科的一个小教堂时，他拜倒在圣母玛利亚和圣子的画像前，被征服了。他对自己的前半生深深懊悔不已，他向一位耶稣会牧师坦白了自己对被诅咒的恐惧，并成了教会的非专业成员。

1594年，以这种身份，格斯被选为阿克巴宫廷的三人教会大使馆中的一

▲ 中国长城的门户。本托·德·格斯最终被允许进入，但他在到达北京之前就死了。

员，拉合尔的莫卧儿人国王对宗教情有独钟。当他们住在拉合尔的时候，一个商人从东方来到这里，带来了一个叫作“塞塔亚”的地方的故事，显然，那里有很多基督徒。耶稣会士立刻认为这是三百年前马可·波罗访问过的中国。他们还认为这就是传说中的祭司王约翰的王国。[1]

[1] 祭司王约翰的传说，于12—17世纪盛行于欧洲，内容是传闻于东方充斥穆斯林和异教徒的地域中，存在由一名基督教（宗主教）之祭司兼皇帝所统治的神秘国度。——译注

1601 年，耶稣会士决定远征寻找中国。凭着当兵的经验、对波斯语的了解和智慧的名声，格斯被选为该组织的领导人。

1602 年 1 月 6 日，格斯打扮成亚美尼亚商人，由两名希腊人陪同，从阿克巴尔朝廷所在的阿格拉出发，这俩人是牧师里奥·格里曼努斯和一个叫作狄米特律斯的商人。他们去了拉合尔，然后又作为一个更大的商队的一员，去了喀布尔。这是一条危险的通道，因为阿富汗到处都是土匪。曾有一段时间，商队不得不雇用400名士兵来保护他们。在喀布尔，大多数商人离开商队，格斯被迫在那里等待了八个月，等到足够多的参与者聚集在一起，从喀布尔穿过兴都库什山脉和帕米尔山脉，前往喀什格尔。喀什格尔国王的女儿在从麦加朝圣回家的路上破产了，格斯借钱给她，好让她有足够的经费走完全程，由此，格斯小赚了一笔。一经到达，她就用玉石回报他，玉石是中国人最梦寐以求的宝石。

尽管探险队的一些成员在被雪困住六天后冻死了，并且当他落后于商队大队时，还与土匪狭路相逢了，但他们还是沿着山脉来到了喀什格尔的首府雅尔坎德，在那里，他又等了一年才加入前往中国的商队。在他等待的过程中，尽管他在皇室的声望为他提供了保护，但他的生命依然多次受到狂热的伊斯兰主义者的威胁。从雅尔坎德出来的路是荒凉的，是一片满是石头的沙漠。格斯与一个小商队同行，带着喀什格尔国王的保证书。他们到达了“东突厥斯坦”的阿克苏，接着前往卡拉哈尔，在这里，格斯听说有一支葡萄牙耶稣会士的西行商队，由利玛窦带领着，正在北京停留。

这条消息证明了马可·波罗的中国和利玛窦的中国是同一个地方。格斯急切地想再次遇见他的基督徒同胞，他穿过沙漠上的绿洲镇吐鲁番和哈密，之后，他面对的是最后的沙漠，那里散落着被土匪和鞑靼人杀害的旅伴的骨架。

9 天后，他到达了新疆的长城玉门。他在这里露营了二十五天，中国人才让他进入。

他贿赂地方长官，让他进入肃州，但由于某种原因，他被禁止与在北京的利玛窦会合。经过三年的艰苦旅行，当他的任务目标终于明确时，却被外国官僚机构所束缚，这是一个可怕的打击。格斯给利玛窦写了一封信，告诉他，他来了，但他用的是罗马字体，在中国没有人能读懂。信在半路遗失了。

第二封信要幸运一些，到达了北京。耶稣会士们原以为格斯死在了途中，听到他还活着，他们很高兴。他们立即派了他们的一个中国信徒，约翰·费迪南德，去接格斯。他发现，经过四个月的艰苦旅行，格斯的状态很差。他所能做的就是照顾这位病入膏肓的探险家，直到他十一天后去世，并确保他接受基督教葬礼。

让·弗朗索瓦·德·加劳普，拉·佩鲁斯伯爵（1741—1788年）

在库克之后，拉·佩鲁斯是太平洋上最伟大的探险家，同时他也是一位名副其实的绅士。虽然他的大部分旅行路线都重复了库克的，但在接到调查英国人在博特尼湾的定居点的命令之前，他考察了阿拉斯加和北太平洋的亚洲海岸。这之后，他向北航行到了波利尼西亚，但从此就杳无音信了。四十年之后，他探险的遗迹才被发现。

死因：不明

拉·佩鲁斯15岁时加入法国海军，成为皇家军校学员。第二年，他身处七年战争的最激烈时期。1759年，他负伤并被英国人俘虏，但在交换战俘的过程中，他一获释就重新加入了海军。当法国介入美国独立战争时，拉·佩鲁斯已晋升为上尉，他在战斗中，尤其是1782年8月在哈德逊湾击败英国时，运用了大胆的战术并以此而著称。在那里，他还展示了他的人性，他确保那些留在堡垒里的人得到足够的补给以度过即将到来的冬天。

1783年战争结束时，路易十六对填补失踪探险家詹姆斯·库克留下的太平洋知识空白深感兴趣。拉·佩鲁斯非常崇拜库克，他本人可以说是当时法国最熟练的航海家。（拿破仑·波拿巴也申请了船上的一席之地，并进入了初选名单，但最终没有入选。）

1785年8月，拉·佩鲁斯作为探险队的指挥官从法国出发，带领了两艘重达500吨的船，“拉·布索尔号”和“拉·斯特罗莱号”。他们在马德拉岛和特内里费岛停了下来，在南美洲海岸外的几个岛屿上搜寻，但没有成功，然后在圣卡塔琳娜的葡萄牙要塞补充补给。在合恩角经过一段轻松的航道后，他们向北航行，在康塞普西翁补充了他们的食物。从那里出发，探险队向北前往复活节岛，然后前往夏威夷。因为有一群鲣鱼随着他们的船而行，所以他们食物很丰盛。当拉·佩鲁斯成为第一个登陆毛伊岛的欧洲人时，他拒绝像许多其他探险者一样宣布它是法国的领土，理由是现有人口的规模使这一行动变得可笑。

从夏威夷出发，探险队向北航行了三个星期，然后才看到陆地（海藻、鲸鱼和鸟类）的迹象，阿拉斯加的白雪皑皑的山脉也证实了这一点。他们花了几个星期的时间探索各种入口，绘制海岸图。在此期间，两艘比斯开湾的船只在利图亚湾入口处被波浪打翻，造成21人死亡。随着夏季航行季节的结束，两艘船向南驶去。在探索海岸线的过程中，他们一直受到雾的阻碍，尽管他们看到了沙斯塔火山的喷发，算是得到了一些补偿。9月中旬，他们到达了位于加利福尼亚蒙特雷的西班牙殖民地，在那里他们补充了补给，然后向西进发。他们发现了一些小太平洋岛屿和珊瑚环礁，然后在吕宋岛和台湾之间航行到澳门的葡萄牙人定居点，于1787年1月初抵达。

从澳门出发，拉·佩鲁斯前往位于马尼拉的西班牙殖民地，经由台湾向北到达日本海。

他沿着朝鲜海岸一直追踪到鞑靼海岸（西伯利亚）。由于日本和朝鲜不对欧洲人开放，探险队实际上是在一片未知的领域航行。他从鞑靼向东北航行，发现了萨哈林岛，并遇到了阿伊努人以及萨哈林岛和北海道岛的土著居民。探险队随后驶往堪察加半岛，在那里他们收到了一年多来的第一批邮件。在妻子、父母和恋人的信中，有一封来自法国的命令，要求拉·佩鲁斯调查由亚瑟·菲利普船长率领的、被派往博特尼湾开始永久定居的英国特遣队。

“我对这位伟人的记忆充满钦佩和尊敬。他将永远是我眼中的第一流的航海家。是他确定了这些岛屿的确切位置，是他探索了它们的海岸，是他使居民了解了他们的风俗习惯和宗教信仰，是他用他的鲜血换取了我们今天在这些民族身上所拥有的一切光明。我称他为这些国家的克里斯托弗·哥伦布，阿拉斯加海岸的哥伦布，以及几乎所有南海岛屿的哥伦布。机会也许能使最无知的人发现岛屿，但机会只会属于像他这样伟大的人，对于他们所发现的海岸，我们没有什么可做的了。航海家、哲学家、医生都在他的航行中发现了他们所关心的有趣而有用的东西。所有的人，尤其是所有的航海家，都对他的记忆表示敬意。当一个人来到他不幸地结束了他的职业生涯的那一群岛屿时，怎么可能忽略了他所付出的代价呢？”

拉·佩鲁斯抵达桑威奇群岛（夏威夷），此地正是他的英雄和同伴、失踪的探险家船长詹姆斯·库克遭遇了可怕的结局之处。

到12月，“拉·布索尔号”和“拉·斯特罗莱号”已经越过赤道，到达了纳维基特群岛（萨摩亚群岛），在那里，一场悲剧正在等待着他们。起初，当法国人在法加萨湾抛锚停泊时，图图伊拉岛的土著向他们友好地打招呼。在岸上，拉·佩鲁斯很欣赏树木环绕的美丽的房子，树上果实累累，村民们很热情地邀请法国人回家。这一切都非常符合高贵的野蛮人的高卢传奇，直到第二天，“拉·斯特罗莱号”的船长保罗－安托万·玛丽·弗洛里奥·德·朗

▲拉·佩鲁斯伯爵接受了路易十六关于他的太平洋探险之旅的指示。

格勒带着61个人在附近的阿斯旺湾上岸去取淡水。他们很快就被1000名萨摩亚人包围了。探险队的人投掷石块，并开枪还击。到最后，39名萨摩亚人和12名法国人，包括朗格勒，都死了。显然，图图伊拉人是邻近的乌普鲁岛的臣民，乌普鲁人嫉妒他们的附庸族所得到的关注和威望，因此发动了这次攻击。

拉·佩鲁斯悲痛欲绝，因为朗格勒是他的好朋友，他花了两天的时间在岛上转来转去，考虑着复仇的事，但并没有实施报复行为——除了不再与乌普鲁岛进行交易。然后，他们离开了。他经过汤加和诺福克岛，然后在纳拉宾看到了澳大利亚海岸（今天的悉尼北部的海滨郊区）。

法国人被一场风暴吹向南方，进入博特尼湾，在那里他们惊奇地发现英国人已经到了。这两个昔日的敌人之间的会面是亲切友好的，他们的相似之处将远远超过他们面对陌生环境时的差异，考虑到这点，这种亲切友好或许并不令人意外。菲利普船长已经动身去杰克逊港了，只好由“天狼星号”的约翰·亨特船长和拉·佩鲁斯联络。双方在对方的船上待了一段时间，亨特同意把包括拉·佩鲁斯的日记在内的邮件带回法国。

1788 年 3 月 10 日，法国船只装载了木头和水，离开了博特尼湾。这是欧洲人最后一次看到它们。在留给亨特的信中，拉·佩鲁斯表示，他将穿越太平洋，访问汤加、新喀里多尼亚、圣克鲁斯群岛和新几内亚，然后穿过新几内亚和澳大利亚，前往毛里求斯。他预计将于 1788 年 12 月抵达毛里求斯。

由于 1789 年法国大革命的爆发，探寻拉·佩鲁斯到底发生了什么事的努力被推迟了。尽管如此，路易十六，这位深入参与拉·佩鲁斯探险的人，在被送上断头台之前，还是成功地让探险家约瑟夫–安东尼·雷蒙德·布鲁尼·德恩特雷卡斯托克斯领导了一次搜救任务。1793 年，此项任务几乎发现了拉·佩鲁斯的命运，他们看到了万尼科罗群岛，当时船只在万尼科罗群岛失事，那里可能还有幸存者。德恩特雷卡斯托克斯看到了这个岛，然而，他决定保持原有航线，于是，万尼科罗群岛消失在远方。

探险队的命运在接下来的 30 年里一直是个谜，直到爱尔兰水手彼得·狄龙来到蒂克邦，他的朋友拉斯卡·乔在那里带着一个银色的刀剑护把，跟法国人用的很像。他告诉狄龙他是从邻近的万尼科罗群岛得来的。狄龙带着这个消息坐船前往加尔各答，并返回调查，但他途中在霍巴特被捕。最终，他成功抵达万尼科罗群岛，当地土著告诉他，两艘船在飓风过后于礁石上失事。很明显，“拉·斯特罗莱号”完全迷失了方向，但“拉·布索尔号”并没有那么快就解体，许多船员设法到达了岸边，其中一些人在那里被当地人杀死。

那些幸存下来的人建造了一个寨子来保护自己，并制造了一艘船，他们离开了那里，从此就杳无音讯了。还有两个人留在了岛上，但就在狄龙到达之前几年死了。狄龙的故事最初受到怀疑，但 1828 年朱尔斯 · 杜蒙 · 居维尔率领的一支探险队访问万尼科罗群岛时证实了这一点。拉 · 佩鲁斯的确切命运仍不得而知。

乔治·德鲁亚尔（1775—1810年）

德鲁亚尔有一半印第安人和一半法国裔美国人血统，是刘易斯和克拉克太平洋海岸探险行动中仅有的两名平民成员之一。他的狩猎技巧和对印第安手语的了解使他成为最有价值的成员之一，如果没有他，探险是否能成功，这令人怀疑。探险过后的生活中，他依然是一个拓荒者，之后他成了密苏里毛皮公司的海狸捕手，过早结束了探险生涯。

死因：在捕海狸时被北美印第安乌足族砍成碎片

乔治·德鲁亚尔的父亲皮埃尔是法国人，在美国独立战争期间，他受雇于英国，担任休伦语口译员。然而，他对印第安人的兴趣远远超出了语言的范畴，结果与一个肖尼族女人生下了乔治。[1] 关于德鲁亚尔的早年生活，人们所知相对甚少。他在底特律河地区长大，该地区横跨加拿大安大略省和美国密歇根州。他成名的主要原因是他在刘易斯和克拉克史诗般的太平洋海岸探险中所扮演的角色。

受杰弗逊总统的委托，这次探险的目标（用杰弗逊的话来说）是：

[1] 肖尼人，美洲土著，很多现居于美国俄克拉荷马州。——译注

▲在内布拉斯加州斯考茨布拉夫附近的会面中，毛皮猎人来到这里与印第安人和来自东部的商人进行贸易。

探索密苏里河，以及它的主要支流，还有它的路线和与太平洋水域的交通，无论是哥伦比亚、俄勒冈、科罗拉多或任何其他河流，都可以提供最直接和切实可行的水路交通横跨整个大陆，为商业目的服务。

在1803—1804年的冬天，德鲁亚尔加入了俄亥俄州的探险队。他是仅有的两名平民之一，另一名是克拉克的奴隶。德鲁亚尔之所以被聘用，是因为他擅长使用印第安部落之间用来交流的手语，而且他还擅长打猎，因为探险计划主要在陆地上进行。

这段旅程沿着密苏里河，穿过落基山脉，到达俄勒冈州波特兰附近的太平洋海岸，然后返回东部，行程超过12000公里（7500英里）。梅里韦瑟·刘易斯上尉在1809年自杀，结束了自己的探险生涯。他这样评论德鲁亚尔：

一个很有价值的人；从他对通用手语的了解，以及他作为猎人和樵夫的非凡技能来看，他特别有用；这几项工作他都是诚心诚意地做的，他的热情值得最高的赞扬。

路易斯和克拉克探险队在1806年凯旋，回到了圣路易斯，但不久德鲁亚尔就再次听到了野性的呼唤。探险队有经济动机也有探索的动机，刘易斯和克拉克与古巴出生的曼纽尔·利萨以及其他几名捕猎者，利用他们在旅途中发现的大量海狸和水獭的皮毛，合作成立了圣路易斯密苏里河毛皮公司。

在他短暂的一生中，德鲁亚尔一直在密苏里河和黄石河源头附近的落基山脉从事猎皮探险。1810年，在利萨的带领下，他参加了一次毛皮捕捉探险，试图在蒙大拿州密苏里河的三个支流交汇处建立一个毛皮交易站。河流里有很多海狸，可乌足族印第安人充满了敌意，他们擅长在猎人们分头追赶猎物的时候干掉他们一小撮人。在4月份的一次袭击中，5人被杀，捕猎者们撤退到他们建造的堡垒里。之后，有一个月没见到乌足族人，包括德鲁亚尔内的一些人又开始蠢蠢欲动，想赚上一笔。德鲁亚尔有一半印第安人血统，他对印第安人的恐惧可能比他的同行们要少。五月的一天早上，他出去了，第二天带着许多皮毛回来了。

他向同事们吹嘘说，他“太像印第安人了，印第安人不会抓我”。这是一个经典的著名遗言案例。第二天，德鲁亚尔和两个肖尼族印第安人出去探险。他们离开了探险队的主力，沿着一条河行走，遭到了乌足族人的伏击。据猎人托马斯·詹姆斯说，当主力部队赶过去时，他们发现了以下血淋淋的一幕：

德鲁耶（德鲁亚尔）和他的马躺在那里，死了，前者死状极惨；他的头被砍下来，内脏被挖出来，身体被砍成碎片。我们从地上的痕迹看出来，他一定是在马背上战斗了一场，很可能杀了他的一些敌人，因为他是一个勇敢的人并且武装精良，装备着步枪、手枪、刀和战斧。我们沿着印第安人的足迹一直追到晚上，没有追上他们。然后，我们埋葬了我们的死者，伤心地回到了堡垒。

亚瑟·康诺利（1807—1842年）

康诺利创造了“大博弈”这个词，这个词在吉卜林笔下广为流传，描述了19世纪英国和俄罗斯争夺中亚控制权的战争。康诺利也是第一个乔装出行，由陆路从莫斯科到达印度的英国人。然而，在随后的一次旅行中，他被博卡拉的埃米尔[1]逮捕，在肮脏的监狱里受了几个月折磨后被处决。

死因：在博卡拉，被关在害虫出没的坑里几个月，之后被公开斩首

在还是一个孩子的时候，亚瑟·康诺利被送到了拉格比，这所著名的英国公立学校的施虐文化和欺凌行为在《汤姆·布朗的学生时代》一书中有著名的例证。[2]他在那里似乎没有什么成就，他的父亲把他转到了阿德斯科姆神学院，不到一年他就放弃了这所学校去印度旅行。当他到达那里时，他以短号手的身份加入了孟加拉本土第6轻步兵部队。

在回到英国休完病假后，康诺利冒着刚刚恢复的健康可能重新丧失的危险，经由俄罗斯陆路返回印度。1829年末，他离开莫斯科，穿过高加索地区

[1] 埃米尔，对穆斯林统治者的尊称。——译注
[2] 《汤姆·布朗的学生时代》是一本经典的英文小说，作者是托马斯·休斯。——译注

来到波斯。然后，他伪装成一个本地商人，从大不里士出发，开始穿越土库曼沙漠，打算前往希瓦可汗的领土（乌兹别克斯坦的克鲁兹省）。在途中，他遭到了强盗的袭击，幸运的是，他没有被杀害或俘虏，也没有被卖为奴隶。他回到波斯后，设法经由赫拉特来到印度，他说赫拉特是“世界上最脏的城镇之一”。死动物在街上腐烂，而当地习俗是与活的动物性交。康诺利经费不足，被困在赫拉特，直到与英国政府有交易的皮斯根穆罕沙阿把他从困境中解救出来。[1] 他提出护送康诺利回印度，并于 1831 年 1 月到达。1834 年，柯诺利出版了《印度北部之旅》一书，确立了他作为探险家和作家的声誉。同年，他成为第一次阿富汗战争前印度政府的中亚问题专家。当沙舒亚在英国的协助下将多斯特·穆罕默德驱逐出喀布尔时，科诺利作为英国特使的一员前往喀布尔。在向希瓦、布哈拉和撒马尔罕的汗国提出外交建议后，他被任命向希瓦和布哈拉转达这一信息，并在那里探听被埃米尔纳斯鲁拉·汗关押了两年的查尔斯·斯托达特上尉的情况。

这次任务没有成功。康诺利于 1840 年 9 月出发，前往梅尔夫，然后是希瓦。他试图说服可汗们信奉基督教，放弃奴隶制度，与英国结盟，但这些努力都被置若罔闻。他于 1841 年 11 月到达布哈拉，发现了斯托达特的白痴行为。在被迫等待之后，斯托达特被召去向这位埃米尔表示敬意，但他并没有表示适当的问候，而是拔出了剑。斯托达特被他自己那英国人的优越感冲昏了头脑，随后回应了埃米尔，让他“吃屎”，然后被关进了一个牢房，与其说是牢房不如说是一个坑，在市中心附近。康诺利在外交上的努力也在同一个坑里结束了，这个坑因充满了寄生虫而闻名，比如羊虱，它们以人的肉为食，营养

[1] 沙阿，即伊朗国王的称号。——译注

▲16 世纪葡萄牙航海图的细节，展示了非洲西海岸和好望角。

不良的身体被溃烂的疮所覆盖。这位埃米尔是个施虐狂，喜欢玩心理游戏，比如模拟死刑。在康诺利到来之前，有一个这样的例子。后来，斯托达特皈依了伊斯兰教，但他的待遇并没有改善。

1842 年 6 月的一天早晨，这两个人被从坑里拖出来，带到公共广场。这一次埃米尔是认真的。斯托达特被迫跪下来，然后被斩首。这位埃米尔表示，如果康诺利皈依伊斯兰教，他会宽大处理。考虑到他所知道的上一个穆斯林皈依者（指斯托达特）刚刚身首分离，虔诚的教徒康诺利认为这是一场可怜的赌博，他已接近死亡。他手里拿着他的基督教祈祷书，失去了头颅。

当康纳利和斯托达特的困境传到伦敦政府时，引发了争论，然后是拖延，直到认为这两个人可能已经死亡为止。他们的命运在一段时间内一直是个谜，直到约瑟夫·沃尔夫牧师——一位出生于犹太的基督教传教士和东方学者——被斯托达特的一个战友雇佣去寻找原因。1843 年出发后，他来到博卡拉，发现两个人在两年前就被杀害了。很明显，他只是侥幸逃过了同样的命运——因为这位埃米尔发现他的制服太可笑了，忍不住大笑起来。

约翰·富兰克林爵士（1786—1847 年）

富兰克林是一位经验丰富的北极探险家，也是范迪门斯地（塔斯马尼亚岛）的前任副总督，1845 年，富兰克林发起的装备精良的西北通道探险，是探险史上最著名的灾难之一，探险队 128 人全部死亡。为了寻找富兰克林并确定他的命运，人们进行了四十多次搜寻任务。在这些任务中，死亡的人数比最初的探险中死亡的人数还要多。

死因：在加拿大北极地区死于不明原因的疾病

约翰·富兰克林是林肯郡一位店主的 12 个孩子中的第 9 个，他来自一个成就显赫之家。他的舅舅是探险家马修·弗林德斯，他的一个侄女成了桂冠诗人阿尔弗雷德·丁尼生的妻子。富兰克林的父亲最初反对他在海上生活的愿望，但后来他改变了主意，富兰克林加入了海军，和其他人一起，参加了哥本哈根、新奥尔良和特拉法加等战役。

富兰克林第一次尝试探险是在 1801 年至 1803 年，当时他是由弗林德斯带领的皇家海军舰艇调查员团队的一名成员。

15 年后，他开始涉足北极探险，拿破仑战争结束后，他作为大卫·巴肯率领的一支探险队的副手出海寻找西北航道，但途中被浮冰挡住了去路。

在 1819 年到 1822 年，富兰克林带领一支探险队从哈德逊湾的约克法克特里走陆路到达北极海岸。他们沿着科波明河走，在测量北极海岸的东部时经历了巨大的困难。虽然富兰克林是个勇敢的人，但他没有充分考虑远征的后勤保障问题。该团队 20 名成员中有 11 人死亡，一名印度向导因射杀一名水手而被处决，那个水手正在吞食一名被谋杀的同事的尸体。两名军官为了争夺一名 16 岁印度女孩的芳心而进行了一场决斗。探险队成员只能吃苔藓和腐烂的驯鹿皮，也吃靴子上的皮革以及人肉。尽管如此，当富兰克林回到英国后，他成了一个受欢迎的英雄，被称为“吃靴子的人”。

1825 年，富兰克林第二次踏上经由陆路的北极之旅。这一次，事情进展得更加顺利，他们在加拿大北极海岸 2000 多公里（1250 英里）的海域绘制了海图，采集了 600 多个动植物标本。在这两次探险中，几乎三分之二的加拿大北极海岸都被绘制成了地图。

富兰克林第二次探险回来，发现他的妻子去世了。他从北极探险中缓过神来，娶了妻子的一个好朋友，然后在希腊独立战争中与奥斯曼人作战，并被授予爵位。1837 年，他以副总督的身份从专制的乔治·亚瑟手中接过帅印，来到范迪门斯地。他的任命十分匆忙。富兰克林是一个无忧无虑但崇尚自由的人，他的思想与政治的阴谋诡计格格不入。他最终被撤职，因为他的一个下属，殖民大臣约翰·蒙塔古向伦敦提出交涉，说富兰克林的决策是由他的妻子主导的。

1843 年，富兰克林回到英国，发现有人计划远征西北航道。尽管富兰克林已年近六十，且海军和西北航道部门八十多岁的秘书约翰·巴罗爵的态度不冷不热，但他还是被授予了有史以来装备最好的探险队的指挥权，试图找到并通过这条航道。

探险队由两艘船组成，一艘是 378 吨重的“幽冥号”，另一艘是 330 吨重的“惊恐号”。这两艘船以前都是炸弹船，十分坚固，是为了抵抗战斗中迫击炮的反冲而建造的。船体和甲板被进一步加固，以达到两倍的厚度，专门用于极地条件，两艘船都从总部设在霍巴特的罗斯考察队中完好无损地返回，这是富兰克林在范迪门斯地任职期间，为寻找磁极南极而进行的考察。富兰克林号探险队新增的一项设备是配备螺旋桨的20马力蒸汽机，目的是使船只在恶劣的风力条件下，在浮冰中具有更大的机动性。

富兰克林探险队测试的另一项新技术是罐头食品，它也包含在供应之中。不幸的是，用于密封易拉罐的铅焊接是危险的，铅中毒是导致一些团队成员死亡的一个因素。他们带上了三年的储备粮：每艘船大约装载了30吨面粉、8吨牛肉、1万升浓缩汤、2吨巧克力、2吨柠檬汁和1吨多烟草。

这两艘船于1845年5月19日离开伦敦。7月初，他们在格陵兰岛的迪斯科湾停下来补充补给。7月28日，他们在兰开斯特海峡附近的巴芬湾遇到了两艘捕鲸船，之后欧洲人再也没有看见过他们的128名船员。考虑到这些船只有三年的储备，英国当局对展开搜索行动犹豫不决。

然而，当三个冬天过去了，仍然音讯皆无，政府开始了搜索。最初的官方搜索，一条线沿大西洋，一条线沿太平洋，另一条线沿麦肯齐河进行陆路搜索，几乎没有发现富兰克林探险队成员的命运，尽管在这个阶段仍有一些人活着。

他们命运的第一个痕迹是在1850年由伊拉斯穆斯·翁曼尼船长带领的探险队发现的，他在巴罗海峡德文岛附近的比奇岛上发现了破破烂烂的衣服、罐头肉和海军用品。他们还发现了三个坟墓，分别标着1846年1月和4月。随后的搜救队认为富兰克林的船只是向北而不是向南航行，导致了大量白费力气的追逐。糟糕的运气使其他团队找不到富兰克林的船只经过的路线。

直到1854年，哈德逊湾公司的一名员工约翰·瑞伊博士完成了由失踪的探险家托马斯·辛普森遗留下的北极海岸拼图的一部分的调查任务时，才带回了因纽特人目击的消息，四十名身体状况不佳的欧洲人正往南前往国王威廉岛。根据因纽特人的说法，这些人饿得奄奄一息。那个季节晚些时候，瑞伊在大陆上发现了三十具尸体，另外五具在蒙特利尔岛上，靠近巴克河口。瑞伊报告说，因纽特人告诉他，“从许多残缺不全的尸体和水壶里的东西来看，很明显，我们可怜的同胞被逼成了‘最后的食人族’，这是一种延长生命的手段”。

瑞伊的报告在英国引起轩然大波。因为他们发现了探险队的命运，政府奖励了他和他的手下1000英镑，富兰克林的妻子很生气，为的是他没有进一步寻找更多的探险队成员就打道回府了。小说家查尔斯·狄更斯谴责了瑞伊“这些人采用同类相食”的理论，并对因纽特人的证词提出了质疑，这种策略可能推迟了其他人最终被发现的时间。

在寻找富兰克林远征队的过程中，最令人感兴趣的一个方面是两位通灵人士的准确性和影响力，他们的远见启发富兰克林夫人组织了一次进一步的探险，其资金来源是订购和出售她的珠宝。1857年，带有辅助蒸汽动力的三桅纵帆船“福克斯号”由弗朗西斯·麦克林托克担任船长，离开了苏格兰。在一个初冬，这艘船被困在浮冰中，在被冰冻的250天里，它沿着巴芬湾和戴维斯海峡漂流了超过2000公里（1250英里）。第二年夏天，当他们能够在布西亚半岛和威廉国王岛之间航行时，他们从因纽特人那里听说有一艘船被冰压碎了。在威廉国王岛上，他们发现了一具军官的遗骸，口袋里装着文件。在岛上“胜利点”附近的石堆纪念碑上，他们发现了仅有的两项探险记录。

第一封信的日期是1847年5月28日。信中说，探险队在考察了惠灵顿海峡，从康沃利斯岛西侧返回之后，于1845年至1846年在比奇岛度过了冬天，但于1846年9月12日在富兰克林海峡被困在冰层中。报告说，所有人都很好，5月24日有2名军官和6名男子组成的团队离开船只，在冰上和岛上探索各种可能性。

另一封信的日期是1848年4月25日，就没有那么乐观了。富兰克林于1847年6月11日去世。另外8名军官和15名男子也遇难。这些船向南漂去，但在1848年4月22日被遗弃，因为它们仍被困在冰层中。在弗朗西斯·克罗齐尔船长的指挥下，幸存的士兵从陆路前往巴克冻土带上大约400公里（250英里）的巴克河。他们未能到达目的地。

尽管坏血病、肉毒中毒、体温过低、冻伤、肺结核和肺炎都是死亡可能的原因，但最可能的死亡原因是饥饿。最有可能的情况是，这些人等着同事死后再吃掉他们。在探险队为生存而挣扎的过程中，食用被密封不良的罐头中的铅焊料污染的肉类而导致的铅中毒也可能影响了他们的健康，尽管这不大可能是死亡的主要原因。例如，维多利亚女王时代的官员们并不会轻装前行，他们可能会在弃船后选择拖着水晶酒瓶和银盘。克罗齐尔前往巴克河的决定也是值得怀疑的。即使他们到达了河边，最近的定居点仍然在2000公里（1250英里）之外的冰冷的荒野中。

爱德华·沃格尔（1829—1856年）

1853年，福格尔受雇于英国政府，为他在苏丹西部的同胞——德国人海因里希·巴斯运送补给物资。这场旅行已经够危险的了，可沃格尔缺乏在这样的旅行中生存下来的必要的文化敏感性和语言知识。在库卡瓦与巴斯汇合后，沃格尔出发前往尼罗河流域。他没有能成功。直到1873年，另一位德国探险家古斯塔夫·纳赫蒂加尔前往今天乍得的瓦岱时，沃格尔的血腥命运才被揭开。

死因：在瓦岱苏丹的命令下，被铁棍打死

爱德华·沃格尔是德国克雷费尔德一所学校的校长的儿子，他从小就对自然科学产生了兴趣。1848年，他在莱比锡大学学习天文学、数学和植物学，之后前往柏林学习天文学和地理学。1851年，他成为伦敦主教天文台的助理天文学家。奥古斯特·彼得曼将他介绍给英国皇家地理学会，这位地理学家的制图理论在一定程度上导致了失踪的探险家乔治·德·朗的失败使命。

在彼得曼的影响下，沃格尔决心成为一名探险家。1853年他得到了机会。詹姆斯·理查森、阿道夫·奥维格和海因里希·巴斯的中非探险队被派往非洲，以建立绕过阿拉伯人的贸易路线，并进一步推动科学事业，这一任务因1851年理查森的死亡而被贬低。颇具影响力的彼得曼安排沃格尔加入幸存者的行列。他的任务是进行地理和气象观测，以及收集植物标本。但他的野心却更大一些：从的黎波里穿越撒哈拉到库卡瓦，与巴斯和欧弗维格会合，然后继续寻找尼罗河的源头，找到传说中的月亮山。

在他离开伦敦的那天，有消息传来，欧弗维格（第一个环游乍得湖的欧洲人）也去世了。现在只有巴斯一个人了。7 月 25 日，沃格尔加入由 15 名阿拉伯人、2 名非洲仆人、1 名马耳他翻译、1 名厨师、2 名英国陆军工兵和 34 头骆驼组成的商队，从的黎波里出发。1854 年 1 月 13 日，他们抵达乍得湖附近的库卡瓦，博尔努的首都和横跨撒哈拉路线的终点。[1]

沃格尔收集的岩石、动植物标本引起了博尔努国王的怀疑，特别是因为有 2 名英国士兵和他在一起，而且沃格尔的行动受到高度限制。巴斯还在廷巴克图探险，当沃格尔听说有一艘汽船在尼日尔河和贝努埃河上游航行时，他决定试着到达那里，而不是等待。他于 7 月 19 日动身前往曼达拉山，在那里被莫拉的统治者拘留，这位统治者从他在博尔努的同僚那里听说了这个可疑的外国人。沃格尔最终逃到了西部，进入了马尔格希人的领地，但当他听说博尔努更换了统治者时，他急忙赶回那里，希望能得到更好的接待。

这时，沃格尔正在和他的 2 个英国军官争吵。和失踪的探险家大卫 · 利文斯通一样，他要求同伴们做出程度荒谬的自我牺牲，但与利文斯通不同的是，他几乎不会说阿拉伯语（该地区的通用语言），更不用说任何一种非洲语言了。他很幸运地遇到了巴斯，巴斯化解了他们之间的一些冲突，尽管其中一名工程师明智地拒绝了与沃格尔一起继续旅行。巴斯也对沃格尔携带的大量装备表示怀疑，除了沃尔格的态度和个性之外，这些装备本身就足以刺激巴斯杀

[1] 博尔努，非洲西部的一个地区，原穆斯林王国，位于今尼日利亚东北部的一大片平原上。建于 11 世纪，在 16 世纪晚期达到其权力顶峰，该地区于 1902 年成为尼日利亚的一部分。——译注

死沃格尔，将这些装备据为己有。

沃格尔离开了巴斯，带着他剩下的工程师和 4 个仆人前往包奇（雅库巴）。在包奇的埃米尔的军营里，他拜访了这位穆斯林统治者，在那里，沃格尔通过射杀一名男子来讨好他。随后，他成为第一个穿越穆利山脉进入食人族唐格尔领地的欧洲人，他睡在圣殿里，亵渎了它。他于 1855 年 12 月 1 日返回库卡瓦，离开工程师马奎尔，带着笔记和标本收藏，前往苏丹南部的瓦岱（现代的瓦达伊）执行任务，一去无归。

近二十年来，沃格尔的命运一直是个谜。马奎尔显然对此有所了解，但他在返回的黎波里的途中被强盗杀害。直到 1873 年古斯塔夫·纳赫蒂加尔去瓦岱旅行时，沃格尔死亡的情况才变得更加明朗。很明显，他的一些古怪习惯，比如几乎完全靠吃鸡蛋维生，用铅笔而不是墨水写字，都引起了当地人的怀疑，就像他不能用阿拉伯语充分交流一样引人怀疑。 为了安全起见，瓦岱的苏丹建议杀死沃格尔。开始他还有所犹豫，然而，沃格尔随后爬上了位于瓦拉以西的特利亚山。这座山除了苏丹和他的亲密伙伴之外，所有人都不能进入，沃格尔要么懒得去了解，要么根本不在乎。在城外的一次花岗岩远足时，他被突袭，被用瓦岱的卡巴图种姓常用的铁尖头棍棒打死（据纳赫蒂加尔说），这个种姓由刽子手和音乐家组成。

罗伯特·奥哈拉·伯克（1821—1861年）
与威廉·约翰·威尔斯（1835—1861年）

伯克与威尔斯，二者的名字总是一起被提及，他们是从南到北穿越澳大利亚大陆这一悲剧使命的领导者和勘测员，在这次使命中死亡。尽管他们缺乏经验，对自己将面临的情况也没有什么预期，但如果不是因为倒霉透顶的时间安排和某种轻率的沟通，两人很有可能生存下来。之后，探险队的另外五名成员在这个去往最北部的任务中也不幸死去。

死因：死于澳大利亚内陆的营养不良和脚气病

历史上著名的伯克和威尔斯远征，是新成立的维多利亚殖民地的一种企图，试图利用其新发现的淘金热财富来建立一些文化威望。这次探险是由维多利亚皇家学会探险委员会组织的，该委员会所拥有的探索知识与它所雇来领导这次任务的人一样，半斤八两。罗伯特·奥哈拉·伯克在一次委员会投票中获胜。他是一名职业军人和警察，一名有魅力的强硬的专制主义者，但他缺乏必要的航海和丛林探险技能。

伯克的入选并非得益于纸上谈兵的专家的规定。委员会的两位成员都有探索经验，他们分别是植物学家费迪南德·冯·米勒，他是A·C·格雷戈里北部探险队的老将，以及威廉·布兰多夫斯基，他们曾到墨累河和达令河汇流处考察过。在投票中他们常被那些毫无第一手经验的人击败。1860 年 8 月 20 日，15000 人聚集在墨尔本为探险队送行，这是一项沉重的、教条主义的事业。委员会决定准备干肉而不是牲畜，各委员会成员的实验主义也意味着，他们有 20 吨的物品要携带。伯克不得不额外雇了三辆手推车来运送食物。这将花费远征的时间和金钱。这些骆驼是由一个探险委员会心血来潮从印度运来的，它们在旅程的第一站那厚重的黑色土壤里挣扎。当他们到达巴拉纳尔德时，伯克被迫放弃了诸如糖、酸橙汁、枪支和弹药等必需品，同时继续携带270升（60 加仑）朗姆酒，因为大家相信这东西会防止骆驼得坏血病，而伯克并不相信。他们一经过巴拉纳尔德，骆驼的数量增加了，但马车在松软的沙土中艰难地行进着，前进的速度通常是每小时一到两公里。

探险队从墨尔本出发时，有 6 名爱尔兰人、5 名英国人、4 名印度人（为了照顾骆驼而引入的）、3 名德国人和 1 名美国人。当探险队从墨尔本缓慢地出发，沿着达令河向梅宁迪进发时，因成员的个性问题发生了许多冲突。几名探险队成员辞职，其中包括副指挥官约翰·兰德尔斯，其他人则被解雇。在他们到达梅宁迪[1]之前，伯克命令每个人将自己的行李限制在 14 公斤（30 磅）左右。他还决定让每个人都步行来减轻马匹的负担。让科学人员进一步感到震惊的是，他们将不得不放弃许多设备，和其他探险队成员做同样的工作。

伯克骄傲而愚蠢地拒绝了弗朗西斯·卡德尔船长的任何请求，不让他用轮船把探险队从达令岛运到布尔克堡，因为卡德尔曾反对任命他为探险队队长。探险队到达梅宁迪，他们花了两个月的时间完成了一辆邮车在一周内就能完成的任务。伯克最初的手下只剩下 2 名军官，15 人被解雇，又另外雇用了 8 个人。

---

[1] 澳大利亚内陆地区。——译注

在梅宁迪，伯克把他的手下分成了两个阵营。他带着最强壮的动物、七个最健康的男人和一些货物，由西北方向前往库珀克里克。这趟旅程相当容易，因为近期的雨意味着水源是丰富的。经过 10 天的旅行，当他们到达托洛沃托沼泽时，伯克任命了他的新成员之一，威廉·赖特，为探险队的第三号指挥官，并让他独自回到达令去接剩下的人并取补给品。1861 年 11 月 20 日，在离开墨尔本 3 个月后，伯克带着 6 个人北上昆士兰，抵达库珀克里克。他们建了一个补给站，因为鼠疫，他们不得不搬迁，然后在布拉布拉水坑等了十天，期待赖特带着补给物资到达。但急躁最终战胜了伯克，他决定再次分开探险。伯克，他的性格被失踪的探险家们当中常见的轻率自负所折磨，12 月 16 日，他带着 3 个人、6 头骆驼、1 匹马和 3 个月的补给向北进发。到这个时候，澳大利亚的夏季完全到来了，室外温度将通常超过 50° C（122° F），很难找到阴凉处。和他在一起的还有威尔斯、约翰·金和查理·格雷。在伯克的命令下，剩下的人和货物由威廉·布拉赫负责，他们要等待 3 个月（在威廉·威尔斯的秘密要求下，时间延长到 4 个月）。

除了炎热，探险者们所面临的条件大多是仁慈的。丰沛的降雨意味着很容易找到水源，而人们预料到的土著人的敌意却被证明是不存在的，也许是因为探险者到达时正值一个富饶的时期。2 月初，他们到达了弗林德斯河。它带着咸味和潮汐的气味，表明它在不远处就汇流入海。伯克把格雷和金留下来照看骆驼，他和威尔斯直奔海岸，却发现无法穿越的红树林沼泽和泥浆阻止了他们到达目的地。

虽然从库珀克里克到海湾的旅程比想象中要容易些，可当他们返程时，他们只剩 27 天的食物，需要维持 57 天的旅程。虽然沿着已经走过的路径返回更容易，但是由于潮湿季节的到来而阻碍了这一进程，行程非常缓慢，特

▲伯克和威尔斯探险队从墨尔本出发，从南到北，穿越澳大利亚大陆。

别是因为骆驼是他们主要的驮畜，而骆驼特别不适合承担半两栖动物的角色，但他们经常把它们当两栖动物使用。

为了延长他们的食物供应，探险队开始吃猪草茎，一种土著居民用来做蔬菜沙拉的植物。当查理·格雷杀死了一条重达5公斤（11磅）的巨蟒时，他们都大快朵颐，但吃了之后，伯克得了痢疾，格雷也身受痢疾的折磨。3月25日，威尔斯发现格雷躲在一棵树后，吃着他们缺乏的面粉，并向伯克报告。伯克认为格雷只是在装病，因此以盗窃之名对他实施鞭打。2周后，格雷开始

▲ 士兵兼警察罗伯特·奥哈拉·伯克被选为探险队队长，但他草率的决定导致了灾难。

“假装”自己不能走路。九天之后，他死了。动物们的情况也好不到哪儿去，由于精疲力竭，无法继续活下去，它们逐渐被杀死和吃掉。1861 年 4 月 21 日，这三名男子和最后两只骆驼艰难地回到了库柏克里克补给站，在那里，他们曾让布拉赫留下等待。在命运的残酷的捉弄下，就在那天早上，布拉赫和他的人刚刚离开，其中一个叫巴顿的人从马上摔下来摔断了腿。这些人争论着是否要跟随布拉赫回到梅宁迪，但是他们精疲力竭，因此定居了下来，享受着之前布拉赫埋在一棵树下的有限物资。

4 月 23 日，伯克、威尔斯和金决定再次出发。此时，被幸运抛弃的伯克犯了一个致命的错误。当威尔斯和金倾向于回到“老路”时，伯克否决了他们的提议，决定沿着小溪的航道走，然后通过无望山去一个养牛站。进展缓慢几乎可以忽略不计。第一天，他们只走了 8 公里（5 英里），从此以后，他们没能在一天内走得更远。其中一只骆驼被卡在了一个水坑里，另一只则翻滚下山崖摔死了，这意味着它们再也无法携带足够的水，以离开小溪航道。路过的土著居民补充了他们微薄的口粮，土著们以鱼易糖，还教他们如何吃那都，那都是一种四叶的三叶草，带有种子荚（孢子果），可以被捣碎成面粉状的糊状物。

然而，那都填满了他们的胃的同时，它含有的一种摧毁维生素 B_1 的酶，让这些人患上了被称为脚气病的维生素 B_1 缺乏症。这三个人越来越虚弱。威尔斯在日记中写道：

> 现在除了天大的好运，什么也救不了我们；至于我自己，如果天气继续变暖，我可能会活4天或5天。我的脉搏是48，非常微弱，我的腿和胳膊几乎是皮包骨。我只能观望着，就像米考伯先生（狄更斯的小说《大卫·考伯菲尔德》中的人物），盼着有“转机”，饥饿时吃那都并没有那么难受，就胃口而言，它给了我最大的满足。可却使人腿脚发软，完全不能动弹。

在最后一次绝望的求生尝试中，伯克和金离开了威尔斯，开始寻找土著部落，希望能得到一些食物。他们失败了。第二天，伯克吃了晚饭，然后请金照看他，直到他死去。几天后，金返回，发现威尔斯也死了，他把他埋在沙子里。金遇到了土著，他们让他和他们住在一起。

▶ 威廉·约翰·威尔斯，探险队的勘测员，和伯克一起到达了北海岸的红树林沼泽。

若不是这样，他原本会孤独地死去。在 1861 年 9 月 15 日维多利亚救济委员会发现身体虚弱的他之前，他一直在与他们分享食物，并通过打鸟来提供补给。他恢复了健康，但在三十岁的时候，由于旅途的艰辛和肺结核的并发症，他也死去了。

大卫·利文斯通（1813—1873年）

这位非洲老兵在寻找尼罗河源头时迷路了，直到亨利·斯坦利找到了他，并说出了探险史上最著名的一句话："我想，是利文斯通医生吧。"尽管利文斯通被发现时状态糟糕，但他拒绝了斯坦利的营救，而是继续寻找尼罗河喷泉，[1]但他只到达了邦韦鲁湖的沼泽地带，在那里，他死于疾病。

死因：死于痢疾、发烧和痔疮

大卫·利文斯通是又一位在非洲失去生命的苏格兰探险家，他10岁时开始在棉纺厂工作。幸运的是，工厂的老板们也给他们的工人上课，他利用了这个机会。然后他在安德森学院学习，因此有资格成为一名医疗传教士。

利文斯通于1841年首次被伦敦传教士协会派往南非。他被证明是个平庸的传教士：他与同事和上司争吵不休，并以捍卫非洲原住民的权利而闻名，这种态度尤其令布尔人恼火。[2]在马博萨（现莱索托）讲道时，他被一头狮子袭击。他娶了另一位苏格兰传教士的女儿玛丽·莫法特为妻，却不恰当地

[1] 喷泉从河床喷出，会同维多利亚的湖水，就形成了白尼罗河。白尼罗河为尼罗河的源头之一。——译注

[2] 布尔人，南非荷兰移民的后裔。——译注

形容她“身体粗壮，矮胖”。

在他整个传教生涯中，利文斯通只改变了一个人。随着他旅行欲望的高涨，他更愿意把他的探险看作将非洲开放，以促进商业和基督教力量的改善。他的第一次重大突破是在1849年穿越卡拉哈里沙漠到达恩加米湖。在1851年的第三次旅行中，他发现了赞比西河，并与恩加米湖北部林扬蒂的马科洛洛人建立了友谊。

在1853年的第四次探险中，利文斯通探索了赞比西河的上游，然后向北穿越沼泽，穿过刚果的主要支流葛西河，并最终到达罗安达的葡萄牙定居点。

在所有的非洲探险者中，利文斯通可能是最顽固、最执着的。尽管因为遭受着疟疾和痢疾的折磨，他必须在大部分旅程中被抬着走，他还是拒绝了回英国疗养的机会，开始了回利尼扬蒂的旅程，1854年9月离开，一年后到达，到那时，他已经遭受了27次发烧的折磨。

1855年11月，他从利尼扬蒂出发，向东探索赞比西河，在此过程中他发现了维多利亚瀑布。1856年5月，他到达印度洋上的克利马内（莫桑比克东部港市），成为第一个跨越非洲大陆的欧洲探险家。这一次他确实回到了英国，在那里他发现自己成了民族英雄。他的公众活动变得频繁，以至于他几乎没有时间见他的家人，而且，他可能对家人也并不上心。伦敦传教士协会要求他更多地传福音，少一点探险。于是他辞去了该协会的职务，并在强大的新盟友们，如皇家地理学会主席罗德里克·默奇森爵士的帮助下，被任命为女王陛下在非洲东海岸的领事。他于1858年3月乘船返回非洲。

利文斯通坚信赞比西河或它的北部支流夏尔河将为进入非洲内陆提供一条通航通道。为了证实这一理念，他获得了一艘轮船（特别设计为可拆开、携带和重新组装）和6名英国助手，包括他的兄弟查尔斯。利文斯通的信念受到了严峻的考验，两河上都有大瀑布，夏尔河的浮萍堵塞了轮船的桨轮。利文斯通无法引导人们脱离自己的文化，这进一步困扰了探险队。

利文斯通行事诡秘，自以为是，喜怒无常，他期望人们对他自己的惩罚制度的荒诞性抱有渴望，并不欣赏有潜力的对手对他的错误进行评论。尽管这些欧洲人普遍都发烧，并且存在普遍的不信任气氛，但这支次探险队还是成为第一个到达马拉维湖的队伍。在卷入部落战争后，利文斯通乘坐四桨船探索了这个湖，并对这个地区的人口密度感到惊讶。1862 年初，他和他的其他同事回到了海岸。不久之后，一艘为用于在马拉维湖上航行而设计的新轮船和利文斯通夫人都到达了。不幸的是，在她丈夫不在的情况下，玛丽·利文斯通酗酒成性，成了一个举止粗俗的酒鬼，这状况因为一场致命的高烧才得以改善。

在压抑的内疚和悲伤的驱使下，利文斯通更加投入他的工作中，以至于他的苏格兰同事、内科医生和植物学家约翰·柯克认为“他疯了”，是“最不安全的领导人”。在第三条河——罗乌玛河上航行的尝试失败了，在夏尔河溯流而上的旅程中，每天，他们必须从船的桨轮上清除那些被奴隶贩子扔进河里的支离破碎的尸体。利文斯通的助手们要么死了，要么离开了他。柯克很好地诠释了他的性格，他把他描述为“一个沉迷于自己的计划的乐观的狂热者，他的理性和更好的判断被任性的激情蒙蔽了”。

“我只能得出这样的结论：利文斯通医生疯了。”

约翰·柯克博士，同为探险队成员，1862 年在桑给巴尔担任英国领事。

英国政府对利文斯通未能找到一条通往内陆的通航路线感到不满，并对不断增加的成本感到失望，他们命令利文斯通返程。当他被安置在一个他从非洲认识的大型猎物狩猎人的乡下住宅里时，利文斯通觉得他已经不再属于英国了。皇家地理学会给了他一个彻底解决尼罗河源头问题的机会，而他抓住了这个机会。

当时，利文斯通确信英国探险家约翰·斯毕克关于尼罗河发源于维多利亚湖的论断是错误的。他将逸事证据与古希腊历史学家希罗多德提到的喷泉山的故事结合起来，认为尼罗河开始于更南的地方，并穿过一连串湖泊，从班韦乌卢湖开始，最后到达艾伯特湖。他组建了一个由被解放的奴隶、科摩罗群岛居民、十几个印度兵、他信任的仆人祖玛和苏西组成的团队，他们都是以前的探险队成员，没有英国同胞。

1866 年 3 月，探险队从鲁武马河口向西出发。途中，耕牛被采采蝇杀死，利文斯通的仆人抛弃了他。他于 8 月 6 日抵达马拉维湖，那时他的科摩罗岛手下已经返回桑给巴尔岛，为了掩盖他们抛弃了利文斯通的事实，声称他是被谋杀的。利文斯通身边只剩下几个人，他的大部分补给已经被偷了，他沿着坦噶尼喀湖的方向穿过沼泽。他旅行得越久，病得就越重。发烧使他不止一次地显得彻底地无助，他所有的药都被偷了，这更加剧了他的困境。他给桑给巴尔发了一条信息，要求将物资运往乌吉吉，然后向西进发。

此时，利文斯通的处境变得非常糟糕，他被迫与阿拉伯奴隶贸易商结伴前往姆威鲁湖，他讨厌他们的职业，他们于 1867 年 11 月 8 日到达了目的地。从那里，他转向南方，进入了一个叫作卡西姆贝的酋长统治的领地。卡西姆贝的住所装饰着人的头骨，刽子手总是站在他的身边，手里拿着一把用来砍人的大刀，一种特殊的剪子，谁惹怒了卡西姆贝，他们就用这剪刀剪掉他的耳朵。

▲“我想，是利文斯通医生吧。”1871 年，亨利·斯坦利在坦噶尼喀湖的乌吉吉遇到了大卫·利文斯通。

1868 年 7 月 18 日，利文斯通成为第一个看到班韦乌卢湖的欧洲人。为了证实他先前关于尼罗河源头的观点，他确认，流在班韦乌卢湖和姆韦鲁湖之间的卢普拉河和卢阿拉布河才是尼罗河真正的源头。可他是错的：它们实际上是流向刚果河的。不仅如此，他很快就患上了肺炎。1869 年 3 月，当他到达乌吉吉时，他发现他的物资，包括他的药品，都被洗劫一空。

他的病情因霍乱和脚上的热带溃疡而加重，他又一次被迫依靠奴隶贩子的施舍。在潮湿的季节，他因腐烂的脚而困在班巴雷，他被迫在一处用绳子围起来的圈地里吃饭，以娱乐当地人。他的所有仆人只剩下3个。在卢拉巴的尼扬格维附近目睹了一场大屠杀后，他回到了乌吉吉，堪堪避过了一场曼月马部落的伏击，伏击使用的是矛和火烧过的树。

利文斯通在1871年10月23日到达了乌吉吉，“瘦得皮包骨”，并没有立即得救的希望。他和两个忠心耿耿的仆人住在一间破屋里，被迫乞讨为生。1871年11月10日，威尔士裔美国记者探险家亨利·莫顿·斯坦利在那里发现了他，他是被《纽约先驱报》派去寻找他的，这次邂逅引发了斯坦利浮夸而不朽的话语，“我想，是利文斯通医生吧”。

也许是利文斯通的可怕困境引发了他性格中迟来的谦逊，也许是因为斯坦利行事的方式，他喜欢把年纪大的男人变成父亲，这让利文斯通的自尊心大增。无论出于什么原因，这二人相处融洽。利文斯通邀请斯坦利和他一起探索坦噶尼喀湖的北岸。然而，当斯坦利随后提议他们应该一起回到英国时，利文斯通却决心一劳永逸地证明卢阿拉布河就是尼罗河，尽管他没有任何条件这样做。他们在塔博拉分手，3个月后，利文斯通从那里出发开始探险。

到1873年3月，利文斯通病得很重，由于痢疾和痔疮的双重病痛而失血过多。到了4月，他剩下的两个仆人用担架抬着他。5月1日早晨，人们发现他跪着祈祷：死了。在埋葬了他的心脏之后，他的仆人们用香料熏香了他的尸体，并将其运送到了1500公里（930英里）以外的地方，直到在塔博拉，他们遇到了利文斯通救助团队，后者将他的遗体带回了英国，安葬在威斯敏斯特教堂。

乔治·华盛顿·德·朗（1844—1881年）

就像亨利·莫顿·斯坦利寻找利文斯通的行程一样，德·朗的北极探险也是由报社老板詹姆斯·戈登·贝内特资助的。然而，斯坦利和德·朗的命运却大相径庭。斯坦利后来成为一名自负的名人和英国国会议员；德·朗的船则被困在西伯利亚，然后被冰压碎。在这两个案例中，贝内特的《纽约先驱报》的发行量都有所增加。

死因：在西伯利亚北极海岸的莱娜河上，冻饿而死

乔治·德·朗是一名专业水手，1865年从美国海军学院毕业。1873年，他对北极探险产生了兴趣，当时他的船“珍妮特号”被派往格陵兰寻找失踪的探险家查尔斯·霍尔的美国海军“北极星号”。

1878年，《纽约先驱报》的老板詹姆斯·戈登·贝内特发起了一场前往北极的探险。贝内特从斯坦利基金那里了解到探索对报纸销售的价值。他购买了一艘英国的螺旋桨船，并把它捐赠给了美国海军。美国海军把它委托给“珍妮特号”，并在贝内特的资助下把它改装成一艘适合冰上航行的船。

由于对北极的热情，德·朗被选中指挥“珍妮特号”。贝内特一直在与德国卓越的（也许这个词用得不准确）地理学家奥古斯特·彼得曼讨论。彼得曼认为，北极最好是通过弗兰格尔之地到达。因此，1879年夏天，德·朗

带着大约30人的船员从旧金山起航，打算穿越白令海峡，然后向东北方向航行，在弗兰格尔之地搭起冬令营地，从那里他可以用雪橇到达北极。

当探险队到达弗兰格尔之地时，他们发现这是一个岛屿（不像南极、北极是被冰冻的海洋包围的）。更糟糕的是，“珍妮特号”被困在了浮冰里，出不去。冬天来了，接着是夏天，接着是冬天，接着又是夏天，“珍妮特号”无助地在冰堆里向西北漂去，幸运的是，没有被周围的大块冰块压垮。

这种运气不会永远持续下去。1881年6月12日凌晨4点，“珍妮特号”在一场飓风后被折成两半，但并没有人员伤亡。在此事实的鼓舞下，德·朗和他的人在冰上搭起了帐篷，那天晚上，其中一个人用口琴为他们吹奏小夜曲。

他们用9辆雪橇，拖着3艘船和60天的食物，穿过冰层，朝西伯利亚海岸的方向驶去。这花费了3个月的时间。当他们到达浮冰的极限时，他们派出了3艘船，希望能到达勒纳河口的定居点。在途中，他们发现了一些岛屿，在那里他们以射杀海鸟来补充食物。

一艘船在进入岛屿和海岸之间的公海几天后，全体船员在一场风暴中全部遇难。令人惊讶的是，他们是探险队的第一批伤亡人员。另外两艘船被暴风雨隔开，分别在勒纳河两岸搁浅。其中一艘由总工程师乔治·梅尔维尔驾驶的船只幸运登陆（他后来成为一名海军上将，并成为推动美国海军技术进步的重要人物）。他和他的部下在西伯利亚找到了一个定居点，因此幸存了下来。

德·朗和他的队伍就没那么幸运了。他们被吹到勒纳河三角洲中部的岸上，被迫盲目跋涉，穿过迷宫般的冰冻水道，希望能找到人类定居点。德·朗对这一时期的记录是对勇敢而徒劳地与自然斗争的人们的一种痛苦的观察。从10月1日的早餐开始记录起，然后是一名男子冻伤脚趾的截肢手术，接着

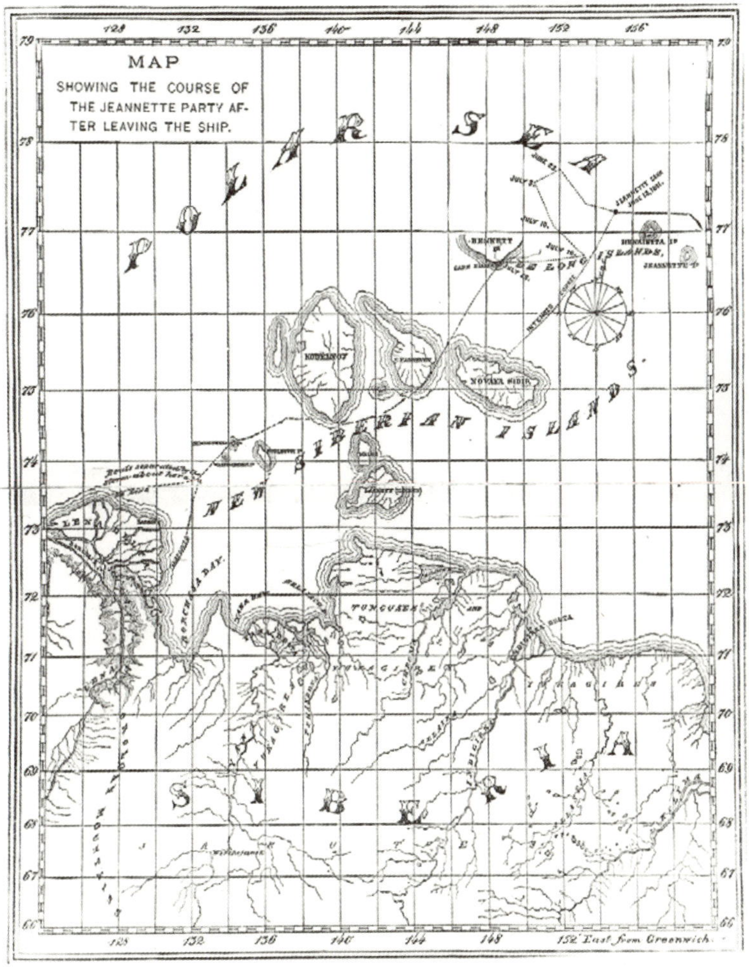

▲这张图描绘了“珍妮特号”船员在西伯利亚北部的冰面上弃船后所走的路线。

描述了定量配给的逐渐减少，从 200 克（7 盎司）驯鹿肉到狗肉，再到一勺放在热水里的甘油，再到柳树皮煮的茶和两只旧靴子。河上的冰还没有凝固，当他们挣扎着想办法走出迷宫般的三角洲时，他们经常发现自己破冰而行，冰层有时高达肩膀，然后在温度远低于冰点的情况下，不得不光着身子待在火边烤干身体。他们试图狩猎，可多半不成功，虽然有时也打到一些松鸡。这些人发现了一间废弃的小屋，让他们在风中稍作喘息，这让他们十分欢喜，这是团队经历的唯一的亮点。然后他们身体就变得太弱了，无法去找生火用的木材。德·朗的最后一篇日志简写为："10 月 30 日 星期日 第 140 天 博伊德和戈茨在夜里死了。柯林斯先生奄奄一息。"看起来，他们中的任何一个都不可能撑得了多久。

梅尔维尔最初试图营救德·朗的努力因薄冰而受阻。第二年冬天，他发现了他们，他们的尸体裹在毯子里，半埋于雪中。

萨洛蒙·奥古斯特·安德烈（1854—1897年）

安德烈将他对北极探险的热情融入了他的另一种痴迷——热气球之中，他于1897年从戴恩岛出发，意图成为第一个到达北极的人，之后，他失踪了。考虑到他的气球漏了气，而且几乎无法操纵，他的失败并不令人惊讶。然而他的命运一直是个谜，直到1930年，他的尸体和日记才在一个岛上被发现。

死因：死亡原因不明，但可能是由于食用未煮熟的北极熊肉而死于旋毛虫病

萨洛蒙·奥古斯特·安德烈是一位富有的瑞典化学家的儿子。1876年，他乘坐一艘船去美国，在途中，他在船上的图书馆里读到一本书，是关于热气球的：这本书激发了他的想象力。当他到达美国时，他在费城的百年展览上找到了一份看门的工作。在那里，他与资深热气球驾驶员约翰·怀斯成了朋友，怀斯答应用气球带他升空。就在他们要起飞的时候，气球掉了下来，被戳破了，但这个梦却并没有破灭。

当安德烈回到瑞典时，他在各种各样的科学和工程岗位上工作。在1882—1883年，他是斯匹次卑尔根科学考察队的一员，在那里他的工作是观察空气中电的特性。这激起了他对北极的兴趣。1892年，他第一次乘热气球旅行。他痴迷于此。不久，他买了自己的气球，开始修补，改善其航行性。

他发明了一种利用加重的绳索和帆来操纵气球的系统。他的信念如此坚定，他坚信，只要风向正确（偏南），他就能驾驶气球飞越北极，飞到加拿大或俄罗斯。他被吹过波罗的海，在芬兰附近的一座岩石岛上坠毁，此时也许他应该重新考虑一下。然而，如果没有坚持不懈，安德烈就不成其为安德烈了。

当时，到达北极的竞赛正在加剧，但瑞典人在探索方面却落后了。靠打爱国牌，安德烈说服了阿尔弗雷德·诺贝尔（炸药的发明者和诺贝尔奖的发起人）和瑞典国王奥斯卡二世来资助他的狂妄的计划。1896年，他从巴黎购买了一个气球，然后把它运到斯匹次卑尔根附近的戴恩岛，在那里，他建造了一个巨大的机库，里面装有氢气发生器。气球被称为“奥宁号”（即鹰），由三层丝绸制成，高29米（95英尺），直径20米（65英尺），装有4500立方米（15.8万立方英尺）的氢气。他与气象学家尼尔斯·埃克霍尔姆和物理学家尼尔斯·斯特林堡一起，等待着风从南方吹来。等了又等。8月，他们租来的那艘船的船长告诉安德烈，他必须离开，因为他的冰山保险月底就到期了。

第二年夏天，埃克霍尔姆明智地拒绝了第二次机会，理由是气球漏得太厉害，但安德烈并没有就此罢休。随着年轻的瑞典工程师克努特弗兰克尔的替补，他和斯特林堡回到了戴恩岛。

7月初，猛烈的暴风雨过后刮起了一阵稳定的南风。安德烈命令把“奥宁号”从机库拿出来准备起飞。7月11日凌晨1时45分，在午夜阳光的照耀下，绳索被割断，“奥宁号”起飞。一阵风把它吹了起来，但在海上，它失去了海拔高度。篮子里的人疯狂地把压舱物扔到海里，篮子擦过海面，但它又上升了起来，当他们消失在地平线上时，一小群观众欢呼起来，从此之后再没人看到过活着的他们。

▲1897 年 7 月 11 日气球“奥宁号”离开了斯匹次卑尔根，安德烈试图到达北极。

“奥宁号”的命运一直是个谜，直到1930年，一艘挪威捕海豹船在斯匹次卑尔根以东的怀特岛上发现了气球驾驶员的尸体。和尸体一起的是安德烈的日记。据记录，气球曾向北飘浮，但因气体泄漏而失去高度。第二天，他们飘浮在厚厚的一层雾中，雾凝结在气球上，导致气球下沉更多。第三天，气球在极地冰盖上坠毁了。它们距离戴恩岛600公里（375英里），在北极点以南近800公里（500英里）。

这三个人开始向南走向斯匹次卑尔根，但冰流将他们带到东边。两个半月后，他们到达了怀特岛，也就是他们的尸体被发现之处。他们的死亡原因尚不清楚，因为他们显然有足够的食物和衣服。一种可能的原因是，它们因为吃了未煮熟的北极熊肉，死于寄生虫病（旋毛虫病）。另一个是他们吃了随身携带的食物中的肉而中毒。还有人认为他们死于一个坏炉子引起的一氧化碳中毒。

考虑到安德烈最后的日记记录得相当不连贯，也有研究表明，他们走在冰上，一天二十四小时都是炫目的、全方位的光，可能会把他们逼疯，一种逆季节性情绪失调，严重到自杀的地步。但这一点也同样值得商榷，他们可能从一开始就是在发疯。

罗伯特·法尔肯·斯科特（1868—1912 年）

斯科特是南极探险的伟大悲剧人物之一。在南极探险比赛中输给罗尔德·阿蒙森仅仅一个月后，斯科特的队伍开始返程，这是可以理解的。他们灰心丧气，口粮非常紧张，最终全部遇难。斯科特的死讯在英国引起了全国的哀悼，同时也引发了破坏阿蒙森的成就的企图，但他们死亡的真实原因是计划不周、思维僵化以及运气不好。

死因：在离救援不远的地方耗尽燃料后被冻死

如果不是因为他的父亲破产，罗伯特·法尔肯·斯科特可能永远不会成为一名极地探险家。1883 年，他作为海军候补生加入了英国海军。

在他不断晋升的过程中，拥有酿酒厂的父亲也贴补他的薪水，但 1893 年，他父亲生意失败，三年后，几乎一无所有地去世了。斯科特的姐妹们不得不找工作，他的哥哥在军队服役，加入了一个薪水更高的非洲团，死于发烧，而斯科特需要迅速升职才能靠军官的薪水生活。

海军很少参与战役，这意味着晋升缓慢。然而，在一次与皇家地理学会主席的偶然会面中，斯科特发现学会正在计划一次南极探险。斯科特认为他可以通过重新塑造自己，成为一名探险家，来跳过晋升链上的一些环节。

1901 年 8 月，他作为“发现号”的指挥官起航前往南极洲。在这次旅行中他发现了极地高原，到达 82°11′ 的南部，350 公里（219 英里），比他的任何前辈都更接近南极点。他决定把自己的职业生涯押在南极探险上。然而，公众的兴趣点却在北极，筹集资金是困难的。

当他筹集资金准备再次出发的时候，“发现号”探险队的一员，失踪的探险家欧内斯特·沙克尔顿，已经取得了最南部的纪录，并发现了一条通往极点的明确路线。赞助资金主要是资助斯科特进行科学研究的，他自己的经济状况意味着，他从未忘记过要取得第一个登上南极点的回报，即使他试图假装不是这样。

他相信这是一场对抗自然的战斗，但在途中他发现阿蒙森已经把它变成了一场比赛。斯科特比阿蒙森领先一步，但他还有更长的路要走，探险的敏锐性也不够。他利用南极的第一个夏天来建立仓库，当他的团队在 1911 年 10 月和 11 月出发前往南极时，他们用西伯利亚小马、狗和机器拉雪橇。狗想要吃掉小马，小马不停地掉进冰里，而机器在 64 公里（40 英里）后结冰了，他们不得不将之遗弃。当挑选四人团队进入最后一站时，斯科特让感情和军事政治干扰了最佳的决定，选择了五人。虽然埃文斯和鲍尔斯是凭借他们的力量和耐力被选中的，但 39 岁的威尔逊博士患有结核病，因为他是斯科特的一个亲密的朋友，也被选中。而当时的陆军中尉奥茨则被选来，以对抗一个“全海军”阵容的争论。五个人意味着更少的口粮，更关键的是更少的燃料，因为炉子是设计来一次煮四人份的食物的。更糟糕的是，其中一个人，埃文斯，割伤了手，却没有报告。1912 年 1 月 7 日，在离开其他人三天后，埃文斯的伤口化脓，成了累赘。

尽管如此，1 月 8 日他们还是超越了沙克尔顿的纪录。然而，8 天后，他们看到了挪威国旗。他们到达南极点已经足足晚了五个星期了，要回家就得

▲1912 年 1 月 18 日，奥茨、鲍尔斯、斯科特、威尔逊和埃文斯（从左到右）在南极所摄。

碰碰运气了。因为是顺风，路程是下坡，最初的行程很顺利。然而，经过 10 天每天 9 个小时的冰雪徒步旅行后，这些人开始虚弱起来，斯科特没有提供足够的口粮来对抗坏血病，这种状况进一步恶化。尽管如此，他们还是到达了比尔德莫尔冰川顶端的仓库，在那里他们可以补充他们的补给。

他们在克劳德梅克又建了个仓库，那座山横跨冰川的一半。2 月 17 日，埃文斯的手指全部冻掉，脸都冻伤了，他死于坏血病。他们把他埋在睡袋里，继续前行。2 月 24 日，他们抵达南障壁油库，发现埋藏在那里的煤油从容器里漏掉了许多。他们以前每天要走 16 公里（10 英里），但现在不得不在只有 5 天的燃料、因患坏血病而虚弱的身体这样的条件下走完 112 公里（70 英里）。他们靠吃冰冻的食品，用 8 天的时间成功到达。

他们继续前行，身体状况愈加糟糕。3 月 15 日，脚被冻伤的奥茨做出了一个勇敢的决定。他感觉到自己给大家拖了后腿，从睡袋里爬出来，对同伴们说："我要出去一下，可能需要一些时间。"他跌跌撞撞地走出帐篷，然后长眠雪中，他的遗体再未被找到。

4 天后，距离下一站只有 17 公里（10.5 英里）的地方，3 个幸存者被猛烈的暴风雪所阻住，在 9 天多的时间里，他们坏血病缠身，冻饿交加而死。第二年的 11 月，他们的同事发现了他们。

乔治·马洛里（1886—1924年）

当被问及为什么想要攀登珠穆朗玛峰时，马洛里回答说："因为它就在那里。"在他的第三次探险中，他和安德鲁·欧文可能成为第一批到达山顶的人。然而即使他们做到了，也没法活着讲述这件事。两人都失踪了，他们的命运后来一直是个谜，直到马洛里的尸体在1999年被发现，其后来的命运才部分为世人所知。

死因：最有可能是死于从珠穆朗玛峰顶部附近坠落而受的伤

当乔治·马洛里去世时，他是唯一一个参加过英国三次攀登世界最高峰探险的人。作为一个英国牧师的儿子，他在温切斯特学院游览瑞士阿尔卑斯山时对登山产生了兴趣。他在剑桥学习历史，1910年成为查特豪斯学校的教师。与此同时，他也赢得了英国最好的技术攀岩者之一的声誉，他攀登勃朗峰，也开创了攀登英国小山脉的艰难之路。他在第一次世界大战爆发前6天结婚，报名成为皇家炮兵部队的一名军官。战后，他回到查特豪斯，直到1921年，他辞去了职务，参加了英国第一次攀登珠穆朗玛峰的探险。

虽然攀登珠穆朗玛峰的可能性早在1884年就已确定，但由于政治原因，直到20世纪20年代，珠穆朗玛峰周围的领土仍无法攀登。1921年，马洛里第一次外出时，发现了连接珠穆朗玛峰和西藏长江的北坳。在此过程中，他

▲马洛里和欧文的最后一张照片，是他们准备攀登珠穆朗玛峰时在大本营拍摄的。

成为第一个踏上世界最高山峰的欧洲人。

1922 年，马洛里回来了，一心要在登珠峰上做一次认真的尝试。他的第一次努力几乎到达了通往山顶的东北山脊的顶端。然而，恶劣的天气迫使登山队在海拔 8225 米（26978 英尺）的珠穆朗玛峰 8848 米（29021 英尺）的创纪录高度上撤退。马洛里的一个同事乔治·芬奇很快就打破了这个纪录，马洛里又试了一次。在北坳陷较低的斜坡上，灾难发生了。

马洛里不顾一切地想再试一次，刚下过一场雪，他就赶忙出发了。发生了雪崩，7 名夏尔巴人遇难，这是两百多人中第一次为了攀登山顶而有人牺牲。马洛里很内疚，因为是他的野心导致了这些人的死亡。[1]

[1] 夏巴尔人，西藏的一个种族。

当第三次英国探险队征服珠穆朗玛峰的消息宣布时，马洛里心里很矛盾。夏尔巴人的死亡都是他一手造成的，他 30 多，快 40 岁了，有一个年轻的家庭，在数次探险的空隙时间里为了谋生而苦苦挣扎了多年之后，他在剑桥找到了一份舒适的教学工作。据朋友介绍，他对回归的预感很差。但一想到没有他，别人也能登上顶峰，他就无法忍受。

1924 年六月，马洛里回归了。与探险队领队杰弗里・布鲁斯将军一起到达山顶的第一次尝试失败了，探险队的另外两名队员也失败了。6 月 8 日，在吃完炸沙丁鱼的早餐后，马洛里与安德鲁・欧文开始了他在登顶上的最后一次尝试。这次的人选很奇怪，因为欧文既没有面对高海拔的经历，也没有攀登喜马拉雅的经验。然而，他很擅长修理那些不可靠的氧气钻机，马洛里认为这些钻机没怎么发挥作用，所以他认为如果要达到顶峰，就必须修好这些钻机。

他们的目标是在三天内到达顶峰。下午 12 点 50 分，地质学家诺埃尔・奥德尔报告说，在最后一个高峰之前，看到两个黑点在山脊上的雪上移动。乌云密布，之后再没有人看到活着的马洛里和欧文。

从那以后，人们发现了各种各样的线索。1933 年，欧文的冰斧在 8458 米（27742 英尺）处被发现。1975 年，一名中国登山者报告说在离欧文斧头不远的冰面上发现了一具英国人的尸体。这启发了 1999 年马洛里和欧文的研究探险队，他们希望能找到欧文的尸体，看看是否能从他口袋里的相机里找到任何图像。当他们在 8098 米（26561 英尺）的岩石上发现这具冻在上面的尸体时，他们惊讶地发现那是马洛里而不是欧文。绳子的残余缠绕在他的腰部，他似乎是与欧文绑在一起时摔倒的。从他的身体状况来看，他似乎并没有掉那么远。但远到足以死去。欧文的遗体还是没有找到。

马洛里和欧文是在致命的坠落前登顶的吗？很显然，马洛里在他的口袋里装了一张他妻子的照片，这张照片从尸体上消失了。有些人认为他一定是把它埋在了顶峰上。然而，马洛里是出了名的健忘。另一些人则争论，他口袋里的护目镜意味着他们是在天黑后往下爬的，肯定是爬到了山顶。除非欧文的相机被找到，否则我们可能永远不会知道真实的情况。考虑到他们的装备和攀登的困难，他们很可能无法到达那里。

阿尔弗雷德·魏格纳（1880—1930年）

很少有人具有这样的头脑和机会，将一个绝妙的想法引入世界。魏格纳就是这样的人之一，他把大陆漂移的想法带到了我们的世界。他也是初出茅庐的气象学领域的领军人物，凭借这一能力，他成了一名经验丰富的格陵兰区域探险家。然而科学声誉在格陵兰冰盖 −50℃（−58°F）的温度中几乎没用。

死因：死于心力衰竭或一氧化碳中毒

阿尔弗雷德·魏格纳的第一个科学爱好是研究大气层以外的物体。他在柏林大学获得天文学博士学位后，便投身于气象学这一新兴科学领域，开创了利用气象气球测量气团运动的先河。然而，他最伟大的想法与这两个领域都无关。魏格纳注意到在不同大陆上的古生代（超过 2.5 亿年前）的陆地化石是如此相似。他还特别注意到，非洲和南美洲看起来就像是同一个拼图玩具的一部分。1915 年，为了寻找更多的证据，他出版了《大陆和海洋的起源》一书。该书认为，所有的大陆都曾经是一个完整的大陆，在漫长的时间里分裂并漂移开来。这个理论受到了广泛的嘲笑，直到他去世30年后才被普遍接受。

魏格纳在 1906 年和 1912 年至 1913 年两次到格陵兰岛探险时所表现出的体力与他在智力上的大胆相匹配。后者见证了在岛内建立的第一个冬季哨所。

▲ 阿尔弗雷德·魏格纳在艾斯米特建立了一个监测站，以监测格陵兰内陆的天气。

又过了 17 年，魏格纳才回到这哨所，在此期间，他结过一次婚，在第一次世界大战中受了两次伤。

战后，德国经济处于糟糕的状态。很难找到资金用于科学任务。然而，在 1928 年，魏格纳获得了 12 万美元（1929 年 11 月的价值），资助他前往格陵兰，用地震学方法测量冰层的厚度，并对格陵兰内陆的天气进行了第一次为期 12 个月的监测。魏格纳在许多德国人挨饿的时候花了那么多钱，他的责任感无疑是后来他做出导致他死亡的那些决定的一个因素。

1930 年 4 月 1 日，探险队带着 14 个人和近百吨粮食，离开哥本哈根前往格陵兰岛。由于冰层融化较晚，他们不得不等上 6 个星期才建立起这个沿海的西站。直到 7 月 17 日，第一个狗拉雪橇开始了为期 14 天（天气好的时候）、400 公里（250 英里）的旅程。

当北极短暂的夏季窗口开始关闭时，面临的挑战是向艾斯米特运送足够的食物，以便两个人在那里过冬。截至 9 月 13 日，已经完成了 3 次狗拉雪橇之旅并挖了一个冰洞，但还有 4 吨的粮食仍需要运送。魏格纳和他的团队曾希望在这项任务中使用他们带来的新电动雪橇，并进行测试，由于气温开始骤降，发动机部件开始结冰，他们艰难地在厚厚的积雪中向山上行进。

艾斯米特的两名男子给魏格纳回了一封信，说如果得不到更多的燃料，他们将于 10 月 20 日离开，前往西站。然而，在寄出这封信后，他们发现，他们可以多多钻进睡袋里睡觉，以此可以靠现有的燃料生存。魏格纳决心不浪费这么多钱，他决定，第 4 次，自己用狗拉雪橇运输物资到艾斯米特。9 月 22 日，他和气象学家弗里茨 · 洛维以及 13 名格陵兰人一起出发了。这是一次危险的旅行，因为他们在夏天建立的路线标记已被雪覆盖了。10 月 29 日，当他们到达艾斯米特时，温度已经达到 –60℃（–76℉）。在路上，洛维的脚严重冻伤（他的大部分脚趾在不用麻醉的情况下，用一把铅笔刀截去了）。13 名格陵兰人中的 12 人已经返回。魏格纳和拉斯穆斯 · 维鲁姆森没有足够的给养让五个人在艾斯米特过冬，而洛维的情况也不宜开始行程，于是他们返回了西站。

他们留下了两辆狗拉雪橇，但是没有足够的食物给狗吃，狗狗们逐渐被淘汰去喂它们的同伴，直到只够行驶一辆雪橇。维鲁姆森坐雪橇而魏格纳用滑雪板。虽然魏格纳很健康，但他已经50岁了，抽烟抽得很凶，而且他很可能因为试图跟上雪橇的速度而死于过度劳累。六个月后，还没走完到西站的一半的路，他的尸体被发现包裹在一个睡袋里。尸体没有暴露在阳光下，因此他可能死在帐篷里，被维鲁姆森埋葬。维鲁姆森的尸体从未被发现。也不太可能被发现了。由于冰的堆积和冰川的向下移动，魏格纳的坟墓估计现在在地表以下100多米（330英尺）。维鲁姆森的坟墓也是一样。

刘易斯·拉塞特（1880—1931年）

一些有创造力的怪人注定会成为亨利·福特，另一些注定会成为刘易斯·拉塞特。拉塞特声称自己知道澳大利亚中部有一个巨大的黄金暗礁，这是一项任务的开始，它被人格冲突、厄运和无能等因素所困扰，最终以悲剧收场。就像西班牙征服者对埃尔多拉多和锡沃拉的追求一样，拉塞特岛的珊瑚礁是想象力的虚构，是致命的。[1]

死因：在澳大利亚中部沙漠死于饥饿

刘易斯·休伯特·哈罗德·贝尔·拉塞特，也就是一些人所熟知的“负鼠”，是个疯子，他是少数几个为了寻找自己编造出来的东西而死去的探险家之一。他出生在一个移居维多利亚的英国劳工家庭，母亲早逝，父亲再婚。显然，他的童年笼罩着一片阴霾。他十几岁时就在皇家海军服役，1901年退役。然后他搬到了美国一段时间，在那里他结婚了，可能已经成为摩门教徒。1908年，他回到澳大利亚，在新南威尔士州北部的塔布兰姆经营一家租赁农场。

拉塞特是个失败的发明家。1913年，据称他提交了一份关于悉尼海港上

[1] 埃尔多拉多和锡沃拉均为传说中的黄金国。——译注

一座拱桥的设计，后来，他坚称约翰·布拉德菲尔德窃取了他的创意。在不同时期，他还申请了圆盘犁、小麦储藏技术和预制混凝土的专利。这些都没有被制造出来，消失于无形，预示着这是一个生活在梦境中的男人。

第一次世界大战期间，拉塞特曾三次试图应征入伍，但其中一次失败了，另外两次都因身体不适而退役。1924 年，他与一名护士结婚，但没有与美国妻子离婚。在接下来的五年里，他在堪培拉做木匠，后来又参与了悉尼海港大桥的建设。

到了 1929 年，拉塞特的自欺能力达到了顶峰。他曾试图为“设计”海港大桥的工作争取 6 个月的报酬，但没有成功。同年，他写信给卡尔古利的联邦议员，概述了一项 500 万英镑的计划，以开发他在澳大利亚中部几年前发现的金矿矿脉。政府安排采访了一位对此持怀疑态度的地质学家，但没有采取任何行动。

第二年，拉塞特出现在备受争议的工会领袖杰克·贝利的办公室里，讲述了一个长达 15 公里（超过 9 英里）长的暗礁的故事，里面含有金子，“多得就像布丁里的李子”。贝利是一位前采煤工人，曾用拳头和肮脏的政治手段爬上工会位置，他对此也持怀疑态度。尽管拉塞特随后接受了最终探险队队长弗雷德·布莱克利、探险队飞行员埃罗尔·库特和著名飞行员查尔斯·乌尔姆的采访，但他并没有完全消除自己的疑虑。在拯救大萧条的诱惑下，澳大利亚中部的黄金勘探公司成立了，由贝利担任主席，资助一个寻找珊瑚礁的探险队。

探险队于 1930 年 7 月 21 日从艾丽斯斯普林斯向西出发。和布莱克利及拉塞特一起来的还有经验丰富的勘探者乔治·萨瑟兰；菲利普·泰勒，六轮桑尼克罗夫特卡车的机械师和司机；弗雷德·科尔森，他开着备用卡车；埃罗尔·库特，探险队舞毒蛾飞机的飞行员。当时，澳大利亚中部正处于一场严重的干旱之中，许多常见的水坑已经干涸。在阿尔奇·贾尔斯的牛栏站，他们找到了探险家厄内斯特·吉尔斯的儿子，他有一半土著血统，他的主要任务是帮助他们在沙漠中找到水源。

从一开始，指挥链就存在问题。布莱克利和拉塞特就环绕着山脉带是走北路还是走南路发生了冲突。布莱克利赢得了这场争斗，但当他们经过 5 周的艰苦旅行抵达马约里山（现在的雷瑟尔山）时，拉塞特进行了报复。当他们爬上这座山去考察周围的国家时，他宣称他们离北方有 250 公里（155 英里）之远。

为了到达拉塞特修改后的位置，探险队在沙丘上横穿了一段难以置信的旅程。更糟的是，他们的补给走不了那么远，这就意味着要绕道 150 公里（90 英里）转回伊尔皮里的大本营进行补给。与此同时，时间正在流逝，夏季的炎热迅速逼近。

在伊尔皮里，22 岁的德国野狗黄牛贩子保罗·约翰斯的到来鼓舞了拉塞特，保罗因为勾引土著女孩，已被赫尔曼斯堡教会开除。和他在一起的是两个土著居民和七头骆驼，它们比卡车更适合穿越这片土地。探险队与约翰斯达成协议，如果他们想雇用他，就用照明弹把他招来。

这时，远征停止了。去找回舞毒蛾飞机的旅程导致了它的失事，库特因此被送进了医院。当科尔森回到艾利斯斯普林斯补给时，他发现拉塞特写给公司董事会的一封疑神疑鬼的信害他被解雇了。当科尔森回到伊尔皮里，雇用了科尔森的布莱克利失去了他脆弱的权威，因而勃然大怒。一群完全不知道如何在沙漠中生存的悉尼人，怎么会牺牲第二辆卡车的必要后备厢呢？他重新雇用了科尔森，在重新加入他们之前，科尔森不得不把一些牛处理掉。

一架替换的飞机载着一名新的飞行员帕特霍尔和身体恢复的库特来了。

当霍尔和拉塞特从空中寻找礁石时，布莱克利指责库特企图窃取他的探险指挥权。第二天，两名飞行员前往阿德莱德，准备搭乘一架更好的飞机。随后，探险队的其他成员从索恩克罗夫特出发穿过沙丘。他们很幸运，每天能走 25 公里（15 英里）。首先是沙丘，在那里卡车陷入困境，不得不把它挖出来。然后他们去了盐沼地区，在那里，狭窄的尖刺每天在车轮上造成十多个刺孔。白天气温在阴凉处也超过 50℃（120°F）——如果他们能找到任何阴凉处的话。三天后，他们到达了一个无法通行的砂岩荒地，被迫返回伊尔皮里。

布莱克利不再相信有暗礁，他决定经艾丽斯斯普林斯前往悉尼，告诉股东们他们被骗了。与此同时，拉塞特和约翰斯达成协议，雇用他和他的骆驼两个月。当拉塞特和约翰斯准备离开时，布莱克利感到一阵内疚：约翰斯对沙漠了解的程度足以找到水吗？

▲ 刘易斯·拉塞特对黄金暗礁深信不疑，在寻找它的过程中死去。

布莱克利和拉塞特就一本书进行了最

后一次琐碎的争论，然后分道扬镳。拉塞特和约翰斯从伊尔皮里出发，先向东，然后向南。他们经过阿玛迪斯湖时，把几小袋面粉埋在了沙漠里。阿玛迪斯湖是一个恶劣的盐湖，就在乌卢鲁视野之内。拉塞特的偏执性格再次开始引发问题。他缺乏丛林技能以领导探险，却坚持要成为领导者。约翰斯说他们把骆驼赶得太猛了，可拉塞特拒绝接受他的劝告，约翰斯生气了。当他们向彼得曼山脉进发时，乌云聚集，不久之后干旱就解除了。他们欢迎雨水的到来，可他们埋藏的面粉却被毁了。更糟糕的是，阿玛迪斯湖有水，无法通行。也没有回头路了。

之后，两人的关系并没有改善。当他们在肖克里克的一个山洞里扎营时，

▲1930 年在麦克唐奈山脉，拉塞特（前）和澳大利亚中部黄金探险队的成员。

他们几乎不说话了。尽管如此，他们还是穿过了彼得曼山脉，到达了马拉古拉岩洞。拉塞特担心约翰斯会窃取他对暗礁的发现，决定自己走最后一段路，让约翰斯等着。五天后，拉塞特带着矿物样品回来，声称他发现了礁石。

不久之后，他和约翰斯的关系达到了一个爆发点。约翰斯想听听拉塞特看到了什么。拉塞特陷入了偏执的妄想中，不肯告诉他。约翰斯指责他谎报珊瑚礁的存在。拉塞特反应很糟糕，把一盘水果罐头扔到了约翰斯的脸上。约翰斯拿出他的左轮手枪，二人争斗了起来。拉塞特以力量制服了约翰斯，他抢过枪对准约翰斯，一直到协议达成。第二天，他们返回伊尔皮里。当他们到达的时候，拉塞特给了约翰斯一封信，让他将其带到艾丽斯斯普林斯，然后自己带了两只骆驼，独自向礁石走去。

没过多久，拉塞特就陷入了困境。他在解手前，没有把骆驼妥当地拴好，它们跑掉了。他试图冲着那只背上驮着他的补给的骆驼开枪，可没有打中。然而，枪声却引起了一个土著狩猎团体的注意，他们同情拉塞特的遭遇，让他跟着他们去他们要去的水坑。

尽管他们对他很好，拉塞特却在日记中幻想着土著会杀了他。虽然土著人很善良，然而，食物稀缺，他们自己都不够吃，无法额外再养活一个人。拉塞特最后的日子是在一个山洞里度过的，饱受饥饿和痢疾的折磨。在日记中他写道：

> 哦，上帝啊，这太可怕了。我多么渴望再一次看到我的孩子们，握住他们胖乎乎的手，看着他们笑着的脸，听他们叽叽喳喳地说个不停。我的上帝，为什么不赐予我很多的水。我可以坚持几天，但我觉得饥饿的痛苦可能会驱使我自杀。那价值千万的礁石多好啊……我很乐意用它换一块面包。

拉塞特最后一次试图回归文明的尝试被证明是致命的。离开洞穴后，他向东前往奥尔加斯，死于途中，他的尸体被土著人埋在了一个浅浅的墓穴里。布须曼人鲍勃·巴克被派去寻找拉塞特，在肖克里克发现了他的坟墓，并将他安葬。然而，和拉塞特一样喜欢奇怪理论的布莱克利写了一本书，声称拉塞特逃脱了死亡的命运，并前往美国以避免被指控欺诈。

伯特·辛克勒（1892—1933 年）

1928 年，这位出生在昆士兰的飞行员独自从英国飞往澳大利亚，进行一次长途旅行，历时 15 天，成为第一个独自从英国飞到澳大利亚的人。在很长一段时间里，辛克勒被评为英国最好的飞行员，他的工程技术为飞机的发展做出了很大贡献。在第二次飞往澳大利亚的尝试中，途经意大利阿尔卑斯山时，好运气离开了他。

死因：死于飞机失事中所受的伤

伯特·辛克勒出生在昆士兰州一个制造朗姆酒的小镇邦达伯格，他的父亲是德国出生的畜牧业者。莱特兄弟在 1903 年制造了第一架飞机，这激发了辛克勒的想象力。1906 年从学校毕业后，他为一名摄影师工作，后来又在糖厂工作，但他一直对航空很痴迷。他通过函授学习力学，并在 1911—1912 年，基于他对朱鹭飞行的研究，制造了两架滑翔机。在第二次飞行中，他在驾驶舱里安装了一个熨衣板，当他第一次成功地独自飞行时，他就坐在上面，当时飞机的高度达到了 10 米（33 英尺）。

澳大利亚陆军拒绝了他加入其羽翼未丰的航空部门的申请，因此，在为一名环澳大利亚飞行的美国飞行员做了一段时间的工程师后，他前往英国，在索普维斯航空公司找到了一份工作。1914 年，他加入了英国海军航空兵部门，他的射击技术使他成为一名炮手。他声称自己亲自击落了六架敌机，但他的愿望是飞行，而不是射击。战争结束时，他在意大利驾驶索普维斯“骆驼”战斗机。

1919 年，辛克勒想驾驶索普维斯“鸽子”，参加由英国飞往澳大利亚的飞行比赛，奖金为 10000 法朗（奖金由麦克弗森·史密斯兄弟赢得了）。但是皇家航空俱乐部拒绝了他参赛，因为他们不相信这是一个可以独自完成的飞行壮举。1920 年，时运逆转，他开始与阿弗罗航空公司建立起长期关系。那一年，当他驾驶着阿弗罗宝贝 G-EACQ 型飞机从伦敦飞往都灵时，创造了不间断飞行九个半小时的纪录。中东的战争阻止了他继续前往澳大利亚，飞机被运到悉尼，他从那里不间断地飞往班达伯格，到达目的地后，在街上降落并滑行，把飞机停在那里就像停在母亲家门外一样。

在 1922—1926 年，辛克勒是阿弗罗的首席试飞员。通过驾驶阿弗罗飞禽 G-EBOV 型飞机，他在飞行名人堂占有了一席之地。1928 年 2 月 7 日，他从英格兰克罗伊登起飞，只有他的妻子和一个公司代表与他作别。第一天，他就打破了伦敦至罗马的纪录，在 13 个小时内就到达了罗马，但当他意外降落在一个军用机场时，他被逮捕了。他在马耳他、利比亚、印度、缅甸和新加坡作了短暂停留，15 天后抵达达尔文，这几乎只有麦克弗森·史密斯兄弟飞行时间的一半，他也是第一个独自飞行的人。

当他到达达尔文的时候，数百名观众正在等待。澳大利亚距离世界其他地方很远，那里的人对飞机有着浓厚的兴趣。辛克勒出人意料地成了名人，引领着时尚潮流、美食爱好甚至是舞步姿势。

凭借这一成功，辛克勒专注于设计自己的两栖飞机——朱鹭号。很快，一架雏形机被制造出来，而且飞得很强劲，但就在他试图为它寻找一家制造

▲伯特·辛克勒拿着他的飞行帽和护目镜，站在他的阿弗罗飞机旁，准备飞回他在昆士兰的家。

商时，股市崩盘，大萧条开始了。1931年，辛克勒首次独自飞越南大西洋，确立了他作为世界一流飞行员之一的地位。从纽约起飞后，他先后飞往牙买加和巴西。他从巴西出发，前往塞内加尔。这是一次勇敢而危险的飞行。在很大程度上，他是在强劲的逆风里飞行，他的银蛾飞机不止一次掠过大西洋巨浪的浪尖。在旅途接近尾声时，他遭遇了一场猛烈的风暴，于是他在非洲海岸盲飞，证明了自己的航空和航海技能。这次穿越花了22个小时，辛克勒降落在了距离预定目的地约150公里（95英里）的地方。

辛克勒从非洲飞回伦敦，继续为他的朱鹭号筹集资金，但没有成功。然后他策划了一个驾驶银蛾飞机环游世界的计划。1933年1月7日，他驾驶着他的银蛾飞机从希思罗机场起飞，企图再度创造英格兰至澳大利亚的纪录，然后就消失了踪影。再也没人见过他。4月27日，他的飞机和他的尸体在意大利佛罗伦萨和阿雷佐之间的亚平宁山脉北坡被发现。辛克勒在飞机坠毁后曾设法逃离了飞机，但他很可能死于受伤或事故发生后的某个时候。

比尔·兰开斯特（1898—1933年）

兰开斯特从未拥有过同胞伯特·辛克勒的纪录，但他在谋杀了自己情人的未婚夫而却无罪释放，逃过了电椅之刑后，开始频繁登上新闻头条。他是一位典型的英俊飞行员，在试图打破伦敦到开普敦的纪录时遭遇不测，他的阿弗罗飞禽型飞机在撒哈拉沙漠坠毁。

死因：在撒哈拉沙漠死于干渴

兰开斯特出生在伯明翰，十几岁时移居澳大利亚，1916年以澳大利亚陆军士兵的身份回到欧洲，之后加入了澳大利亚飞行兵团。宣布和平后，他转调到英国皇家空军。他作为战斗机飞行员在印度服役，之后，在1927年，他离开了皇家空军。

尽管飞行具有很大的魅力与诱惑力，但商业飞行员的工作却很难找到。为了成名，兰开斯特决定驾驶一架阿弗罗飞禽双翼飞机尝试飞行英澳航线。尽管阿弗罗以折扣价给他提供了飞机，壳牌也承诺免费提供燃料，兰开斯特却在为这次飞行筹集资金方面遇到了困难。这个问题在一次聚会上遇到杰茜·“丘比”·米勒时得到了解决，她想成为第一个乘坐飞机旅行的女性，而她有足够的现金支付一半的费用。

兰开斯特得到了他的妻子的许可，他和米勒于1927年10月14日乘坐红

▲比尔·兰开斯特和杰茜·“丘比”·米勒从英国出发，历时5个月的史诗之旅即将开始。

玫瑰号从伦敦起飞。这将是一次长达 5 个月的长途旅行。他们经历了巨大的风暴、机械故障以及苏门答腊岛附近的坠机事故。半途中，路遇伯特·辛克勒。当他们抵达达尔文时，兰开斯特和米勒已经成名并相爱了。

这对浪漫的情侣引起了好莱坞的注意，他们去了那里，期望能在一部电影中出演角色，可惜电影并未开拍。米勒获得了飞行员的许可证，并于 1930 年 10 月打破了穿越美国东西部的速度纪录。她聘请了一位年轻英俊的作家海登·克拉克代笔写自传。克拉克和这对情侣搬到了迈阿密，但兰开斯特却被迫接受了来自墨西哥的邀请。克拉克和米勒并没有忙于写作，而是搅和在了一起。兰开斯特的妻子拒绝与他离婚，当他回来时，克拉克和米勒已经订婚了。兰开斯特伤心欲绝，恳求米勒改变主意。

1932 年 4 月 20 日，这个三角恋的三个不幸的成员正在迈阿密的家中，克拉克头部中弹。尽管在克拉克死后一周，发现了两张自杀遗书，但兰开斯特仍被控谋杀。这次审判轰动一时，克拉克的头骨在法庭上接受检查时，有人晕倒了。控方的证据是间接的，但很有力。媒体则在不断地炒作这件案子。兰开斯特似乎注定要坐电椅，然而，克拉克之前的重婚罪、毒瘾和精神疾病的曝光使案子变得对兰开斯特有利。而兰开斯特的私人日记才是最确凿的证据。法官读了之后向陪审团发表声明：“在我所有的经验中，我从来没有遇到过比兰开斯特上尉更可敬的人。”

随着无罪判决的公布，兰开斯特开始考虑恢复他的飞行生涯。他决定尝试打破伦敦至开普敦的纪录。这是一场冒险，一开始是有风险的，之后就变得厄运连连。兰开斯特的阿弗罗飞禽飞机（从失踪的探险家查尔斯·金斯福德·史密斯那里买来的）比英国女飞行员艾米·约翰逊·莫利森驾驶的银蛾飞机每小时慢 15 公里（超过 9 英里），她的纪录是 4 天 6 小时 54 分，这意味着他必须减少睡眠时间，选择一条风险更大的航线。

1933 年 4 月 11 日，他坐着飞机出发了，带着三明治、巧克力、一个装满可乐的保温瓶和 9 升（2 加仑）的水。他已经一年没有飞行了，在过去的 12 个月里有 3 个月是在监狱里度过的，其余的大部分时间都在担心自己是否会被处死。他的父亲借给他这次探险的钱，兰开斯特相信这是一次生死攸关的任务。

恶劣的天气迫使他在巴塞罗那临时停飞。当他到达北非的时候，他已经比预定时间晚了 6 个多小时，他在阿尔及利亚又损失了 4 个小时的飞行时间，可能是因为疲劳。当他从阿尔及利亚的瑞根起飞时，他落后了 10 个小时，而且已经 30 个小时没有睡觉了。

由于睡眠不足和绝望，兰开斯特不顾当地人的恳求，打算单独飞行 1200 公里（750 英里）飞越撒哈拉沙漠。最终，他没有成功。起飞几个小时之后，他的引擎出了故障，飞机坠毁了。除了脸上有几处伤口外，他没有受到什么伤害。然而，他只有 9 升（2 加仑）的水，他估计够他用 7 天。他待在飞机旁，白天用机翼遮阴。他发射了信号弹来表明自己的位置，但救援人员猜测他飞到了南方更远处。他的日记记录了面对死亡时表现出的巨大尊严。1962 年，当救援终于抵达时，已经晚了 29 年。

致 谢

许多人参与了这本书的创作。我要感谢戴安娜·希尔，蒙她委托我创作，以及项目编辑艾玛·哈钦森，费尽心力编辑该书。还有克莉丝汀·埃斯利克犀利的文案编辑和标题写作，以及琳达·布雷纳德精彩的图片研究，都是无价的，而休·福特在赋予这本书视觉感受方面做出了卓越成绩。就我个人而言，我要感谢我的妻子库姆杜，许多个周末，她忍受着荒谬的最后期限的困扰，而且总是以言语给我以鼓舞。最后，我想把这本书献给我的祖母洛娜·怀特（1910—2007），她是一位终身探险家。她在阿拉斯加度过了90岁生日，在写这本书的时候，她踏上了最后的旅程。

图书在版编目（CIP）数据

消失的探险家：改变世界的八十桩传奇旅行事件 /（澳）埃德·赖特著；杨筱艳译.
—北京：中国工人出版社，2019.8
ISBN 978-7-5008-7241-2

Ⅰ.①消…　Ⅱ.①埃…②杨…　Ⅲ.①探险者—生平事迹—世界—通俗读物
Ⅳ.①K811-49

中国版本图书馆CIP数据核字（2019）第177067号

版权号：01-2019-4625

消失的探险家：改变世界的八十桩传奇旅行事件

出 版 人	王娇萍
责任编辑	宋 杨　严 春
责任印制	黄 丽
出版发行	中国工人出版社
地　　址	北京市东城区鼓楼外大街45号　邮编：100120
网　　址	http://www.wp-china.com
电　　话	（010）62005043（总编室）　（010）62005039（印制管理中心） （010）62379038（社科文艺分社）
发行热线	（010）62005049　（010）62005042（传真）
经　　销	各地书店
印　　刷	三河市东方印刷有限公司
开　　本	720毫米×880毫米　1/16
印　　张	23.75
字　　数	220千字
版　　次	2019年10月第1版　2021年1月第2次印刷
定　　价	98.00元